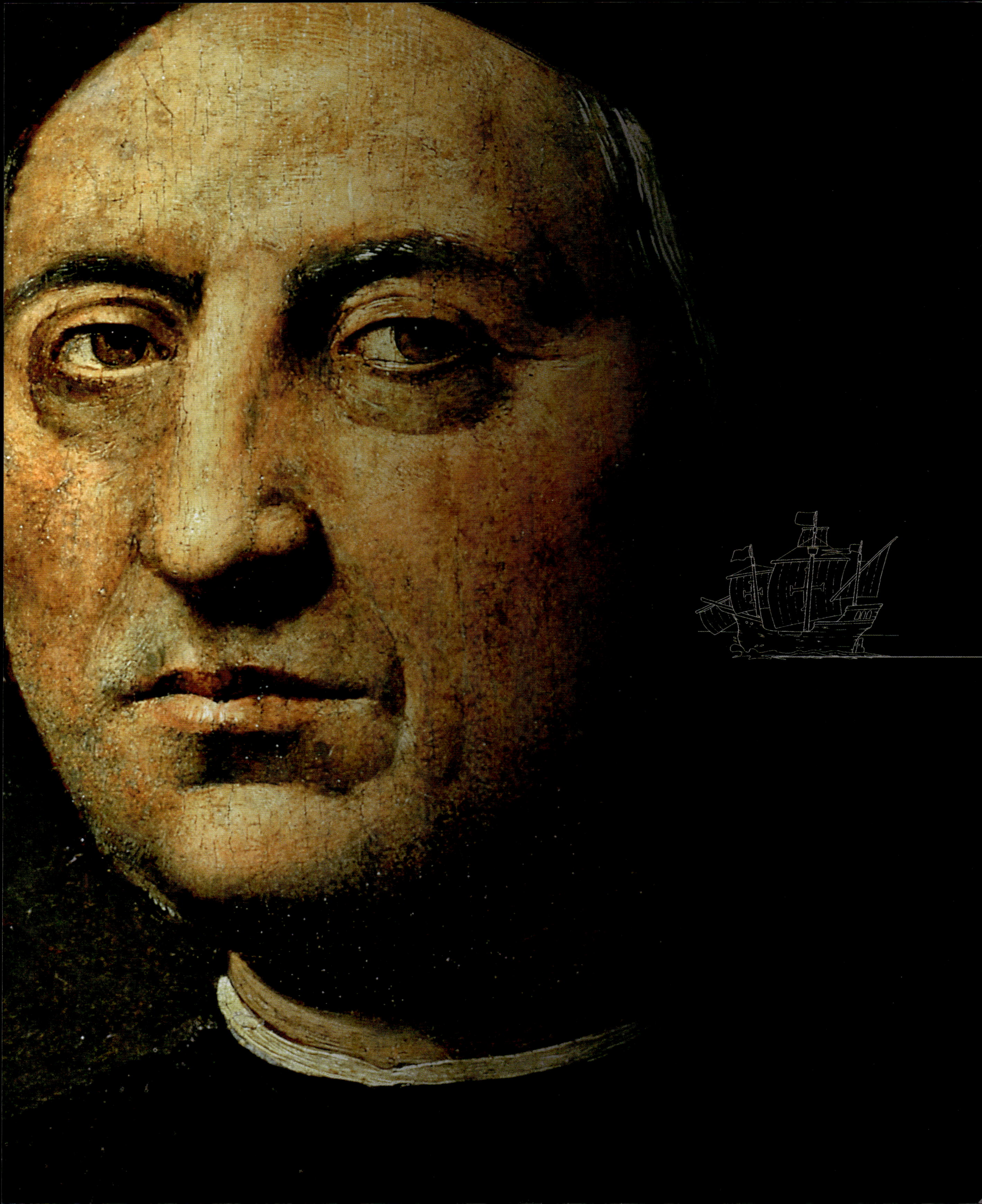

# DER WEG NACH AMERIKA

## Zeit und Leben des Christoph Kolumbus

WHITE STAR VERLAG

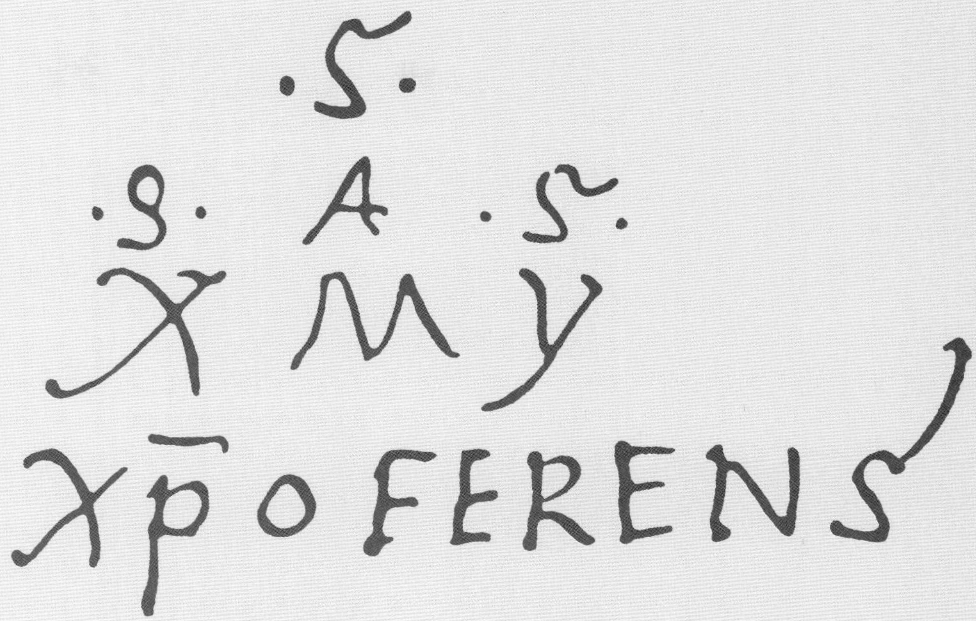



Historischer Teil

CONSUELO VARELA

Die Glocke der „Santa Maria“

ROBERTO MAZZARA



REDAKTIONELLE LEITUNG

VALERIA MANFERTO DE FABIANIS

REDAKTION

LAURA ACCOMAZZO
GIORGIO FERRERO

LAYOUT

MARINELLA DEBERNARDI

INHALT

# Vorwort

Über Christoph Kolumbus spricht man oft wie über eine vertraute Person, einen guten Bekannten. In Spanien wie auch in Italien gibt es schon lange, vermehrt aber seit 1992, Radio- und Fernsehsendungen, in denen Experten mit Nachdruck ihre Kenntnisse ausbreiten. Alle wissen, dass Kolumbus die Neue Welt entdeckte und dass der Kontinent nur deshalb Amerika heißt, weil es einem anderen Italiener – angeblich seinem Feind – gelang, ihm die Entdeckungen streitig zu machen. Viele behaupten entschieden, er sei einsam gestorben, verlassen und sehr arm. Andere wieder glauben, er habe sich in die Kutte der Franziskanermönche gekleidet. Auch ganz verwegene Hypothesen wurden aufgestellt, an die man sich lieber gar nicht erinnern möchte. Diese unterschiedlichen Zuschreibungen rund um seine Person von der einen oder anderen Seite haben in der kollektiven Vorstellung ein falsches Bild entstehen lassen, das sich zuweilen hartnäckig hält.

Über Kolumbus sind zwar viele Dinge bekannt, mindestens ebenso viele aber auch nicht. Ein bescheidenes Ziel meines Buches ist es, einige Unsicherheiten um seine Person auszuräumen. Nicht alle natürlich, denn auch heute noch liegt vieles im Verborgenen.

Seit etwa 20 Jahren sind eine ganze Reihe von Dokumenten bezüglich Kolumbus aufgetaucht, die in spanischen Archiven begraben lagen; sie beleuchten und korrigieren die uns vorher bekannten Informationen. So kennt man heute zum Beispiel einen großen Teil seiner Konten und weiß genau, welche Summen ihm von seinen Vertretern auf den Westindischen Inseln zugeschickt wurden. Das lässt auf einen soliden finanziellen Hintergrund schließen. Trotzdem brauchte die Familie nach seinem Tod die Hilfe von genuesischen Bankiers, um die Beisetzung in Valladolid zu bezahlen und nach Sevilla, dem Wohnort der Familie, zurückzukehren. Wir kennen den Wechsel über 50 000 Maravedís (kastilische Silbermünzen), den sein Neffe Giovanni Antonio Colombo und sein Schwager Francesco de' Bardi zwar unterschrieben hatten, aber nicht auszahlen wollten, als er ihnen sechs Monate später vorgelegt wurde. Die Notare hatten den Wechsel in ihren Akten aufbewahrt. Es ist anzunehmen, dass er bald darauf eingelöst wurde, denn ein weiteres Eingreifen der Notare ist nicht vermerkt.

Durch die Veröffentlichung der Lohnlisten von Kolumbus' einzelnen Reisen können wir erfahren, welche Menschen die Reise mit ihm antraten; die Liste der zweiten Reise allerdings ist unvollständig.

Vorstellbar sind auch seine Lebensumstände in der Neuen Welt, wo Kolumbus, zumindest ab 1493, gleich zwei Schneider, Antonio und Bernandino, zur Verfügung hatte, dazu einen Bäcker mit Nachnamen García, zwei Vorratsverwalter, einen Geistlichen und eine ansehnliche Gruppe an Pagen; irgendwann muss das spanische Königspaar eingeschritten sein und ihm verboten haben, so viel Personal zu halten. Das vielleicht aufschlussreichste Dokument, das in den letzten Jahren auftauchte, ist die Abschrift des Untersuchungsverfahrens, das Richter Francisco de Bobadilla im September 1500 gegen die Brüder Kolumbus in Santo Domingo führte und das deren Absetzung und die Rückkehr nach Spanien zur Folge hatte. Ein solches Dokument ist mit großer Sorgfalt zu analysieren und natürlich im Kontext der Zeit zu sehen. Sieht man von den aus Genua stammenden Urkunden einmal ab, taucht hier zum ersten Mal die eindeutige Bestätigung dafür auf, dass Kolumbus aus Genua stammte und dass sein Vater Wollweber war. Die Kolumbus-Brüder empörten sich weniger über die Nennung ihres Geburtsorts als über die ihrer einfachen Herkunft. Auch andere Punkte, einige heikel, andere vielleicht zweifelhaft, tauchen in dieser Untersuchung auf, die deshalb nicht an Bedeutung verliert. Ferdinand und Isabella hatten keine andere Wahl, als ihm die Befehlsgewalt über die junge Kolonie zu entziehen. Dies geschah nicht aus „Neid" vonseiten seiner Gegner, wie häufig gesagt wurde, sondern aus Notwendigkeit. Kolumbus war ein hervorragender Admiral, aber ein sehr schlechter Vizekönig und Gouverneur.

Wie schon angedeutet, gehe ich davon aus, dass es Aspekte im Leben des Christoph Kolumbus gibt, die sich uns nicht erschließen werden. Ein einfaches Beispiel hierfür ist seine Unterschrift. Ohne genauen Hintergrund ist es gewagt, ein solch seltsames Anagramm (Buchstabenrätsel) auch nur ansatzweise lösen zu wollen. Das Gleiche gilt für den chiffrierten Text auf den Seiten eines seiner Bücher: Ohne den richtigen Code ist jede Bemühung vergeblich.

Mein Text hat vier Kapitel. Die ersten drei behandeln die Person Kolumbus als Mensch, als Seemann und als Vizekönig. Drei Aspekte unseres Protagonisten, für die ich jeweils versucht habe, die wichtigsten Facetten seiner Persönlichkeit herauszuarbeiten. Kolumbus war ein vielseitiger Mann, er war aufgewachsen in ganz heterogenen Umgebungen und musste sich im Laufe seines Lebens ganz unterschiedlichen Situationen stellen: Die Küstenfahrten seiner Schiffsjungenjahre waren nicht zu vergleichen mit den Atlantiküberquerungen. Auch in die Rolle des Geschäftsmanns, der das Unternehmen Kolonialisierung zu leiten hatte, musste er sich erst hineinfinden, und schließlich war es auch keine einfache Situation, Gouverneur einer Kolonie zu sein, in einem Gebiet, das so fern und so anders war als alles, was er kannte. Im vierten Kapitel werden seine letzten Jahre beleuchtet, in denen er seine schwindenden Kräfte anderen Dingen widmete.

Es war nicht mein Anspruch, ein wissenschaftliches Werk zu verfassen. Mir ging es darum, einen anschaulichen, kurzweiligen Text zu bieten, der von interessanten Abbildungen ergänzt wird. Das hoffe ich, erreicht zu haben.

# Der Mensch Kolumbus

*Erstes Kapitel*

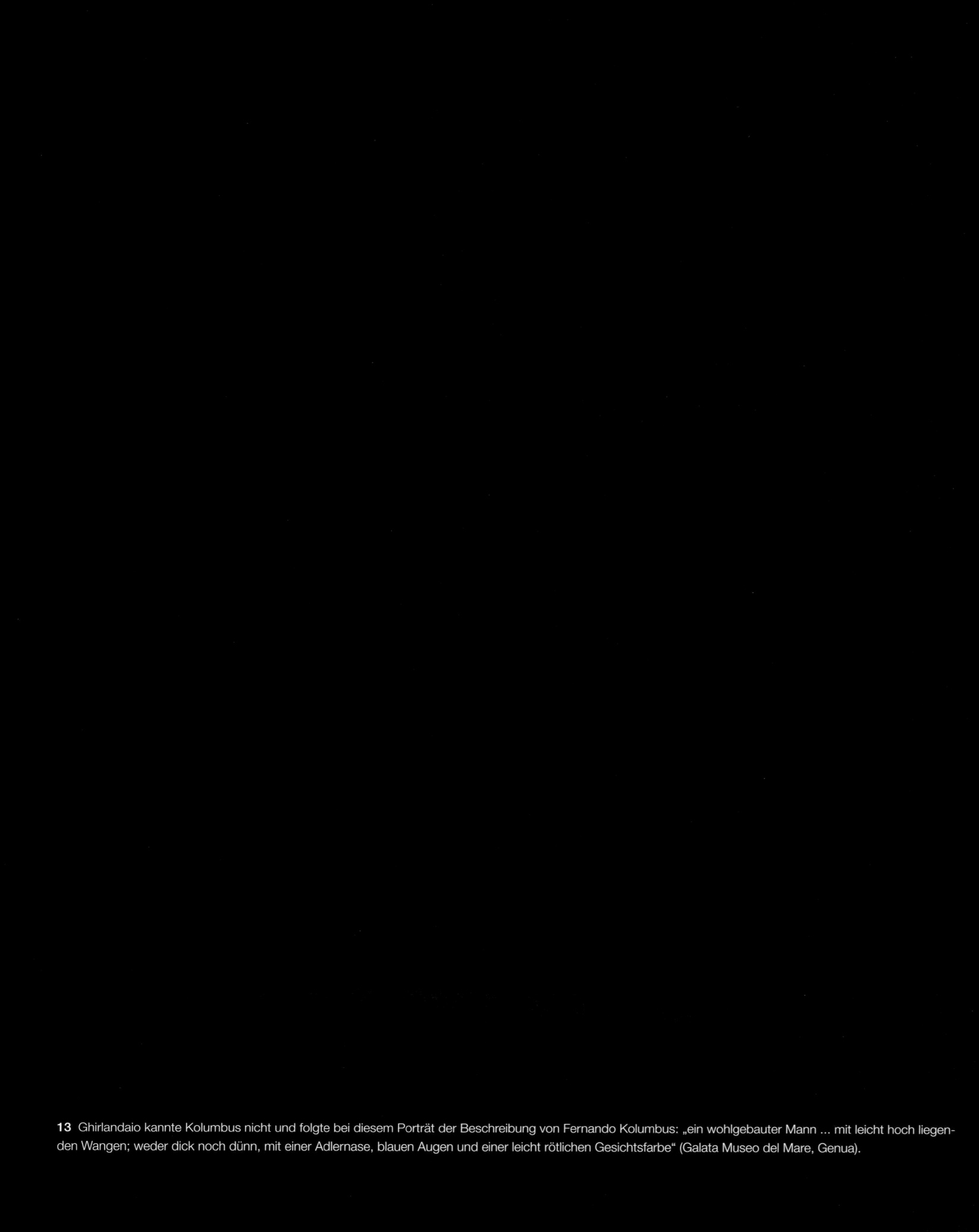

**13** Ghirlandaio kannte Kolumbus nicht und folgte bei diesem Porträt der Beschreibung von Fernando Kolumbus: „ein wohlgebauter Mann ... mit leicht hoch liegenden Wangen; weder dick noch dünn, mit einer Adlernase, blauen Augen und einer leicht rötlichen Gesichtsfarbe“ (Galata Museo del Mare, Genua).

## „GEBOREN IN GENUA, BIN ICH NACH KASTILIEN GEKOMMEN ...“

Eines der Rätsel, mit dem sich diverse Historiker in immer neuen und abenteuerlichen Vermutungen gerne befassten, ist das um Herkunft und Zeitpunkt der Geburt von Cristoforo Colombo, uns bekannt als Christoph Kolumbus; dabei hatten schon alle Chronisten seiner Zeit geschrieben, er stamme aus der Republik Genua. Die diesbezüglichen Unklarheiten aber sind vor allem Kolumbus selbst und später auch seinem Sohn Fernando zu verdanken. Kolumbus selbst machte so gut wie keine Angaben zu seiner Vergangenheit und trug damit dazu bei, dass ein Hauch von Geheimnis ihn umgab. In seinen autobiografischen Schriften erwähnte er Genua nur selten, und – was noch auffälliger ist – er schrieb nicht eine Seite in seiner Muttersprache, sondern korrespondierte sogar mit seinen Landsleuten auf Spanisch. Einziges Beispiel für sein – eher holpriges – Italienisch sind zwei Anmerkungen am Rand eines seiner Bücher. In seinen Schriften aber gibt es ein Ereignis, bei dem Christoph Kolumbus davon sprach, in Genua geboren zu sein; außerdem beauftragte er die Genueser Banco di San Giorgio mit der Vertretung der Interessen seiner Nachkommen. Zum Ereignis: Am 22. Februar 1498, kurz vor seiner dritten Reise nach Westen, machte Kolumbus sein Testament und setzte Diego, seinen ältesten Sohn, als Alleinerben ein; darin schrieb er: „Geboren in Genua, bin ich nach Kastilien gekommen, um Ihren Majestäten zu dienen.“ Leider ist dieses wertvolle Dokument nur noch als notarielle Abschrift überliefert.

Und als sei dies noch nicht genug, beschränkte sich Fernando Kolumbus in der Biografie seines Vaters darauf, die unterschiedlichen Hypothesen bezüglich seiner Herkunft zusammenzustellen, ohne sich auf eine festzulegen und ohne auch nur anzudeuten, in welchem Ort genau der Vater geboren wurde. Jahre später, in seinem Testament, erklärte er endgültig, dass sein Vater Genuese war, ohne allerdings den Grund für dieses späte Bekenntnis durchscheinen zu lassen.

Aus einer 1478 von Kolumbus selbst in Genua ausgestellten Urkunde, in der er erklärte, 27 Jahre alt zu sein, lässt sich schließen, dass er 1451 als Ältester von fünf Geschwistern zur Welt kam: Giovanni Pellegrino, Bartolomeo, Diego (ursprünglich Giacomo) und die Schwester Bianchinetta folgten.

Vermutlich wurde er in Quinto, einem Dorf in der Nähe von Genua, geboren, in dem seine Eltern, Domenico Colombo und Susanna Fontanarossa, lebten. Aus Quinto stammte ein großer Teil seiner bescheidenen Familie.

Kolumbus besuchte wohl keine Universität, obwohl er gut Latein konnte und über Kenntnisse der Kartographie verfügte. Über seine Lehrjahre in Genua lassen sich nur Vermutungen anstellen. Zwar behauptet Fernando, sein Vater habe die Universität in Pavia besucht und dort Astronomie, Kosmographie und Geometrie studiert, aber es hat nicht den Anschein, als habe der junge Kolumbus eine höhere Ausbildung genossen; bis er alt genug war, um zu arbeiten, besuchte er wahrscheinlich eine der Schulen der Wollhändlergilde. Im Übrigen scheint es wenig wahrscheinlich, dass die Eltern sich den Luxus leisten konnten, ihm ein Studium zu finanzieren, da sie auf die Arbeitskraft ihrer Kinder angewiesen waren, um das Auskommen der Familie zu sichern. Vielleicht besuchte Kolumbus am späten Nachmittag eine jener Schulen, lernte schreiben und zeichnen und entwickelte ein leidenschaftliches Interesse für Bücher, die Basis seiner autodidaktischen Bildung, da er, wie er selbst sagte, „alles aus der Erfahrung lernte".

Mindestens bis 1473 lebte der junge Mann in der Nähe von Genua und ging unterschiedlichen Tätigkeiten nach. Entgegen den Behauptungen Fernandos, der sich bemüht, uns glauben zu machen, sein Vater habe nie ein Handwerk ausgeübt, war Kolumbus Wollweber wie sein Vater und wie sein Bruder Bartolomeo. Damals wurden die Kinder von Handwerkern nicht gefragt, was sie gerne lernen wollten, denn selbstverständlich wurde das Handwerk weitergeführt.

Nach seinem Tod war das Interesse an der Welt des Entdeckers groß, neben Ruhm und Lob über die Entdeckungen gab es aber auch spöttische Äußerungen über seine Herkunft. So schrieb ein Zeitgenosse, Kolumbus' Vater Domenico sei ein Weber einfacher Wollstoffe gewesen, während Christoph edle Seidenstoffe gewebt habe. Erst der Dominikanermönch Bartolomé de Las Casas widerlegt diese Äußerungen und versichert, dass solche Dinge von Agostino Giustiniano in seiner Chronik der Republik Genua verbreitet worden waren und dass die *Signoria* selber, der die wahren Tatsachen bekannt waren und die die Übertreibungen Giustinianos in dessen Geschichte erkannte, den Genuesern das Lesen der Chronik per Dekret verbot und alle Bücher und Abhandlungen einziehen ließ, damit sie niemandem in die Hände kommen konnten.



**14** Dieser Holzschnitt aus der Schedelschen Weltchronik, Nürnberg 1493, zeigt die von Wäldern und Hügeln umgebene Stadt Genua, wie Kolumbus sie in seiner Jugend kannte.

**16–17** Die engen Beziehungen zwischen Genua und den anderen Anrainerstaaten machte den Hafen Genuas zu einem der wichtigsten im Mittelmeerraum. Zu Beginn des 16. Jahrhunderts erfuhr die Stadt durch Admiral Andrea Doria einen tief greifenden Wandel: Er stellte die Republik Genua wieder her, die von einem auf zwei Jahre aus dem Kreis der Adligen gewählten Dogen geführt wurde (Galata Museo del Mare, Genua).

ANTIQVÆ VRBIS GENVÆ PICTVRĀ
TEMPORIS INIVRIA FERE CONSVMPTĀ
HANC AD EXEMPLVM ILLIVS VETVSTATIS
RETINĒDÆ CAVSA P PRES COMMVNIS
EFFINGI MANDARVNT ANNO MDXCVII

GENVA ANNI MCC

18 OBEN Der Kupferstich von Aliprando Caprioli hatte so viel Erfolg, dass schon bald mehrere Kopien in Öl angefertigt wurden, die heute in verschiedenen Museen sind (Museo Navale, Madrid).

18 UNTEN Capriolis Kupferstich war Teil des Buches *Ritratti di cento capitani illustri*. Er folgte dem Modell von Paolo Giovio in seinem Werk *Elogia virorum litteris illustrium* (Biblioteca Nacional, Madrid).

19 Dem Vorbild von Sebastiano del Piombo folgend, fügte Theodor de Bry dieses Porträt dem Vorwort von *La historia del mondo nuovo* von Girolamo Benzoni ein. Im Stil einer Gedenkmünze hebt die Inschrift Kolumbus' Entdeckungen hervor (Biblioteca Nacional, Madrid).

## PERSÖNLICHES

Kolumbus als Mensch bleibt uns letztlich ein Unbekannter. Es gibt von ihm kein Porträt, das als authentisch angesehen werden kann, auch wenn wir davon ausgehen können, dass der Genueser sich, wie die meisten Adligen, von einem der vielen Maler porträtieren ließ, die an den Hof des spanischen Königspaars kamen. Um etwas über sein Aussehen zu erfahren, muss man auf die Hinweise seines Sohnes und des spanischen Missionars Bartolomé de Las Casas zurückgreifen. Beide betonen mit fast den gleichen Worten, er sei ein wohlgebauter Mann gewesen, von mehr als durchschnittlicher Größe, mit leicht hoch liegenden Wangen; er sei weder dick noch dünn gewesen, habe eine Adlernase, blaue Augen und eine helle, leicht ins Rötliche spielende Gesichtsfarbe gehabt, und in seiner Jugend seien Bart und Haare blond gewesen, im Alter aber „wegen der Sorgen und Strapazen" früh grau geworden. Seine Biografen erzählen, er sei ein großer Schwimmer gewesen, im Essen und Trinken sowie in seiner Kleidung mäßig und bescheiden, liebenswürdig im Umgang mit Fremden und wohlwollend zu seinen Hausangestellten, wohlerzogen und ein Feind des Fluchens; nur wenn er verärgert war, kam ihm ein „O heiliger San Fernando" über die Lippen, mit dem er den Schutzheiligen von Sevilla anrief.

Andere Quellen belegen, dass Kolumbus sehr um sein Äußeres besorgt war. Die weißen Haare, die, wie seine Biografen schrieben, sein Erscheinungsbild verunzierten, müssen ihm so missfallen haben, dass er versuchte, mit Rezepten aus der *Naturalis historia* des Plinius etwas dagegen zu tun; so kennzeichnete er die entsprechende Stelle in dem Exemplar seiner privaten Bibliothek: „Wie man gegen graue Haare vorgeht". Ganz einfach: Die entsprechende Stelle sagt: „Man glaubt, die Asche vom männlichen Glied eines Esels mache das Haar dicht und bewahre es vor dem Grauwerden,

CHRISTOPHORVS COLVMBVS LIGVRIENSIS INDIARVM PRIMVS INVENTOR ANNO MCCCCXCII.

wenn man sie mit Blei und Öl zerrieben auf die abgeschorenen Stellen aufstreicht."

Eine schöne Szene, die Kolumbus selbst von einem Festmahl an Bord der Santa Maria am 18. Dezember 1492 beschreibt, liefert uns zwei Details seiner persönlichen Kleidung. Erstens, dass er bunte Schuhe trug, und zweitens, dass er sich gerne mit einer Kette schmückte. Das hätte man kaum vermutet, denn Maler stellten ihn immer in der Kutte der Franziskaner dar. So beschrieb Kolumbus das Ende des Mahls und der sonderbaren Unterhaltung mit dem Kaziken Guacanagarí, einem der indigenen Könige von Hispaniola: „Ich sah, dass ihm die Decke meines Bettes gefiel, und schenkte sie ihm, ebenso eine Bernsteinkette, die ich am Hals trug, und farbige Schuhe und ein Fläschchen Orangenblütenwasser. Er war darüber außerordentlich erfreut." Der König muss sehr zufrieden von Bord gegangen sein. Zwölf Tage später erhielt er bei einem anderen Festmahl, dieses Mal an Land, beim Austausch von Geschenken eine zweite Kette, und zwar streifte Kolumbus sich diesmal, wie Las Casas berichtet, eine aus echten roten Achaten und anderen, in lebhaften Farben leuchtenden Steinen zusammengesetzte Halskette ab und legte sie dem Kaziken um den Hals.

In diesem Hin und Her von Geschenken erhielt der König auch einen Silberring, der nicht dem Admiral gehörte, sondern einem seiner Seeleute. Man weiß, dass Kolumbus diese Art Schmuck normalerweise nicht trug und sich den Ring ausleihen musste, um seinen Gastgeber zum Abschied zu ehren, der völlig hingerissen war von dem Stück.

König Guacanagarí zeigte so viel Begeisterung über die spanische Mode, dass Kolumbus dies ausnutzte und ihm wertlose und sehr persönliche Geschenke machte. Einmal waren es ein Hemd und Handschuhe, die der Kazike sogleich anzog, dabei hatte er an den Handschuhen wohl die größte Freude.

Nach so vielen Geschenken sah sich Kolumbus wohl einer leeren Kleiderkiste gegenüber, denn er bat um Zusendung von Kleidung und vor allem von Schuhen, die er – wie er an Ferdinand und

Isabella schrieb – sehr dringend benötige. Die Schuhe der Kolonisatoren scheinen sich rapide abgenutzt zu haben. Nur so lässt sich erklären, wieso Antonio de Torres im Jahr 1494 neben vielen anderen Vorräten nicht weniger als 120 Paar Schuhe zur ausschließlichen Nutzung der Bediensteten des Admirals auf seinem Schiff hatte.

Offizielle Geschenke waren in der Beziehung zwischen Kolumbus und den eingeborenen Königen offenbar an der Tagesordnung. Dafür gibt es mehrere Beispiele. Kurz vor Weihnachten, am 22. Dezember 1492, erhielt der Admiral ein Geschenk von König Guacanagarí, einen prachtvollen Gürtel. Es handelte sich um einen außergewöhnlichen, sehr breiten Gürtel aus weißen Fischgräten und bunten Steinen; in der Mitte befand sich eine Maske mit Nase, Ohren und Zunge aus Gold. Kolumbus freute sich offenbar so sehr über das Geschenk, dass ihm der Kazike einige Tage später eine noch wertvollere Maske schenkte. Vielleicht wollte er ihn über den Verlust der Santa Maria hinwegtrösten, die auf eine Sandbank aufgelaufen war. Dieses Mal handelte es sich um eine Krone und eine Kette aus Gold, beide in Material und Stil zusammengehörig.

Als Kolumbus Jahre später, im August 1498, die Insel Trinidad erreichte, kam der dortige Kazike umgehend zum Schiff und bat, dem Admiral seine Aufwartung machen zu dürfen. Bei dieser aufregenden Begegnung, über die Las Casas berichtet, kam es erneut zu einem Austausch von Geschenken; offenbar hatte diese Geste schon Tradition. Der Kazike, der eine goldene Krone trug, nahm diese mit seiner rechten Hand ab, küsste sie feierlich und setzte sie Kolumbus auf, von dessen Haupt er zuvor mit der linken Hand eine karminrote Kopfbedeckung genommen hatte. Diese Beschreibung belegt, dass Kolumbus die für die Seeleute typische, konisch geformte Kopfbedeckung aus roter Wolle trug. Sie war das einzige Kleidungsstück, das damals Seeleute von den Angehörigen anderer Berufe unterschied.

Während eines Sturms, der die Expedition am 14. Februar 1493 überraschte und beinahe zum Scheitern gebracht hätte, benutzte er eines dieser Kopftücher als Säckchen für Erbsen, mit denen ausgelost wurde, wer als Pilger das Gelübde, eine Wallfahrt zu machen, ausführen sollte.

Bei verschiedenen Anlässen erhielt Kolumbus von den Kaziken Ketten, Kronen oder Gürtel. Wahrscheinlich war dies ein Brauch unter den Eingeborenen, aber es steht außer Zweifel, dass sie ihm diese Dinge auch schenkten, weil sie ihn mit solchem Schmuck sahen und davon ausgingen, dass er ihm gefiel. Kein Chronist berichtet zum Beispiel, dass ihm die Indios Nasenringe oder Fußkettchen schenkten, Schmuck, den sie selbst normalerweise trugen.

Die Vorliebe des Admirals für Schmuck – ein Punkt, der von seinen Biografen nie hervorgehoben wurde – geht auch aus einer Kontoaufzeichnung von 1500 oder 1501 hervor, der die Anfertigung eines Traurings und einer aus 47 Ringen bestehenden Goldkette für Kolumbus belegt. Es ist offensichtlich, dass er, sobald sich ihm die Gelegenheit bot, die während der ersten Reise getragenen Steine durch das Edelmetall ersetzen ließ. Nichts Ungewöhnliches, wenn man den Hang des Genuesen zum Gold kannte.



**20** Dieses anonyme Porträt aus der Mitte des 16. Jahrhunderts zeigt ein idealisiertes Bild von Christoph Kolumbus. In einem kostbaren Mantel steckt er die Flagge Spaniens in einen Globus mit der Inschrift „Nueva España"; rechts sieht man ein Wappen mit der Inschrift „A Castilla i a León. Nvuvo Mvndo Di Colo(n)", das laut Fernando Kolumbus auf das Grab seines Vaters gelegt wurde (Schloss Ambras bei Innsbruck).

**22** Mangelnde Fantasie und/oder das Fehlen eines realistischen Porträts des Genuesen sorgten für die Wiederholung der Bildmotive, wie hier bei Paolo Giovio (Kunsthistorisches Museum, Wien).

**23** Der Historiker Paolo Giovio (1483–1522) stellte Porträts berühmter Persönlichkeiten zusammen, zu denen auch Kolumbus gehört. Diese häufig kopierte Darstellung eines anonymen Künstlers zeigt einen melancholischen Admiral und die Inschrift: „Colvmbus Lygur. Novis Orbis Reptor" (Museo de America, Madrid).

Seit seiner Jugend war Kolumbus anfällig für Krankheiten. Dies wurde von keinem der Biografen deutlich gesagt, auch wenn sie hin und wieder von seinen zahlreichen Gebrechen berichteten. Als er 1494 nach der Entdeckung von Kuba und Jamaika nördlich vor der Insel Hispaniola lag, zeigte sich zum ersten Mal die Krankheit, die letztlich sein Leben beenden sollte. Las Casas berichtet, er habe damals an einer krankhaften Schläfrigkeit gelitten, die ihn fünf Monate ans Bett fesselte, nachdem er sich für 32 Tage in einem halb bewusstlosen Zustand befunden habe. Andere Beschwerden kamen immer wieder: Gicht, Migräne, Wassersucht, Rheuma, Arthritis – Leiden, die sein Arzt Juan Petit, vermutlich ein Franzose von kleiner Statur, in Spanien zu heilen versuchte.

Von seinen Krankheiten stark beunruhigt, suchte Kolumbus Linderung durch verschiedene Mittel, die er sorgfältig in einem seiner wichtigsten Bücher verzeichnete. Und natürlich notierte er in seinem Exemplar der Naturgeschichte von Plinius auch die notwendigen Maßnahmen zur Linderung der Nierensteine.

Häufig liest man in seinen Schriften, dass er sich über die Kälte beklagt, die ihm vor allem an den Händen Schmerzen verursachte. „Meine Krankheit gestattet mir nur, bei Nacht zu schreiben, weil ich bei Tag keine Kraft in den Händen habe", schrieb er am 1. Dezember 1504 an seinen Sohn, um zu erklären, dass er nicht häufiger schrieb. Und in einem anderen Brief bittet er den Sohn, ihn bei seinen Freunden zu entschuldigen, denen er wegen seiner großen Schmerzen nicht schreiben könne. Er habe kaum noch die Kraft, den Stift in der Hand zu halten.

Gegen Ende des Jahres 1504, nach dem Tod der Königin Isabella, beschloss Kolumbus, Sevilla zu verlassen und König Ferdinand zu treffen, der sich in Segovia aufhielt. Der Weg zu Pferde über die *Via de la Plata*, die Silberstraße, war weit und beschwerlich. Aus diesem Grund bat er um eine *licencia de la mula*, die Erlaubnis, auf dem Rücken eines Maultiers reisen zu dürfen, das sanfter geht. Dies aber war durch ein im Jahr 1494 erlassenes königliches Edikt Mönchen und Frauen vorbehalten, weil die spanische Krone auf diese Weise die Aufzucht von Pferden gegen die von Maultieren fördern wollte. Um seiner Bitte Nachdruck zu verleihen, schickte der Admiral eine Liste seiner Krankheiten mit, die jedoch leider verloren ging.

Sein Sohn Fernando berichtete, dass Kolumbus in den letzten Monaten nicht mehr aufstehen konnte. Sein Körper war vom Hals bis zu den Füßen von Entzündungen befallen, er konnte sich nicht einmal ohne Hilfe im Bett umdrehen.

COLOMBVS LYGVR NOVI ORBIS REPTOR

S·LIGVRIS·MIRANDA
COLVMBI·A
RAVIT·IN·
ORBEM·

24 Das älteste datierte Porträt von Sebastiano del Piombo zeigt Kolumbus in Händlerkleidung mit der Inschrift: „Haec. Est. Effigies. Liguris. Miranda Colvmbi. Antipodum. Primus/ Rate. Qui. Penetravit. In Orbem. 1519“ (Metropolitan Museum of Art, New York).

Vielleicht war die schlechte Gesundheit der Hauptgrund für Kolumbus' schwierigen Charakter, auch wenn Las Casas ihn eindeutig als „liebenswürdig und großzügig“ beschreibt. Der Chronist Gonzalo Fernández de Oviedo dagegen, der ihn persönlich kannte, sagte, er sei „sympathisch, wenn er wollte, und unbeherrscht, wenn er sich ärgerte“. Andere wiederum, wie Francisco López de Gómara, beschrieben ihn als „cholerisch und brutal“ oder geradezu als „jähzornig“, wie sein Landsmann Girolamo Benzoni, der sich aber zweifellos auf die Äußerungen Oviedos stützte, da er Kolumbus nie persönlich kennengelernt hat.

Menschen, die ihm widersprachen, begegnete Kolumbus sehr reizbar; er war ein Mann, der oft die Nerven verlor und ziemlich streitsüchtig war. Er war stolz und überheblich; das beweist die Tatsache, dass er sich in mindestens drei Fällen beschwerte, weil das spanische Königspaar Bischöfe zu den Inseln aussenden wollte, ohne ihn zu konsultieren. Er fragte sich sogar, ob Isabella die Katholische ihn vielleicht in ihrem Testament bedacht hätte.

Die Menschen in seiner Umgebung schätzte er häufig falsch ein. So liest man in einem Bericht an das spanische Königspaar, den er im Februar 1494 aus der Siedlung La Isabela schickte, sein Lob auf die Männer, mit denen er wenige Tage später aneinander geriet, und Kritik an denen, die ihm immer treu waren. Zu den Personen, für die der Admiral Gnade erbat, gehörten zum Beispiel Juan Aguado, der bald darauf erneut als Untersuchungsrichter in die Karibik geschickt wurde, und Pater Bernardo Buyl, der wenige Tage später begann, Material gegen ihn zu sammeln.

Neben all dem Negativen gab es aber auch sehr positive Seiten. So war er von einem unersättlichen Wissensdurst getrieben – nach allem, was neu war. Seine Beschreibungen der entdeckten Inseln und sein Interesse, immer mehr zu erfahren, finden sich in all seinen Schriften und denen seiner Zeitgenossen. Ein interessantes Beispiel für diesen Charakterzug hinterließ uns Petrus Martyr von Anghiera. Der Humanist berichtete, dass Kolumbus einmal, nachdem er ein Rebhuhn probiert hatte, seine Köche bat, das Tier aufzuschneiden, um den Grund für den besonders feinen Geschmack herauszufinden. Als Grund stellte sich das üppige Wachstum der Pflanzen auf den Inseln heraus: Der Kropf war voller aromatischer Blüten.

Kolumbus war ein Verführer. Er hatte eine starke Ausstrahlung, die er bewusst einsetzte, um sich zum besten Förderer seiner Ideen und seiner selbst zu machen. Auch wenn es sieben Jahre dauerte, bis er dem spanischen Königspaar seine West-Expedition „verkaufen“ konnte: Letztlich hatte er die Gabe, auch solche Menschen zu überzeugen, die sich nicht von leeren Worten blenden ließen.

Dieser Mann wusste, wie er das Königspaar für sich gewinnen konnte. So wie er Ferdinand mit Falken versorgte, damit er sie auf der Jagd einsetzen oder anderen Fürsten schenken konnte, beehrte er Isabella mit Juwelen, Gold und Perlen.

Als vielseitiger Mensch passte er sich allen Umständen an und wandelte seine Niederlagen in Triumphe um. Als er zu Weihnachten des Jahres 1492 die *Santa Maria* verlor, lag die Schuld nicht beim Kapitän, also ihm selbst, sondern bei dem nachlässigen Schiffsjungen, der auf der Wache eingeschlafen war. Nur das war der Grund, und vor allem handelte es sich nicht um ein Unglück, sondern um den eindeutigen Beweis dafür, dass „der Herrgott das Schiff gerade an jenem Orte hatte auflaufen lassen, um hier eine Niederlassung zu gründen“. Als er in der Neuen Welt nicht vorfand, was er erhofft hatte, suchte er eine Erklärung dafür. Wenn die Bäume keine Früchte trugen, dann deshalb, weil es nicht die rechte Zeit war und man auf die richtige Jahreszeit hätte warten müssen; hatte er nicht die wilden Tiere gesehen, die er erwartet hatte, dann zweifellos nur, weil sie weggelaufen waren; gab es nicht so viel Gold, wie er gerne gehabt hätte, so deshalb, weil sie noch nicht dort angelangt waren, wo es „entsteht“. Trotz seiner Depressionen und Wehklagen gelang es Kolumbus, andere davon zu überzeugen, dass sein Standpunkt immer der richtige war. Er starb mit dem ruhigen Gewissen, seine Pflicht erfüllt zu haben.

Er war ein großer, mit Beharrlichkeit und einem eisernen Willen ausgestatteter Träumer. Kurz vor seinem Tod schrieb er dem spanischen Königspaar: „Sollten mich meine Kräfte verlassen und die

Schwäche überhand nehmen, so lässt doch mein innerer Wille nicht nach." Mit dieser Entschlossenheit erreichte er fast alles, und vielleicht macht genau sie das Besondere in seinem Charakter aus.

Kolumbus war ein tief religiöser Mensch. Als Beleg für seine Religiosität berichtet Las Casas, er habe den Kopf seiner Briefe mit einem kurzen Gebet versehen: *Jesus cum Maria sit nobis in via*. Das soll zwar nicht angezweifelt werden, aber seltsam ist doch, dass von den fast fünfzig eigenhändigen Kolumbus-Briefen, die wir heute kennen, nur ein Brief an Königin Isabella diesen Briefkopf trägt. In allen anderen allerdings, dies sei gesagt, sogar in den Quittungen, versäumte er nie, ein Kreuz hinzuzufügen; das jedoch wurde wiederum von seinen Biografen nie erwähnt.

Er war zwar ein nüchterner Mensch, aber das heißt nicht, dass ihm Empfänge nicht gefallen hätten, und tatsächlich lud er, wie schon gesagt, die Kaziken auf sein Schiff oder in sein Haus zum Essen ein. Wie die meisten Europäer begeisterten ihn die Früchte der entdeckten Gebiete, und obwohl er sie nur grob beschrieb und sich darauf beschränkte, den jeweiligen Geschmack mit der Kastanie oder der Karotte zu vergleichen, wies er auf das „herrliche Aroma" hin oder auf die Tatsache, dass „sie sich sehr von den unsrigen unterscheiden". Die Wildreben nannte er außergewöhnlich saftig und die Datteln von hervorragendem Geschmack. Von all dem Neuen schmeckte ihm zweifellos das Brot aus *ñame* (Yamswurzeln) und *ajes* (Süßkartoffeln) am besten, das aus der Nahrung der Eingeborenen nicht wegzudenken war. Vor seiner Rückreise nach Kastilien am 13. Januar 1493 belud Kolumbus sein Schiff mit *ajes*, vermutlich, um die Vorräte an Brot, getrockneten Fisch und Fleisch zu ergänzen, die ihm der Kazike Guacanagarí geschenkt hatte, damit es ihnen auf der langen Fahrt an nichts fehlte. Man weiß, dass Kolumbus an seinem Haus einen Hof voller Vögel hatte, die er allerdings in seinen Berichten kaum erwähnt. Er spricht von Fischen, die am Spieß gebraten wurden, und von Meeresfrüchten, die er fade fand. Auch die Schnecken schienen ihm, trotz ihrer Größe, geschmacklos, und er schrieb, sie seien „nicht wie die spanischen". Mit Gewürzen zubereitet allerdings sei das ganz anders, sagte er. Daher schmeckten ihm die Austern, die er zum ersten Mal während seiner dritten Reise kostete, am Anfang zwar ein wenig fad, aber mit Gewürzen später ganz besonders gut. Wenn er einen Fisch gern aß, dann deshalb, weil er sich an Fische erinnert fühlte, die er kannte und die er sogar mit Namen nannte: Seebarsch, Lachs, Scholle, Schlei und Sardine, die alle in Europa heimisch sind. Zur Freude von Kolumbus und seiner Mannschaft hatte der Fisch der Karibik eine ganz besondere Eigenschaft: „Er belastet nicht den Körper" und war besonders leicht zu verdauen und so gesund, dass ihn der Arzt seinen Patienten bei Magenbeschwerden verordnete.

Kolumbus trank gerne Alkoholisches. „Es gibt auf den Inseln", so schrieb er, „viele Sorten Wein, rot und weiß, und nicht nur aus Weintrauben", und sie hatten, wie er sagte, keinen „unangenehmen Geschmack". Bald verzeichneten alle Chronisten, dass die Indios verschiedene Getränke destillierten, eines geschmackvoller als das andere: vom bescheidenen Maiswein, „der wie Bier ist", bis zum teuersten und begehrtesten, dem gekochten und gewürzten Palmensaft.



**27** Zu Beginn des 19. Jahrhunderts wurden in Frankreich verschiedene erfolgreiche Biografien über Kolumbus veröffentlicht (Roselly, Lamartine, Verne ...), deshalb kreierten die Maler und Bildhauer der Zeit eine neues Bild des Genuesen. Das Gemälde von Emile Vassalle (1839) zeigt Kolumbus, wie er auf einem Globus Maß nimmt und sich Notizen macht (Biblioteca Colombina, Sevilla).

Man weiß nicht, wo Kolumbus seinen eigentlichen Wohnsitz hatte. In Spanien hat er kein Haus gemietet oder gekauft. 1485 erreichte er das Kloster La Rábida, wo er mit seinem Sohn Unterkunft fand; später suchte er seine Schwägerin auf, die Portugiesin Violante Moniz, die im nahe gelegenen San Juan del Puerto ein Haus hatte. Von dort aus konnte er leicht das Franziskanerkloster erreichen, in dem er mit einflussreichen Persönlichkeiten wie Pater Antonio de Marchena und Pater Juan Pérez zusammentraf. In Córdoba wird er im Haus von Beatriz Enríquez de Arana, seiner Geliebten und der Mutter seines Sohnes Fernando, gewohnt haben. Es hieß, dass er seine Aufenthalte in Sevilla in der Cartuja, dem Kartäuser-Kloster Santa Maria de las Cuevas, verbrachte, aber dies scheint nicht so wahrscheinlich. Von 1493 bis 1498 wohnte er vermutlich in dem Haus, das das spanische Königspaar seiner Schwägerin Violante übertragen hatte, im Viertel Santa Maria la Blanca; 1498 zog er in die Calle Francos, wohin auch Diego und Fernando 1504 kamen, nach dem Tod von Königin Isabella.
Auch in der Neuen Welt errichtete er sich kein eigenes Haus. Was Kolumbus, als wahrem Mann der See, wirklich gefiel, war das Leben auf dem Meer, und wenn es irgend ging, vermied er es, an Land zu sein. Diese Gewohnheit war allseits bekannt und wurde auch von seinen Verleumdern boshaft ausgenutzt, um zu zeigen, dass Pedro de Terreros, sein treuer Begleiter, der wahre Entdecker des Kontinents gewesen sei, denn er war es, der am 6. August 1498 an der Orinoko-Mündung das Festland betrat und im Namen der spanischen Krone das Gebiet feierlich in Besitz nahm.
Man weiß, wie Kolumbus' Kabine ausgesehen hat – übrigens die einzige auf dem ganzen Schiff, da Offiziere bis zum 16. Jahrhundert keine eigenen Räume hatten. Die Kabine lag am Heck und war so klein, dass kaum vier Personen darin Platz fanden. Das Mobiliar bestand aus einem Tisch, einem Bett und einer Kleiderkiste, in der Kolumbus Kleidung, Schmuck und Dokumente aufbewahrte. Ein Kreuz und ein Bild der Muttergottes vervollständigten diese karge Einrichtung.
Anhand seiner Tagebücher lassen sich seine ständigen Ortswechsel verfolgen. Während seiner Aufenthalte auf Hispaniola muss er häufig in der Siedlung La Concepción de la Vega gewohnt haben, wenn er nicht in der Stadt Santo Domingo blieb, die zu der Zeit als Wohnsitz der Kolumbus-Brüder, aber auch als Gefängnis diente. In La Isabela, der ersten Siedlung in der Neuen Welt, die bereits Ende 1496 aufgegeben wurde, errichtete er nur eine Hütte.
Kolumbus lebte bescheiden; das zeigt eine Liste von Möbeln und Geschirr, die ihm 1494 geschickt wurden. Für die Einrichtung standen darauf nur ein paar Wandteppiche mit Landschaftsdarstellungen, nicht mit religiösen Motiven; zwei zueinander gehörige Türflügel; vier Wappenschilder und einige Truhen. Für seine Tafel wurden ihm vier Tischdeckensets geschickt, sechs Dutzend Servietten, sechs Handtücher, verschiedene Deckchen für eine Anrichte, ein bescheidenes Service aus Zinn, zwei silberne Tassen, ein Salzstreuer, zwölf Löffel, zwei Kerzenleuchter und sechs Kupferkrüge. Diese sehr bescheidene Ausstattung zeigt eindeutig, wie der Lebensstandard auf den Inseln aussah.



**29** Dieses Gemälde von Antonio Cabral Bejarano entstand im 19. Jahrhundert. Es zeigt die Ankunft Kolumbus' am Kloster La Rábida (Huelva), wohin er 1485 mit seinem Sohn Diego kam (Monasterio de La Rábida, Palos de la Frontera).

**30** Dieser alte spanische Druck zeigt Christoph Kolumbus mit seinen Söhnen Fernando und Diego.

## DIE FAMILIE

Kolumbus hatte zwei Söhne. In Portugal, wo er sich von 1474 bis 1485 aufhielt, heiratete der Genuese die Portugiesin Felipa Moniz de Perestrello, eine Frau aus guter Familie, die 1478 während einer Reise auf die Insel Porto Santo den Sohn Diego zur Welt brachte. Kurz nach der Geburt starb sie, und einige Jahre später zog Kolumbus nach Spanien, wo er Beatriz Enríquez de Arana aus Córdoba kennenlernte, mit der er 1488 seinen zweiten Sohn, Fernando, bekam. Diego wurde sein Nachfolger und Vizekönig der Inseln, Fernando wurde zu einem der größten Bücherliebhaber seiner Zeit. Seine Bibliothek, die er der Diözese Sevilla vermachte, umfasste an die 20 000 Bände und kann noch heute als *Biblioteca Colombina* besichtigt werden. Zwar ist sie nicht mehr ganz so umfangreich wie früher, aber sie enthält persönliche Bücher von Christoph Kolumbus, die sein Sohn stets sorgsam aufbewahrte.

Der Admiral war ein treu sorgender Vater; er beschwerte sich, wenn er von seinen Söhnen nicht so viele Nachrichten erhielt, wie er wollte. Es sind Briefe von ihm an Diego erhalten, die mit dem Satz enden „Dein Vater, der dich mehr liebt als sich selbst“; daraus hört man den Stolz des Vaters auf seinen ältesten Sohn. Am 1. Dezember 1504 schrieb er: „Kümmere dich um deinen Bruder [Fernando], er hat ein gutes Herz und besitzt schon die Eigenschaften des reifen Mannes. Zehn Brüder wären nicht zu viel für dich; in guten wie in schlimmen Tagen habe ich keine besseren Freunde gefunden als meine Brüder.“ Kolumbus schrieb seinem Erstgeborenen unzählige Briefe, in denen er Ratschläge zum

Umgang mit den Hausangestellten gab und Empfehlungen für eine gute Ehe. An der Hochzeit des Sohnes nahm er nicht mehr teil, denn Diego heiratete Maria de Toledo, eine Kusine des Herzogs von Alba, als der Vater bereits gestorben war. Fernando blieb unverheiratet.

Christoph Kolumbus fühlte sich, wie er in seinem Brief an den Sohn Diego schreibt, seinen Brüdern Bartolomeo und Diego sehr verbunden. Bartolomeo war zehn Jahre jünger als Christoph; über seine Jugend ist nichts bekannt. Angesichts der späteren Ereignisse kann man jedoch davon ausgehen, dass seine Ausbildung ähnlich verlief wie die des älteren Bruders. Für uns beginnt seine Geschichte in Portugal, genauer gesagt: in Lissabon, wo die Brüder gemeinsam Seekarten zeichneten und mit gebrauchten Büchern handelten.

Es ist nicht abwegig anzunehmen, dass Bartolomeo zusammen mit seinem Bruder Christoph im Jahr 1479 nach Portugal ging, als dieser nach einer kurzen Reise nach Genua dorthin zurückkehrte, und sehr wahrscheinlich wird er mit ihm im Auftrag seiner Genueser Landsleute gearbeitet und an einer Schiffsexpedition nach Guinea teilgenommen haben. Alles scheint darauf hinzuweisen, dass Bartolomeo einen starken Charakter hatte. Er war gebildeter als der Bruder, zeigte ein besseres Verhalten und höflichere Formen; allerdings stammen die Beschreibungen seiner Person nicht von unparteiischen Geschichtsschreibern: Seinem Neffen Fernando zufolge war sein Latein zwar nicht gut, aber wenn es um Fragen zur Seefahrt ging, war er Experte und ein Meister darin, „Seekarten, Globen und andere Instrumente für diesen Berufsstand anzufertigen". Das Gleiche berichtet auch Bartolomé de Las Casas, der vermutet, dass die meisten Seekarten und Schriftstücke, die Christoph zugeschrieben wurden, in Wirklichkeit von Bartolomeo stammen. Diese Frage lässt sich nach jetzigen Kenntnissen nicht beantworten.

Offenbar bildeten die beiden Brüder ein perfektes Team. Es war Bartolomeo, der das Vorhaben seines großen Bruders an den europäischen Königshäusern vorstellte, denn er war ihm aufs Innigste verbunden und verehrte ihn. Als Christophs Stellvertreter reiste Bartolomeo nach England und nach Frankreich. In England gelang es ihm, eine Audienz bei Heinrich VII. zu bekommen, der, so schrieb Las Casas, so sehr von der Unterredung erbaut war, dass er dem Projekt Unterstützung zusagte. Weiter berichtet der Dominikanermönch, Bartolomeo sei, mit dem Versprechen des englischen Königs in der Tasche, sofort nach Frankreich aufgebrochen, um so bald wie möglich seinen Bruder zu treffen. Am Hof Karls VIII. wurde er unter anderem von der Schwester des Königs, Anna von Beaujeu, empfangen – vermutlich zur gleichen Zeit, als Amerigo Vespucci seinen Onkel, den Diplomaten Guido Antonio Vespucci begleitete. Eben dort, am französischen Hof, scheint Bartolomeo dann die Nachricht von Kolumbus' Entdeckung erreicht zu haben. Seine Aufregung war offenbar so groß, dass der französische König, bewegt von der Nachricht, ihm 100 Sous zukommen ließ, damit Bartolomeo möglichst schnell nach Kastilien reisen und dort seinen Bruder treffen konnte. Vielleicht kam die Nachricht spät am französischen Hof an, vielleicht hielten die langsamen Mühlen der Bürokratie Bartolomeo auf, bis er das Geld und die unverzichtbaren Geleitbriefe hatte: Er erreichte Spanien erst Anfang 1494, als sein Bruder Christoph bereits zu seiner zweiten Reise in die Neue Welt aufgebrochen war. Seine Enttäuschung war grenzenlos.

Eigentlich weiß man nicht, auf welche Weise der Admiral erreichte, dass seine Brüder nach Kastilien kamen. Las Casas schreibt, Bartolomeo habe in Paris von König Karl selbst die entsprechende Nachricht erhalten. Wie Diego sie erfuhr, wird man nie erfahren. Umso erstaunlicher, dass gerade er rechtzeitig dort war, um am 25. September 1493 an Bord zu gehen, während Bartolomeo, der Christoph eigentlich näher stand, erst einige Monate später ankam.

Als Bartolomeo Sevilla erreichte, setzte er sich unverzüglich mit Giannotto Berardi in Verbindung, dem Bevollmächtigten des Admirals, dem Kolumbus in der Meinung, sein Bruder müsse jeden

32 Seit 1493 durfte Kolumbus mit Genehmigung des Königspaars seinem in den Capitulaciones zugesprochenen Wappen weitere Details hinzufügen. So veränderte es sich im Laufe der Zeit immer wieder. Diese Abbildung zeigt es in der um 1498 genutzten Form, als Kolumbus begann das *Libro de los Privilegios* zu schreiben (Galata Museo del Mare, Genua).

Moment eintreffen, einen Stapel Briefe und Anweisungen übergeben hatte, darunter sogar die Beschreibung des Weges, den er zurücklegen müsse, um Kolumbus zu treffen. Christoph hatte zusammen mit Berardi die Westfahrt sorgfältig vorbereitet und präzise Abmachungen getroffen. Alle Erträge aus Aktivitäten, die sich aus der Eroberung hätten ergeben können, waren so weit wie möglich im Voraus geregelt und aufgeteilt.

In familiärer Hinsicht war die Ankunft Bartolomeos entscheidend für die Zukunft der Neffen Diego und Fernando. Bartolomeo war mit den Gepflogenheiten am Hofe vertrauter als sein Bruder, und so beschloss er eines Tages, die beiden Jungen dort vorzustellen; von da an, es war das Jahr 1494, waren sie Pagen des Thronfolgers Juan und erhielten dadurch Ausbildung, Nahrung, Kleidung und Lohn.

Die beiden Brüder des Admirals waren sehr unterschiedliche Persönlichkeiten. Bartolomeo, ein Mann voller Charakter und Energie, rief bei seinen Mitbürgern mehr Hass als Sympathie hervor. Er war ein kämpferischer, tatkräftiger und gebildeter Mensch, aber auch herrisch und brutal gegen die, die unter ihm standen. Diese Haltung brachte ihm das strenge Urteil Las Casas' ein, der ihm vorwarf, die Ursache für viele der Anschuldigungen zu sein, die gegen Kolumbus erhoben wurden. Der habe „nichts ohne ihn unternommen".

Im Gegensatz dazu war Diego ein eher unscheinbarer Mensch, und deshalb wurde von seinen Zeitgenossen über ihn auch nicht viel gesagt. Las Casas zufolge war Diego tugendhaft und kleidete sich bescheiden, fast wie ein Mönch.

Don Cristóbal, wie Kolumbus in Spanien genannt wurde, liebte sie beide sehr, obwohl seine Gefühle ihn nicht blind machten. Das kommt in einem Abschnitt eines Briefes an seinen Sohn zum Ausdruck, den er kurz vor seiner vierten Reise schrieb; darin bittet er den erst 24-jährigen Diego, sich um seinen Onkel zu kümmern.

„Diego, mein Bruder, bleibt in Cádiz. Du solltest das Geld, das unser Herrgott dir zuteil werden lassen wird, zu seinen Gunsten anwenden und dich um ihn kümmern, denn mein Bruder war mir immer sehr ergeben. Sorge dafür, dass Ihre Majestäten ihn mit einem geistlichen Titel, einem Kanonikat oder einer anderen Würde entlohnen."

Trotz der Bemühungen der Familie, auch trotz aller Anträge auf Einbürgerung der beiden Brüder, erhielt Diego kein geistliches Amt und lebte zeitlebens von dem Geld, das ihm der Admiral und später seine Neffen gaben.

Bartolomeo wie Diego waren die treuesten Gefolgsleute und Mitarbeiter von Kolumbus, und als er starb, traten sie, ohne auch nur einen Moment zu zögern, in den Dienst ihres Neffen, des neuen Admirals, der zum Familienoberhaupt wurde. Diese testamentarische Anordnung von Christoph Kolumbus befolgten die Brüder mit absoluter Loyalität. Kolumbus hatte präzise Vorstellungen von Hierarchie; in seinem Haus stand der pater familias ganz oben, und dessen Entscheidungen mussten ohne Diskussion befolgt werden. Sowohl in seinem Testament als auch in der Einsetzung seines Erstgeborenen als Alleinerben waren die Bestimmungen eindeutig. Diego sollte der Nachfolger werden, und alle waren verpflichtet, ihm den gebührenden Respekt und Gehorsam zu erweisen.

Im Schatten des Admirals tauchten um 1498 zwei neue Familienmitglieder auf: die Neffen Giovanni Antonio und Andrea Colombo. Beide stammten aus Genua, und obwohl sie zum Kreis der in Spanien ansässigen Verwandten gehörten, genossen sie niemals den Ruhm oder den Reichtum der anderen Familienmitglieder und wurden immer als treue Diener angesehen. Giovanni Antonio nahm an der dritten Reise des Admirals in die Neue Welt als Kapitän eines Schiffes teil und Andrea fuhr als Page bei der vierten Reise mit.

Wenn es nötig war, wurden sie gerufen, um bei familiären Problemen zu helfen, z. B. zu einer Beerdigung oder um einen Wechsel einzulösen, um als Strohmänner zu fungieren oder etwas zu bezeugen. Die Familie Colombo ließ nur wenige

**34** Es gibt nur wenige Porträts von Bartolomeo Kolumbus und keines davon ist authentisch. Auf diesem Kupferstich eines anonymen Künstlers sieht man ihn als Adelantado, ein Amt, in das Christoph ihn 1496 einsetzte.

**35** Fernando, Kolumbus' 1488 geborener jüngerer Sohn, begleitete den Vater auf der vierten Reise in die Neue Welt und schrieb die *Historia del Almirante*, um Leben und Werk zu würdigen. Er starb 1539 und hinterließ eine Bibliothek mit 20 000 Bänden (Biblioteca Colombina, Sevilla).

Menschen in ihren engsten Kreis. Sie legten ihren Nachnamen Colombo ab und ließen sich „los Colón" nennen, vielleicht um sich abzugrenzen; Giovanni Antonio und Andrea hingegen blieben im Grunde „los Colombo", auch wenn sie in manchen Dokumenten gelegentlich mit Colón bezeichnet wurden.

Der hispanisierte Name war in Kastilien nicht nur einfacher zu benutzen, er war auch in gewisser Weise zukunftsweisend. Schon Las Casas schrieb, dass der angenommene Familienname seines Helden in Kastilien der angemessene Name für ihn war. Was Las Casas damit meinte, ist offensichtlich: *El Colono* bedeutet im Spanischen nicht mehr und nicht weniger als „Besiedler des Neuen", und dies war der Genuese in doppeltem Sinn. In erster Linie, weil er durch seine Aktivitäten in der Welt die Zahl der Christen erhöhte, und zweitens, weil er als Erster die Spanier in die Neue Welt brachte, um *colonias* zu gründen, denn dieses Wort bezeichnete „neue Bevölkerungen, die von weit her kommen, und die, wenn sie sich unter den Eingeborenen dieser riesigen Gebiete gefestigt haben werden, eine neue, starke, weitreichende und berühmte christliche Kirche und eine glückliche Gemeinschaft schaffen werden."

In jeder Familie musste es eine Frau in der Rolle der Mutter geben. Kolumbus löste das Problem seiner Witwerschaft mit Vernunft. Seine Schwägerin Violante Moniz, Schwester von Felipa, lebte immer bei seiner Familie. Die verheiratete, kinderlose Portugiesin war die höchstrangige Person im Haus; sie gehörte zur Familie der einflussreichen Marquesa de Montemayor und deren Sohn Álvaro de Braganza. Zeit ihres Lebens war Dona Violante der Familie ergeben und kümmerte sich stets um den Haushalt der Familie Colón.

Als Kolumbus 1485 zum ersten Mal aus Portugal nach Andalusien kam, war Violante Moniz mit Miguel Muliart verheiratet, der ursprünglich aus Burgund stammte. Sie wohnte, wie bereits erwähnt, in der Nähe des Klosters La Rábida unweit von Huelva. In ihrem Haus und unter ihrer Obhut ließ Kolumbus seinen Sohn Diego zurück. Der Genuese vergaß ihr das nie.

Nach der Rückkehr von seiner ersten Entdeckungsreise im April 1493 erhielt Kolumbus vom spanischen Königspaar die Zusicherung, dass dem Ehepaar Muliart in Sevilla ein Haus zuerkannt werde. Es hatte einem ausgewiesenen Juden gehört. In diesem Haus im Viertel Santa Maria de la Blanca haben die Kinder des Admirals, als sie klein waren, herumgetollt, wenn sie die Familie besuchten.

Als Muliart starb, sorgte Kolumbus dafür, dass Violante wieder heiratete, dieses Mal einen reichen, vertrauenswürdigen Mann: seinen neuen Bevollmächtigten Francesco de' Bardi, einen Händler aus Florenz. Die Portugiesin war also immer in der Familie Kolumbus präsent. Violante ist die, die sich in Spanien um die Kinder kümmerte, wenn Kolumbus unterwegs war, die sie am spanischen Königshof besuchte, wenn dieser, wie zumeist, nicht in Sevilla war. Das Haus der Violante war immer wieder die Anlaufstelle für alle Mitglieder des Klans. Nicht nur ihre Neffen kamen zu vielen Anlässen, auch die Brüder von Don Cristóbal, seine Bediensteten und seine Freunde. Sogar Diego Méndez, der 1504 dem Admiral nach einem Schiffbruch das Leben rettete, schickte in jedem seiner späteren Schreiben an Diego seine Grüße an die *Señora* mit. Es ist also nicht verwunderlich, dass Violante auch Diego Kolumbus (und seine Frau Maria de Toledo) begleitete, als dieser 1509 als Gouverneur und Vizekönig zu den Inseln fuhr, und dass die ganze Familie sie in ihrem Testament finanziell bedachte.

Beatriz Enríquez de Arana, die Mutter von Kolumbus' zweitem Sohn, heiratete Kolumbus nicht und sie wurde von ihm im Testament nur in einer Verfügung bedacht; aber der Admiral begünstigte ihre engeren Verwandten, wenn auch in bescheidenem Umfang. Diego de Arana nämlich, ein Vetter ersten Grades von Beatriz, begleitete Kolumbus auf seiner ersten Reise als oberster Richter mit einem Gehalt von 24 000 Maravedís. Er starb nach der ersten Reise auf Hispaniola als Befehlshaber der Insel und der Siedlung La Navidad mit den 39 Männern unter seinem Kommando, denn nachdem die *Santa Maria* auf Grund gelaufen war, gab es auf den anderen beiden Schiffen einfach nicht genug Platz für alle, um nach Kastilien zurückzukehren. Vor der Abreise versäumte der Admiral nicht, dem Kaziken besondere Aufmerksamkeit für Diego de Arana, Pero Gutiérrez und Rodrigo de Escobedo zu empfehlen, die er als Statthalter zurückließ, und dafür zu sorgen, dass sie vor den Eingeborenen geschützt würden. Diego allerdings war nur hinter den Frauen her oder stritt mit seinen Untergebenen. Sein Tod war wenig würdig: Wie es scheint, ist er ertrunken, während er von einem gekränkten Indio verfolgt wurde.

Unter den in La Navidad zurückgebliebenen Männern war der Chirurg Magister Juan, eine bei der Mannschaft sehr beliebte Persönlichkeit. Alle Chronisten berichten in seltener Einmütigkeit, er sei ein sehr herzlicher Mensch gewesen. Er stammte aus Córdoba und war ebenfalls ein entfernter Verwandter der Aranas und ein näherer Verwandter der Sbarroia. Diese Familie von Apothekern aus Genua hatte Kolumbus während seiner Aufenthalte in Córdoba beherbergt. Ein Bruder von Beatriz, Pedro de Arana, begleitete Kolumbus als Kapitän eines Schiffs auf der dritten Reise in die Neue Welt. Man weiß wenig über über Pedro, der in der Neuen Welt beschloss zu heiraten und auf Hispaniola in der Stadt Puerto Plata zu bleiben."

## DIE FREUNDE

Um einen Menschen, seine Gewohnheiten und Eigenarten kennenzulernen, schaut man sich am besten seine Familie und seine Freunde an. Oft genügt es schon, die Eigenheiten der Menschen zu kennen, die einen Mann oder eine Frau umgeben, um dessen oder deren Haltung im Leben mit einer gewissen Wahrscheinlichkeit erahnen zu können. Seine Familie sucht man sich nicht selber aus; auf das Umfeld, in das man geboren wird, hat man keinerlei Einfluss. Sicherlich wird jeder Mensch, je nach seinen und der Angehörigen Interessen, bestimmten Verwandten mehr und anderen weniger nahe stehen. Wir haben vorhin gesehen, mit welchen Familienmitgliedern Kolumbus sich verbunden fühlte und mit welchen weniger. Nun werfen wir einen Blick auf seine Freunde, die Männer, die er selbst wählte.

Der Seemann war ein Einzelgänger und hatte nicht viele Freunde. So ist es manchmal extrem schwierig, zwischen seinen engsten Freunden und denen zu unterscheiden, die einfach zum Bekanntenkreis oder zu den Angestellten gehörten. Mit seinem schwierigen und launischen Charakter machte er sich in seiner Umgebung, oft zu Recht und oft ohne jeden Grund, immer wieder Feinde. Das Leben verhärtete zunehmend seinen Charakter, und mit der Zeit wurde er unerträglich. Und doch konnte Kolumbus auf treueste Freunde und erbitterte Feinde zählen.

Da er in Spanien lebte, ist nur logisch, dass die meisten seiner Freunde und Bekannten von dort kamen. Manche suchten seine Nähe aus kommerziellem Interesse oder aus Ehrgeiz; andere aus religiösen Gründen oder aus Geltungsbedürfnis. Einige schließlich waren einfach seine persönlichen Freunde oder verlässlichen Gefolgsleute. Kolumbus kämpfte gegen die Ungläubigkeit und Gleichgültigkeit vieler und das Misstrauen nicht weniger Mitmenschen. Trotz allem hatte er vom ersten Moment an treue Begleiter und auch berühmte und begeisterte Bewunderer.

Im Jahr 1485 kam Kolumbus mit seinem kleinen Sohn Diego zum Kloster La Rábida, einem alten Franziskanerkloster. Die Mönche brachten die hilfsbedürftigen Seeleute nicht nur in ihrem Gästehaus unter, sie halfen offenbar auch bei der Lösung technischer Probleme. Bei ihnen trafen sich die Seeleute aus der Umgebung von Huelva, um über die geografischen Bedingungen und die Fortschritte jener Jahre zu diskutieren und verschiedene Theorien kennenzulernen.

In diesem Kloster hielt sich Kolumbus während der nächsten sieben Jahre mehrmals auf, hier lernte er Pater Antonio de Marchena kennen, einen am Hofe sehr bekannten Kosmographen, der ihn vermutlich dem spanischen Königspaar und dem andalusischen Adel vorstellte, und hier schloss er Freundschaft mit dem Prior Juan Pérez. Pérez war es, der an Königin Isabella schrieb und ein Treffen mit seinem Freund anregte; er begleitete Kolumbus nach Granada, als der die Genehmigung zur Reise erhielt, und er unterschrieb, wie sich später zeigen wird, im Namen des Genuesen die entsprechenden Verträge. Von beiden sagte Kolumbus, dass sie wie seine Brüder waren, denn sie ließen ihn nie im Stich.



**37** Die Veröffentlichung von Kolumbus' Schriften im Werk von Fernández de Navarrete, *Colección de los viajes y descubrimientos que hicieron por mar los españoles desde el fin del siglo XV* (Reisen und Entdeckungen der Spanier seit Ende des 15. Jahrhunderts), regte viele Maler und Bildhauer zur Darstellung von Leben und Werk des Admirals an. Kolumbus kam in Mode. Dieses Bild von E. Cano de la Peña entstand 1856 (Palacio del Senado, Madrid).

38 Angeblich führte Kardinal Mendoza (1428–1495) Kolumbus bei Hof ein. Als Freund von Papst Alexander VI. beeinflusste er das Königspaar: zur Einführung der Inquisition, der von den Osmanen zurückeroberten Bistümer und zur Vertreibung der Juden.

## DER ANDALUSISCHE ADEL UND DIE HÖFLINGE VON ARAGÓN

Die Biografen berichten, dass Kolumbus gleich nach seiner Ankunft in Kastilien mit den Herzogen von Medina Sidonia und Medinaceli Kontakt aufnahm und ihnen anbot, seinen Plan zu unterstützen. Wie es dazu kam, weiß man nicht. War es, wie Gómara behauptet, Antonio de Marchena, der Kolumbus ein Empfehlungsschreiben mitgab, oder bahnten ihm die Brüder Antonio und Alessandro Geraldini, Genuesen wie er, den Weg zu den Herzögen? Oder stellte Kolumbus selbst sich ihnen vor, ausgewiesen durch die Briefe einiger seiner bekannten portugiesischen Freunde? Die Antwort ist nebensächlich. Fest steht, dass Kolumbus sich erst dann an die beiden wandte, als er von dem spanischen Königspaar eine Absage erhalten hatte, und das war etwa 1491.

Beim Herzog von Medina Sidonia, Don de Guzmán, an den sich Kolumbus zuerst wandte, hatte er wenig Erfolg. Las Casas hält drei Gründe für die Absage des Herzogs für denkbar. Erstens, dass Don Enrique die Größe des Vorhabens nicht erkennen konnte; zweitens, dass er es nicht verstand; und drittens, dass er, während er auf der Seite des Königspaars Krieg führte, sein Geld nicht in ein Abenteuer mit ungewissem Ausgang investieren wollte. Der erste Grund scheint ausschlaggebend gewesen zu sein. Nach diesem Misserfolg begab sich Kolumbus zu Don Luis de la Cerda, dem ersten Herzog von Medinaceli. Las Casas berichtet, Don Luis sei von Kolumbus' Theorien so beeindruckt gewesen, dass er das Wagnis nicht nur unterstützen wollte, sondern Kolumbus auch bis zu seiner Abreise Unterhalt gewährte. Darüber gibt es einen Bericht des Herzogs selbst in einem Brief vom April 1493 an den Kardinal Pedro González de Mendoza. Es war dem zukünftigen Entdecker gelungen, den Herzog zu überzeugen – aber der teilte der Königin sein Engagement für das Vorhaben erst mit, als Kolumbus schon in der Neuen Welt gelandet war, und steuerte nicht einen Maravedí zu Kolumbus' Unternehmen bei. Kaum mehr wissen wir vom Einsatz des Herzogs von Medinaceli, dem Kolumbus nach seiner ersten Reise von Lissabon aus einen Brief schrieb und von seiner glücklichen Rückkehr berichtete. Don Enrique de Guzmán hingegen erlebte die Rückkehr des Genuesen nicht mehr, er starb im August 1492. Die Kontakte zum Grafen von Medinaceli blieben nicht bestehen, wohl aber die zu Don Juan de Guzmán, dem dritten Herzog von Medina Sidonia, mit dessen Tochter Kolumbus seinen Sohn Diego verheiraten wollte. Die Ehe kam allerdings nicht zustande. Es ist offensichtlich, dass einige Angehörige des aragonischen Hofes Kolumbus wohlgesinnt waren. Aber daraus zu schließen, sie seien seine Freunde gewesen, wäre verwegen.

Drei Ritter Aragóns standen Kolumbus besonders nah: Juan de Coloma, Juan Cabrero und Gabriel Sánchez. Er lernte alle drei noch vor seinen Reisen am Hof kennen. Um 1501 erwähnt Kolumbus in seinen Berichten wiederholt die Rolle, die Juan de Coloma, Staatssekretär von König Ferdinand, beim Verfassen der *Capitulaciones* spielte. Da es sich um ein juristisches Dokument handelt, schreibt der Admiral von sich selbst in der dritten Person: „Als er den Majestäten das Vorhaben der Westfahrt nach Indien unterbreitete und in einem Schriftstück viele Dinge forderte, kamen Pater Juan Pérez und Juan de Coloma, die mit der Sache befasst waren, mit ihm folgendermaßen überein: Als Erstes, dass sie ihn zum Admiral für alle indischen Inseln ernannten und ihm, wie mehrfach aus dem genannten Vertrag hervorgeht, alle Vollmachten erteilten, außerdem, dass ihm aufgrund der genannten Admiralität die gleichen Vorrechte und Freiheiten zugesprochen würden, wie sie dem Großadmiral von Kastilien zustehen." Ohne die entschiedene Einflussnahme des Aragonesen, der den Wünschen Kolumbus' geneigt war, hätte er diese nicht vorbringen können. In zwei Briefen an seinen

Sohn Diego, vom 1. und 21. Dezember 1504, erwähnt Kolumbus Juan Cabrero, den Kammerherrn von König Ferdinand. Der Admiral war besorgt, weil ihm die spanische Krone nach seiner letzten Reise in die Neue Welt noch Geld schuldete. Er sei so arm, schrieb er, dass er nur noch von Geliehenem lebe, da er mit dem wenigen Geld, das da war, seine Begleiter entlohnt habe. In der Hoffnung, Diego könne ihm bei Hofe helfen, bat er ihn, den Bischof Pater Diego de Deza über seine prekäre finanzielle Lage in Kenntnis zu setzen „wegen des großen Vertrauens, das ich in seine Güte und ebenso die des Señor Ciambellano setze", und „den Bischof von Palencia um Hilfe zu bitten, der der Grund dafür war, dass Ihre Majestäten die indischen Inseln hinzugewannen und dass ich in Kastilien blieb, als ich schon fast wieder unterwegs war." Juan Cabrero stand dem Monarchen aufgrund seiner Tätigkeit besonders nah; er und seine Frau Maria Cortés, Kammerfrau der Königin, waren eines der einflussreichsten Paare des spanischen Königreichs. König Ferdinand vermachte Cabrero eine bedeutende *encomienda* (Übertragung eines Landgutes mit der Auflage, die einheimische Bevölkerung mit dem Evangelium vertraut zu machen, und dem Privileg, ihre Arbeitskraft zu nutzen), zuerst auf Hispaniola und später auf Puerto Rico „wegen seines Beitrags zur Realisierung von Kolumbus' Vorhaben".

Das dritte Mitglied des Hofes von Aragón, der Kolumbus nahe stand, war kein Geringerer als der oberste Schatzmeister, Gabriel Sánchez. Von dieser Verbindung zeugt nur noch der Brief, den der Admiral ihm von Lissabon aus nach der ersten Reise schickte; darin zeigt sich eine gewisse Freundschaft. Vielleicht ging Kolumbus auf Abstand zum Schatzmeister, als die Familie Sánchez nach dem Mord am Inquisitor Pedro de Arbués im Jahr 1495 in Ungnade fiel. Überall wurden die konvertierten Juden der ersten Generation irgendwelcher Verbrechen beschuldigt. Vielleicht „vergaßen" der Genuese und seine Familie deshalb, in ihren Schriften die Hilfe durch Sánchez zu erwähnen, die damals für sie so wichtig war. Kolumbus verdankt den Aragonesen weit mehr, als die traditionelle Geschichtsschreibung eingesteht. Der Historiker Juan Gil konnte zeigen, dass die Nachrichten von der „Westindien"-Fahrt in erster Linie durch König Ferdinand an die europäischen Königshöfe gelangten. Gabriel Sánchez war Aragonese, ebenso Guillermo Coma, der Verfasser des lateinischen Berichts der zweiten Reise, sowie Jaime Ferrer de Blanes, ein Kosmograph und Bewunderer von Kolumbus. Nachdem Jaime Ferrer 1488 nach Barcelona gezogen war, wurde er so berühmt, dass er gleich nach Kolumbus' Rückkehr von seiner ersten Reise von Kardinal Don Pedro González de Mendoza einbestellt wurde; und vielleicht machte der Gelehrte im Haus dieses Prälaten Kolumbus' Bekanntschaft. Zwei Jahre später ergab sich ein Kontakt zum spanischen Königspaar, dem Ferrer seine Ansichten über den Vertrag von Tordesillas mitteilte. Dieser Vertrag von 1494 sollte die künftigen Entdeckungen in der Neuen Welt zwischen Spanien und Portugal aufteilen und legte eine Demarkationslinie fest. Neben seinen klugen Überlegungen brachte Ferrer seine Bewunderung für Kolumbus' Plan so zum Ausdruck, dass er sogleich als Berater zum Hofe gebeten wurde. Nach dem Gespräch trugen Ferdinand und Isabella ihm auf, sich mit seinem Admiral in Verbindung zu setzen, um die Theorien zu untermauern. Kolumbus und Ferrer unterhielten eine gelehrte Korrespondenz, von der nur ein Teil bekannt ist. Ferrer legte seine Erfahrungen und Forschungen dar und brachte seine Begeisterung für den Genuesen zum Ausdruck, den er als neuen Thomas von Aquin bezeichnete. Es ist mehr als wahrscheinlich, dass Kolumbus beim Lesen dieses Briefes darauf kam, in Richtung des Breitengrads von Sierra Leone zu fahren, wo die Portugiesen bereits Gold gefunden hatten, und dann jener Linie zu folgen bis zum Meridian der Insel Hispaniola. Diese Route wählte der Admiral ab der dritten Reise; sie wurde über viele Jahre von den Flotten beibehalten. Fakt ist, dass der Genuese, ob aufgrund des Briefes oder nicht, bis zuletzt glaubte, es müsse dort Gold geben, wo es warm ist und wo, wie Ferrer behauptete, die Menschen schwarz sind.

## LUIS DE SANTÁNGEL

Luis de Santángel, ebenfalls Aragonese aus der Stadt Valencia, bewies ein gutes Gespür, als er Kolumbus' Westfahrt als ein vielversprechendes Geschäft erkannte und beschloss, es zu unterstützen. Eigentlich war Don Luis, ein geschickter Diplomat, der Schatzmeister von König Ferdinand, aber er wandte sich an die Königin Isabella, die offener für das Anliegen des Genuesen war. Damit beteiligte er ihr Königreich Kastilien an einigen Rechtsansprüchen, die sonst Ferdinands Königreich Aragón mit der gleichen Begründung ausschließlich hätte erheben können. Fernando sowie Las Casas berichten, Santángel habe bei seinen Verhandlungen mit der Königin bewusst die Normen und Grenzen seines Amtes übertreten, weil ihm daran lag, sein Herzensanliegen vorzutragen. Es ist wichtig, die Argumente des Valencianers aufzuführen, über die Fernando und Las Casas einstimmig berichten; beide geben ein fiktives Gespräch wieder, in dem man aber einen unverkennbaren Wahrheitsgehalt erkennt. Erstens schien das Unternehmen eine solide Basis zu haben, und der Admiral, ein urteilsfähiger und kluger Mann, ging nicht allein ein persönliches Risiko ein, sondern war auch bereit, sich an den Kosten zu beteiligen. Zweitens: Selbst wenn die Reise nicht das gewünschte Ergebnis bringen sollte, wäre die geringe Summe, die Kolumbus forderte, 2500 Dukaten, nichts im Vergleich zu den enormen Gewinnen, die man erzielen konnte. Mit einem Minimum an Investitionen würden die spanischen Könige als großzügige Fürsten dastehen, die dazu beitrugen, die „Großartigkeit des Universums und seine Geheimnisse zu entdecken". Aber diese Argumente standen für Don Luis sicherlich im Hintergrund, er betrachtete das Vorhaben in erster Linie unter finanziellen Gesichtspunkten. Ein Punkt muss aber noch hinzugefügt werden, der vor allem für Königin Isabella wichtig war: Sollten sich Kolumbus' Theorien bewahrheiten, gäbe es eine unvorstellbare Zahl an Seelen, die der wahren Religion zugeführt werden könnten. Die Königin, die solchen Aussichten nicht widerstehen konnte, rief Kolumbus zu sich und befahl, die notwendigen Schritte einzuleiten: die Unterzeichnung des Vertrags, der *Capitulaciones*, und die Anweisung der Mittel, die für die Expedition notwendig waren.

Eine andere Frage, die immer wieder unterschiedlich gedeutet wurde, ist das angebliche Angebot Isabellas, ihren Schmuck zu verpfänden, um das für die Ausrüstung einer Flotte notwendige Geld bereitzustellen. Die Königin hatte bereits einen großen Teil ihres Schmucks in den Städten Valencia und Barcelona verpfändet, um die Kosten für den Feldzug nach Baza zu zahlen, und konnte dies daher eigentlich nicht wieder tun. Was fest steht und durch Unterlagen nachgewiesen wurde, ist: Santángel selbst gab einen Vorschuss, den er allerdings nicht seinem persönlichen Eigentum entnahm, sondern der Staatskasse.

Die zwei Millionen Maravedís, die für die Ausrüstung der drei von Kolumbus geforderten Karavellen nötig waren, kamen schnell zusammen. Luis de Santángel selbst streckte ein *cuento* (eine Million) vor und zahlte auch die 140 000 Maravedís als Vorschuss auf den Lohn, der Kolumbus als Kapitän der Expedition zugesprochen worden war. Dieser steuerte 500 000 Maravedís bei, genau das Doppelte des achten Teils, so wie es in den *Capitulaciones* vereinbart worden war; das Geld hatte ihm sein Partner Giannotto Berardi geliehen. Die Einwohner der Stadt Palos, die der spanischen Krone noch ein Strafgeld schuldig waren, mussten sich mit 360 000 Maravedís an dem Unternehmen beteiligen. Dies entsprach den Kosten für den Transport der beiden Karavellen, die sie Kolumbus zur Verfügung stellten. Karavellen waren Schiffe von durchschnittlich 60 Tonnen zu einem Preis von 3000 Maravedís pro Tonne.

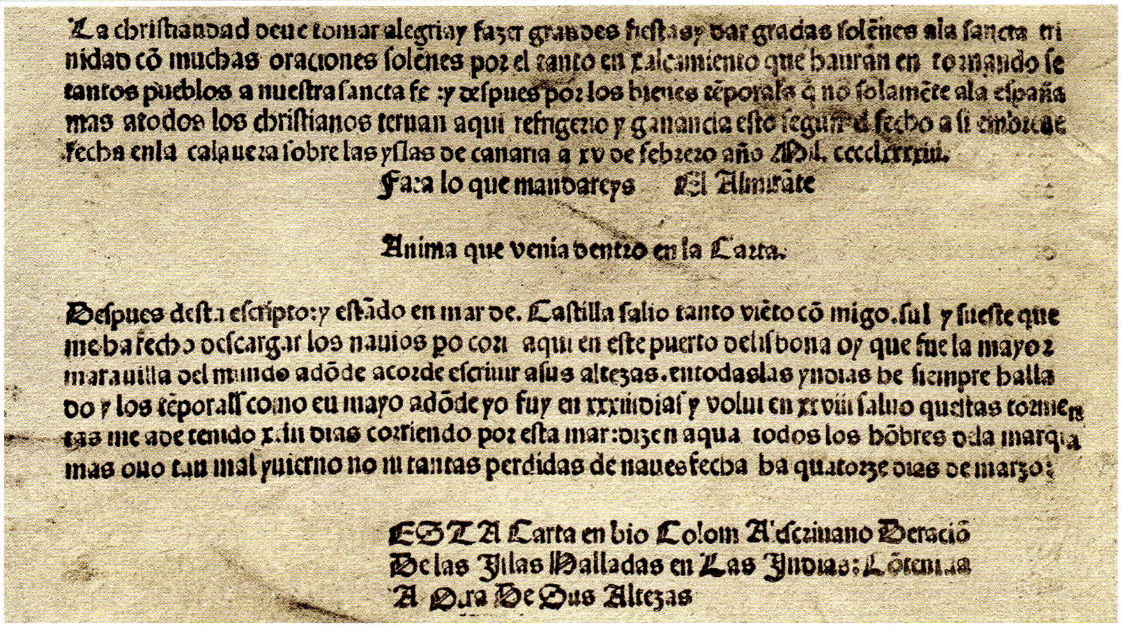

La christiandad deue tomar alegria y fazer grandes fiestas y dar gracias solēnes ala sancta trinidad cō muchas oraciones solēnes por el tanto enxalcamiento que hauran en tornando se tantos pueblos a nuestra sancta fe: y despues por los bienes tēporales q̄ no solamēte ala españa mas a todos los christianos ternan aqui refrigerio y ganancia esto segun el fecho asi embreue fecha enla calauera sobre las yslas de canaria a xv de febrero año Mil. cccclxxxxiii.

Fara lo que mandareys El Almirāte

Anima que venia dentro en la Carta.

Despues desta escripto: y estādo en mar de Castilla salio tanto viēto cō migo sul y sueste que me ha fecho descargar los nauios po cori aqui en este puerto de lisbona oy que fue la mayor marauilla del mundo adōde acorde escriuir a sus altezas. en todas las yndias he siempre hallado y los tēporales como en mayo adōde yo fuy en xxxiii dias y volui en xxviii saluo questas tormentas me an detenido xiiii dias corriendo por esta mar: dizen aqua todos los hōbres dela mar q̄ iamas ouo tan mal yuierno no ni tantas perdidas de naues fecha ha quatorze dias de marzo:

ESTA Carta enbio Colom A l'escriuano Deraciō De las Islas Halladas en Las Indias: Côtenida A Otra De Sus Altezas

Auch aus Kastilien kamen Höflinge, die Kolumbus unterstützten. Sie genossen höheres Ansehen als die Aragonesen, waren aber mit dem Admiral weniger vertraut. Was weder Las Casas noch Fernando erwähnt: Der Graf von Medinaceli schreibt in seinem Brief an den Kardinal im Jahr 1493, dass Alonso de Quintanilla, der Verwalter der Krongüter Kastiliens, dazu riet, das Projekt voranzutreiben. Vertraut man Oviedo, gibt es aber einen noch wichtigeren Anhaltspunkt: Kolumbus kam häufig zu Alonso de Quintanilla, der ihn angesichts seiner schlechten finanziellen Lage mit Lebensmitteln versorgte und auch in anderer Hinsicht unterstützte. Oviedo zufolge war es Quintanilla, der ihn am Königshof einführte. Diese Information ist glaubwürdig und wird auch von Gómara bestätigt, der versichert, dass Quintanilla „ihm aus seinen eigenen Vorräten zu essen gab und gerne den Verheißungen von nie gesehenen Gegenden zuhörte". Hier liegt der Schlüssel: Kolumbus unterhielt ihn mit seinen Erzählungen und erhielt im Gegenzug dafür die Unterstützung, die er auf andere Weise nicht erhalten hätte – sonst aber nichts. Daher ignorieren sowohl Kolumbus selber als auch sein Sohn, die nur an das Gute in der Vergangenheit erinnern möchten, diese Jahre des Hungers und vergessen die Armut, die der Italiener während seines Aufstiegs erleiden musste.

Las Casas berichtet, dass einmal Don Pedro González de Mendoza, der Kardinal, den Admiral einlud und angeordnet hatte, ihm wie einem großen Herrn die Gerichte zugedeckt zu servieren und ihn um seine Erlaubnis zu bitten, wenn man mit ihm sprechen wollte. Es war das erste Mal, dass Kolumbus eine solche Aufmerksamkeit zuteil wurde. Er war davon so angetan, dass er von dem Tag an verlangte, an seinem Tisch auf die gleiche Weise bedient zu werden. Ein würdiges Detail guter Erziehung von Seiten Mendozas – zu dem der Admiral wohl kaum eine engere Beziehung hatte, als vom Protokoll vorgesehen war –, das Kolumbus sicherlich zu schätzen wusste, auch weil überall bekannt war, dass der Tisch des Kardinals, mit zu- oder abgedeckten Tellern, im ganzen Königreich an Delikatessen nicht zu übertreffen war. Außer Don Pedro wollten auch andere Personen Kolumbus sehen und von ihm selbst möglichst viele Geschichten über seine Reise hören, vor allem über die beiden ersten, als sein Ruf noch nicht angezweifelt wurde.

Geht man die Namen der Kastilier durch, zu denen Kolumbus ständig Kontakt hatte, sieht man, dass es sich mit wenigen Ausnahmen um Personen handelt, mit denen er aus wirtschaftlichen oder juristischen Gründen in Verbindung stand. Es handelt sich um die Mitglieder des kastilischen Rats, so etwa Doktor Zapata, dem er die Akte bezüglich der Gebrüder Porras schickte, damit er ihn im Rat unterstützen könnte; den Schatzmeister des Königs, Juan Velázquez, bei dem er am 18. Januar 1505 vorstellig wurde, um eine Abfindung zu erbitten; oder Doktor Cea, „eine Person, die ich zu ehren wünsche" und die man überzeugen musste, so schriebt Diego am 25. Februar 1505, bei der Befreiung zweier Gefangener mitzuwirken, deren Namen man nicht kennt, die aber vermutlich Angestellte des Admirals waren.

42 Nach seiner ersten Reise schrieb Kolumbus einen Briefbericht in mehrfacher Ausführung. Dieses Exemplar wurde Luis de Santángel geschickt. Die Bedeutung des Briefes wird angesichts der erstaunlich hohen Zahl an Exemplaren deutlich, die im 15. Jahrhundert kursierten: zwei auf Spanisch; neun auf Latein; drei auf Italienisch und eins auf Deutsch (Biblioteca Nacional, Madrid).

## FREUNDINNEN UND VERTRAUENSPERSONEN

Es gab nicht nur Männer in Kolumbus' Bekanntenkreis. Auch beim sogenannten schwachen Geschlecht fand er Bewunderung. Als guter Erzähler wird er häufig die Gespräche der Frauen von Adligen oder Beamten am Hof belebt haben, die er ja geradezu verfolgte, damit sie ihm die erforderlichen Dokumente unterschrieben, ebenso die Gruppe der Damen um die Königin Isabella, von denen einige ihn mit ihrer Freundschaft unterstützten.

Realistischer als die angebliche Liebelei mit Beatriz Galindo, auch *la Latina* genannt, war die Freundschaft zwischen Kolumbus und Beatriz de Bobadilla, der einflussreichen Marquesa de Moya. Sie wurde auch *la Cazadora* (Jägerin) genannt und war im Hofstaat der Königin Isabella eine Frau von größtem Einfluss. Am Hof der spanischen Könige, wo Indiskretionen nichts Ungewöhnliches waren, verbreitete sich das Gerücht, es sei die Bobadilla gewesen, die Königin Isabella von der Realisierbarkeit des Kolumbus-Projekts überzeugt habe. Diese Geschichte nahm der Dichter Álvaro Gómez de Ciudad Real mit vielen Details auf, als er sein kurioses Gedicht über die „wundervolle Entdeckung der Neuen Welt" schrieb, das erste Epos über Christoph Kolumbus. Sein Werk entstand im Kreis der Nachkommen der Herzöge, die sich – wie alle, die Kolumbus kannten – gerne damit brüsteten, an der Entdeckung beteiligt gewesen zu sein. Wenn man die Beziehungen zwischen dem Admiral und Francisco de Bobadilla um 1500 kannte, schien es angebracht, daran zu erinnern, dass „zwar ein Bobadilla Kolumbus um seine Würden gebracht hat, aber *eine* Bobadilla der Hauptgrund für deren Bewilligung war". Dieser Version wurde nie widersprochen, und es steht fest, dass Beatriz als Frau des Kolumbus-Freundes Andrés Cabrera und enge Vertraute der Königin sich für den Admiral aussprach.

Auf einer anderen, eher familiären und fürsorglichen Ebene gab es die Freundschaft zwischen Kolumbus und Juana de la Torre, der Erzieherin des Thronfolgers Juan und Schwester des Kapitäns Antonio de Torres; sie muss den Genuesen sehr gern gehabt haben. Bei mindestens drei Gelegenheiten ließ sie es sich nicht nehmen, selber Rosenhonig herzustellen, um Kolumbus' lange Überfahrten zu versüßen; dieses Detail geht aus den Aufstellungen von Gonzalo de Baeza, dem Rechnungsführer des Königs, hervor. Im Herbst 1500, als er in Ketten von den Westindischen Inseln zurückkehrte, schrieb Kolumbus der Prinzenerzieherin einen langen Brief, in dem er sie nicht allein um ihre Fürsprache am Hof bat, sondern auch tiefen Respekt und eine wechselseitige Freundschaft ausdrückte. Sicherlich unterstützte Doña Juana ihn vor der Königin, so gut sie konnte, und verteidigte in mehr als einem Fall ihren Freund vor den Hofdamen.

Kolumbus hatte unzweifelhaft eine Reihe von Gefolgsleuten, die ihm treue Dienste leisteten, besonders zu erwähnen ist hier Jerónimo de Agüero, der Privatlehrer seiner Söhne. Sein treuester Gefährte war der Portugiese Diego Méndez de Segura. Zwei Schlüsselpersonen aus der Umgebung Kolumbus' waren Collantes und Zamora, die er üblicherweise als Kuriere einsetzte. Zu ihnen musste er volles Vertrauen haben, da er meist den Überbringer seiner Briefe auch zum Sprecher in eigener Sache machte.

Kolumbus hatte immer auch ausländische Freunde, etwa die aus Florenz stammenden Finanzberater. Das gab mitunter Anlass zu dem Verdacht, er vertraue den Spaniern nicht. Das stimmt aber so nicht, wie wir später sehen werden.

Mit der Finanzierung der ersten und der zweiten Reise war offensichtlich der Florentiner Giannotto Berardi vertraut; nach dessen Tod lagen die Vorbereitungen für die dritte Reise bei Amerigo Vespucci, ab 1505 hatte Francesco de' Bardi Kolumbus' Vollmacht. Nach Berardis Tod 1495 sollte nach dem Willen des spanischen Königspaars ein gebür-

D.ª BEATRIZ D BOVADILLA
PRIM.ª MARQVESA D MOYA
Y CAMARERA MAYOR DE LA
REYNA DOÑA YSABEL.
Nacio Año de 1440 Murio Año d 1511

tiger Spanier der Bevollmächtigte des Admirals sein. Zwar unterstanden die Rechnungsgeschäfte der dritten Reise nach Westindien noch dem Genuesen Rafael Cataño; als es aber 1500 durch Bobadilla zu einem Wechsel im Gouverneursamt kam, war ein neuer Verwalter notwendig geworden, dessen Ernennung eines der wenigen Rechte war, die Kolumbus geblieben waren. Seine Auswahl fiel auf Alonso Sánchez de Carvajal. Carvajal, der den Admiral schon auf der zweiten und dritten Reise begleitet hatte, wurde also beauftragt, sämtliche geschäftlichen Angelegenheiten der Familie in dem fernen Land zu verwalten. Er musste nicht nur das Schmelzen und Prägen des Goldes mit beaufsichtigen, sondern auch das dem Admiral zustehende Zehntel sowie den achten Teil des Gewinns aus dem Handel entgegennehmen, der ihm aufgrund der *Capitulaciones* zustand. Als Carvajal auf die iberische Halbinsel zurückkehrte, wurde er durch Pedro del Llanos ersetzt und dieser wiederum durch Alonso de Hervás, den letzten Verwalter, den Kolumbus auf Hispaniola hatte.

Mit der Wahrung der Rechte des Admirals während der Expeditionen war Diego Tristán betraut, er war es auch, der mit Ximeno de Briviesca verhandeln musste, dem Rechnungsführer der Flotte, der damit für die Überprüfung der Ausgaben zuständig war. Als Tristán den Genuesen auf seiner vierten Reise in die Neue Welt begleitete, lag Kolumbus viel daran, auch in Kastilien von jemandem vertreten zu werden. Für diese Aufgabe war niemand besser geeignet als sein Neffe Giovanni Antonio Colombo, der bereits Erfahrung auf den Westindischen Inseln gesammelt hatte und sich besser als viele andere um die komplizierten Verwaltungsfragen kümmern konnte. Unterstützt wurde Giovanni Antonio dabei von Juan Enero, der bei der Vorbereitung der letzten Seereise in die Neue Welt als Verwalter tätig war.



**44** Kolumbus verdankte es auch der Freundschaft von Beatriz de Bobadilla, der Marquesa de Moya, dass er dem spanischen Königspaar seinen Expeditionsplan vorlegen konnte. Sie war eine Frau mit großem Einfluss bei Königin Isabella (Parador Nacional, San Sebastian de la Gomera, Spanien)

## FEINDE UND ITALIENISCHE FREUNDE

Durch seinen schwierigen Charakter verfeindete sich Kolumbus mit vielen Menschen. Vielleicht spielte dabei ein gewisser Neid von Spaniern gegen einen erfolgreichen Ausländer mit. Betroffen waren vor allem Personen, die ihn als „politisch Handelnden" erlebten, zum Beispiel Pater Buyl oder die Gebrüder Porras, die mit der vierten Reise betraut waren, und die Beamten der *Casa de Contratación* (Handelsbehörde in Sevilla), die Kolumbus mit seinen Ansprüchen und mit seinen spät, schlecht oder nie eingereichten Abrechnungen zermürbte.

Seine kosmographischen Ideen fanden in der Diözese Sevilla wenig Anklang. Der erste, der ihn, von Rom aus, angriff, war Bernardino Carvajal, der von Alexander VI. ernannte Kardinal. Er hielt als Botschafter des spanischen Königspaars am 19. Juni 1493 vor dem Borgia-Papst eine Rede, in der er das Werk der Monarchen pries, denen Christus „andere unbekannte Inseln auf dem Weg nach Indien" gezeigt habe. Eine recht deutliche Herabwürdigung Kolumbus': Wenn die neuen Gebiete auf dem Weg nach Indien lagen, hatten sie nichts mit den Westindischen Inseln des Admirals zu tun.

Weitere führende Geistliche Sevillas sprachen sich gegen ihn aus: Don Francisco de Cisneros und Don Rodrigo Fernández de Santaella, der Gründer der Universität von Sevilla. Der erste bezichtigte Kolumbus, nicht über den Indischen Ozean gefahren zu sein, und der zweite versuchte, in seiner spanischen Übersetzung von Marco Polos *Il Milione* zu zeigen, dass Kolumbus' Entdeckungen nichts mit den legendären Regionen Ophir und Tarsis von König Salomon zu tun hatten, wie Kolumbus behauptete. Kolumbus' Zeitgenossen verdächtigten ihn, die Westindischen Inseln einer Genueser Gruppe übergeben zu wollen. Dies war beileibe nicht seine Absicht, auch wenn er seine Brüder in Schlüsselpositionen der Verwaltung einsetzte und trotz königlichen Verbots erreichte, dass etliche Ausländer sich in der Neuen Welt ansiedelten. Es ist nur zu verständlich, dass ein Emigrant sich gerne mit den eigenen Landsleuten umgibt.

Kolumbus kannte viele der damals in Spanien lebenden Italiener: Da war der Florentiner Kaufmann Simone Verde, der in einigen Briefen an seine Landsleute über die Reisen des Genuesen berichtete. Auch Petrus Martyr von Anghiera, der

VOCABVLA-
RIVM ECCLE-
siasticum.
EDITVM A RODERICO
FERDINANDO DE SANCTA ELLA ARTIVM, AC SAcræ Theologiæ magistro nunc denuo summa cura, & diligentia præter omnes editiones quotquot hactenus fuere, emendatum, & suæ prorsus integritati restitutum. Accessit preterea cõputandi ars, vulgus Computum vocat, non solum ecclesiasticis, sed & aliis omnibus apprimè necessaria. Quæ omnia sic sunt suis numeris reddita, vt nihil reliquum sit, quod diligens lector desiderare queat.
Methinæ del Campo.
Apud Guillermum de Milis.
M. D. L.

Humanist und Geschichtsschreiber am Hof des spanischen Königspaars, der seine Dekaden *De Orbe Novo* nach Kolumbus' Angaben schrieb, war aus Italien; aus Genua stammte der Botschafter am Hof der spanischen Könige, Nicolò Oderigo, mit dem Kolumbus Briefe wechselte. Dies waren aber nur Bekannte, andere sollten Freunde werden. Obwohl Kolumbus schon in Portugal für die Familien Centurión, di Negro und Spinola gearbeitet hatte, ging er nach seiner Ankunft in Sevilla nicht zu ihnen, sondern zu einem Florentiner: Giannotto Berardi, der wie er selbst in Portugal gelebt hatte und damals für Bartolomeo Marchioni arbeitete, den großen florentinischen Bankier in Lissabon. Für ihn überwachte Berardi den Sklavenverkehr auf der Zwischenstation seiner Route: Lissabon – Sevilla – Valencia. Kolumbus fand in Berardi einen Menschen, der sich für neue Dinge interessierte, die zu dem Zeitpunkt anderen in der Stadt lebenden Genuesen fremd waren. Außerdem war Berardi kurz zuvor zum Repräsentanten der Medici in Andalusien ernannt worden. Amerigo Vespucci hatte ihm im Auftrag von Lorenzo di Pierfrancesco de' Medici die Ernennung mitgeteilt. In Santa Fé, zu Beginn des Jahres 1492, kamen Kolumbus, Berardi und Vespucci zusammen. Die Tatsache, dass die Flotte so rasch aufgestellt werden konnte, sowie die folgenden Ereignisse weisen darauf hin, dass es Berardi war, der dem Genuesen die 500 000 Maravedís für die Unternehmung lieh. Ab 1493 begann Berardi, seine eigenen Geschäfte aufzugeben und ausschließlich für den Admiral zu arbeiten, der ihn zu seinem Stellvertreter ernannt hatte. In dieser Funktion kümmerte sich Berardi, mit Hilfe Amerigo Vespuccis, um die Vorbereitungen der nächsten Reise Kolumbus' sowie, in dessen Abwesenheit, um seine Finanzen. Von dieser zweiten Reise schickte Kolumbus die erste Sendung amerikanischer Sklaven an Berardi. Sie waren dazu bestimmt, in Kastilien verkauft zu werden. 1494 legte Berardi in Sevilla Kolumbus' Bruder Bartolomeo die Rechnung vor. Der Florentiner hatte sogar einen Plan entwickelt, um die entdeckten Gebiete auch durch ein Monopol auf den Schiffsverkehr gewinnbringend zu nutzen: Zwölf Schiffe hatte daher König Ferdinand bei Berardi in Auftrag gegeben. Drei von ihnen erlitten Schiffbruch in der Meerenge von Gibraltar, drei weitere waren Teil der Flotte von 1498, aber Berardi starb, bevor alle zwölf Schiffe fertiggestellt werden konnten.

**46 LINKS** Dieses Porträt aus der Zeit der Renaissance zeigt Papst Alexander VI. Er legte in seinen Bullen von 1493 *(Inter cœtera, Eximiœ devotionis, Dudum siquidem)* die Demarkationslinie fest, die die Einflussbereiche der beiden an der *Conquista* beteiligten Mächte absteckte. Sie verlief 100 Meilen (ca. 500 km) von den Azoren und Kap Verde entfernt (Pinacoteca Vaticana, Rom).

**46 RECHTS** Kardinal Cisneros kümmerte sich durch die Organisation von Missionen persönlich um die Evangelisierung der Neuen Welt. Er war an der Absetzung von Kolumbus als Vizekönig der Westindischen Inseln beteiligt (Universidad Complutense, Madrid).

**47** Der Kanoniker Rodrigo Fernández de Santaella (1444–1509), Gründer der Universität von Sevilla, war Kolumbus nicht wohlgesinnt; in seiner Übersetzung von *Il Milione*, der Reisebeschreibung Marco Polos, kritisiert er ihn, ohne seinen Namen zu erwähnen (Parlamentsbibliothek, Madrid).

**48** Ein idealisiertes Porträt von Amerigo Vespucci, dem ersten *piloto mayor* der *Casa de Contratación* in Sevilla. In dieser Stadt starb er im Jahr 1512 (National Library, Canberra).

**50–51** Diese 1439 von Gabriel de Vallseca gezeichnete Portolankarte des Mittelmeers gehörte wahrscheinlich Amerigo Vespucci. Als sie George Sand und Frédéric Chopin gezeigt wurde, fiel ein Tintenfass darauf und hinterließ einen Fleck auf der linken Seite (Museu Marítim, Barcelona).

## KOLUMBUS UND VESPUCCI

Nach dem Tod Berardis war Vespucci nicht in der Lage, die Ausrüstung der dritten Flotte für Kolumbus zu übernehmen; ihm fehlten die Mittel. Nachdem er die Rechnungen mit Kolumbus beglichen hatte, beschloss Vespucci, sich auf den Weg in die Neue Welt zu machen. Zuerst 1499 in der Flotte von Alonso de Hojeda als Kapitän und später im Dienst Portugals.

Erst 1504 begegneten sie sich in Sevilla wieder. Ihre Freundschaft muss herzlich gewesen sein; das zeigt ein Brief, den Kolumbus im Februar 1505 an seinen Sohn schrieb. Vespucci, der damals ohne Arbeit war, war an den Hof gerufen worden. Kolumbus beschloss, ihn zu unterstützen, und bat seinen Sohn, sich darum zu kümmern: „Er ist ein sehr redlicher Mann, Fortuna war ihm, wie vielen anderen, feindlich gesinnt; seine Arbeiten haben ihm nicht so viel genützt, wie er gehofft hatte.“

Kolumbus ahnte nicht, dass Vespucci eine wichtige Reise machen würde, für die er vonseiten der spanischen Könige die Anerkennung bekommen würde, die ihm selbst verwehrt worden war. Seit damals blieb der Florentiner im Dienst der spanischen Krone und begann eine steile Karriere, die ihn zum ersten *piloto mayor* der *Casa de Contratación* machte. Kolumbus hatte ihn als weniger bedeutend eingeschätzt; er konnte nicht wissen, dass es der Name seines Freundes sein würde, unter dem die Nachwelt den von ihm entdeckten Kontinent kennen würde.

## FRANCESCO DE' BARDI

1502 schrieb der Florentiner Piero Rondinelli aus Sevilla einen Brief an seine Landsleute, in dem er ihnen riet, in die Geschäfte des ebenfalls in Sevilla lebenden Florentiners Francesco de' Bardi zu investieren: „Wer Geld hat, sollte es riskieren.“ Der Zinssatz, den er anbot, sei nicht zu verachten, sagte er. Er sollte zwischen 150 und 200 % oder sogar noch darüber liegen, als Sicherheit dienten die Besitzungen auf den Inseln. Der Auftritt von Francesco de' Bardi kann an diesem Punkt noch als spektakulär und pittoresk angesehen werden. Er scheint derjenige gewesen zu sein, der die hilfsbereite Portugiesin heiratete. Wie man sich vorstellen kann, veränderte sich Violantes Leben völlig: Nach der Hochzeit kaufte sie ein kleines Anwesen in Tomares, einem Dorf in der Nähe von Sevilla, zog dort ein und umgab sich mit all der Pracht, die die neue finanzielle Lage ihr ermöglichte. Francesco, der sich seit der Hochzeit um die finanziellen Interessen der Familie kümmerte, wurde nicht nur Kolumbus' Verwalter, sondern auch einer seiner engsten Vertrauten: Es war Bardi, dem Kolumbus sein letztes Testament anvertraute, als er ihm in Salamanca, kurz vor seinem Tod, die Vollmacht erteilte, in seinem Namen alle Einkünfte aus der Neuen Welt einzutreiben.

Carena
Carena

## DIE FREUNDE AUS GENUA

Von sechzehn Genuesen, die Kolumbus in seinen Schriften erwähnt, sind elf Großkaufleute. Aber in der Art, wie über sie berichtet wird, gibt es Unterschiede. Einige tauchen ausschließlich im Zusammenhang mit Geschäftsbeziehungen zu den spanischen Königen auf, wie die Familie Centurión. Sie stellte die zwei Millionen Maravedís bereit, mit denen sich die spanische Krone an Kolumbus' dritter Reise beteiligte. Die bedeutende genuesische Handelsniederlassung, bestehend aus den Kaufleuten Doria, Cataño, Espínola, Riberol und anderen, gab dem Admiral Kredit, damit er sich am Unternehmen beteiligen konnte.

Von all diesen Personen war Riberol derjenige, mit dem Kolumbus eine Freundschaft verband. Riberol hatte auch den Auftrag, Kopien des *Libro de los Privilegios* nach Genua an den Botschafter Nicolò Oderigo und die *Banco di San Giorgio* zu schicken, damit sie auf dieser Grundlage die finanziellen Rechte seiner Söhne wahren konnten, wenn er nicht mehr da wäre. Als im Jahr 1503 Papst Julius II. gewählt wurde, bat der Admiral seinen Freund Riberol, Pater Gaspare Gorricio eine Reise nach Rom zu ermöglichen, damit er beim Papst seine Interessen vertreten könne.

1492 war Francisco Pinelo zusammen mit Luis de Santángel Schatzmeister der Santa Hermandad (Heiligen Bruderschaft), die die Reise von Christoph Kolumbus finanzierte. Ein Jahr später war er als Kaufmann im Dienst der spanischen Krone am Bau der zweiten Flotte beteiligt. Seitdem verband die beiden eine beständige, freundschaftliche Beziehung.

Aber es gab auch zwei Genuesen außerhalb der Finanzwelt in Kolumbus' Umfeld: Marco de Bargali, der als Page an der dritten Reise teilnahm, und Bartolomeo Fieschi, Kapitän der *Vizcaína* auf der vierten Reise.

## PATER GASPARE GORRICIO DE NOVARA

Unter den Mönchen im Kartäuserkloster Santa Maria de las Cuevas in Sevilla befand sich auch ein Italiener, der aus Novara stammende Pater Gaspare Gorricio. Pater Gaspare kam wenige Jahre vor der ersten Entdeckungsreise mit seinem Bruder, dem Graveur Francisco Gorricio, nach Spanien. Man weiß nicht genau, wann er mit Kolumbus Freundschaft schloss, aber spätestens seit 1498 unterhielten sie einen Briefwechsel. Ihre Freundschaft intensivierte sich nach Ende des Jahres 1500, als Kolumbus nach dem Verlust seiner Ämter nach Spanien zurückkehrte. In jener Zeit unterstützte Pater Gaspare ihn beim Verfassen der Schadensberichte, die Kolumbus dem spanischen Königspaar vorlegen wollte, und vermutlich war er auch an der Zusammenstellung vom *Libro de los Privilegios* beteiligt, das dem gleichen Zweck diente. Ohne die Mitarbeit von Pater Gaspare hätte Kolumbus das *Libro de las Profécias* (Buch der Prophezeiungen) wohl nicht vorbereiten können, eine Sammlung von Texten aus der Bibel und von Kirchenvätern, die all das enthielten, was der Admiral für Beweise seiner Theorien hielt.

Der Kartäusermönch, der in seiner Zelle die persönlichen Dokumente Kolumbus' aufbewahrte, wurde zum Hüter des Archivs der Familie Kolumbus. Im Kloster Santa Maria de las Cuevas schrieben, in seinem Beisein, Bartolomeo Kolum-

**54–55** Im Herbst 1497 schickte der englische Kaufmann John Day an Kolumbus dieses Exemplar von *Il Milione*, der Reisebeschreibung Marco Polos. Der Genuese schrieb beim Lesen zahlreiche Anmerkungen an den Rand (Biblioteca Colombina, Sevilla).

bus, der zweite Admiral Diego Kolumbus sowie dessen Frau Doña Maria ihre Testamente, als sie sich im Frühjahr 1509 auf ihre Reise zu den Westindischen Inseln vorbereiteten. Pater Gaspare begleitete 1507 Bartolomeo Kolumbus nach Rom und kam damit den seit Langem vorgetragenen Wünschen des Genuesen nach, für ihn beim Papst vorstellig zu werden. Es ist wenig bekannt über dieses Gespräch, das Pater Gaspare nutzte, um Julius II. Kolumbus' Buch über seine Entdeckungen zu überreichen und um die Erlaubnis zur Gründung eines Klosters San Bruno in der Neuen Welt zu bitten, die nie konkretisiert wurde.

Als Freund der Familie kam dem Kartäusermönch die Aufgabe zu, aus den Händen von Giovanni Antonio Colombo die sterblichen Überreste Kolumbus' in Empfang zu nehmen, als diese 1509 von Valladolid nach Sevilla überführt wurden.

## JOHN DAY

Gegen Ende des Jahres 1497 erhielt Kolumbus einen Brief von John Day, einem aus Bristol stammenden Händler und Schiffseigentümer, der zwischen Sevilla, Lissabon und Sanlúcar de Barrameda lebte. Day begann seinen Brief mit der Ankündigung, er werde seinem Freund das *Buch des Marco Polo* schicken, und entschuldigte sich, das andere Buch, um das Kolumbus ihn gebeten hatte, *Inventio Fortunata* von dem englischen Mathematiker Nicholas of Lynn, nicht gefunden zu haben. Es ist nicht verwunderlich, dass Kolumbus einen unbekannten Ausländer, der in Europa unterwegs war, um Bücher bat, die er in Spanien nicht hatte finden können. Monate später, als er zu seiner dritten Reise in die Neue Welt aufbrach, nahm er Marco Polos Reisebeschreibungen mit; das weiß man, weil er ab diesem Zeitpunkt Marco Polo aus erster Hand zitiert.

Aus diesem wichtigen Brief erfuhr Kolumbus von der Expedition des Giovanni Caboto (John Cabot), von der dieser erst seit wenigen Wochen zurück war, und, was noch wichtiger ist als das genaue Datum, er erhielt die Bestätigung, dass es vor 1497 keine erfolgreiche Reise in das heutige Nordamerika gegeben hatte.

Dies ist das einzige Dokument, das von einer gescheiterten Reise Cabotos vor diesem Datum berichtet. Natürlich gibt Day in seinem Brief eine Reihe von Informationen, von denen er annahm, sie könnten für seinen Freund von Interesse sein: Die Inbesitznahme und die Eigenschaften des entdeckten Gebietes; die jährliche Belohnung in Höhe von zwanzig Pfund, die Heinrich VII. dem Venezianer für die Entdeckung zugesprochen hatte, sowie die Aussicht, dass die Engländer für das folgende Jahr bereits eine neue Expedition mit mindestens zehn oder zwölf Schiffen vorbereiteten. Nebenbei erwähnte Day auch den Überfluss an Stockfisch, damals ein wichtiges Lebensmittel.

Eine herzliche Freundschaft kommt in diesem Brief zum Ausdruck, in dem der Engländer Kolumbus zum Schluss verspricht, ihn über die Fortschritte auf dem Laufenden zu halten und ihm eine Karte der von dem Venezianer entdeckten Gebiete zu schicken.

erginul · regnu
nitur regnum erginul qđ est in ꝓuincia mag̃ tanguth qđ
regnum magno kaam ſbiectũ est Ibi sunt xpiani nestorini ydolatre et alij sectatores legis machometti Multe ciuitates et castra m̄lta sunt ibi vsus syrochũ inter orientalẽ
et meridionalẽ plagã itur ad ꝓuinciã talchay prius tñ in-
talchay
ci · Singuy
uenitur ciuitas singuy magno kaam tributaria vbi silr̃ sũt
xpiani nestorini ydolatre et alij sectatores leg̃ machomet
ti Ibi sunt boues siluestres pulcherrimi grãdes velut ele
phantes pilos hñt ꝑ corpus vndiqꝫ albos preter dorsũ et i
bi .s. in dorso nigros hñt pylos longitudinis palmoꝝ triũ
boues
Multiqꝫ ex bobꝫ istis domestici sũt et domiti et ad defe-
rendum maxiã onera assueti: Alij aũt alligant̃ ad aratra
qui pre mirabili fortitudine m̄ltum opis in aratura t̃re in
muscatu
breui ꝑficiunt tp̃e: In hac p̃te muscatũ habetur meli⁹ qđ
est in mũdo quod ab aiãli quodã habetur Est enĩ tale ani
mal quoddã pulchꝝ valde magnitudinem hñs gatte Pi
los grossos vt ceruus et pedes vt gatta Dentes aũt qua-
tuor scꝫ duos superius et duos iferi⁹ longitudinis triũ di-
gitorum Hoc animal iuxta vmbilicum int̃ carnem et cutẽ
vesicam habet sanguine plenã Et ille sanguis est muscatũ
de quo tantus odor exalat et de hijs est ibi m̄ltitudo max
ima Incole regionis illi⁹ ydolatre sunt et libidinosi secta
tores legis machometti et nigros pilos habẽtes Viri im-
belles sũt sꝫ pilos solum hñt circa labia et nasũ habent puũ
et nigros capillos hñtes: Mulieres pulchre sunt et albe
valde Viri vxores quer̃t pulchras magis q̃ nobiles Nã
nobilis et magn⁹ vir vxorẽ accipit pauperẽ si pulchra est ⁊
mater illi dotẽ dat Negociatores m̄lti et artifices ibi m̄l-
ti sunt Habet aũt ꝓuincia in lõgitudine dietas xxv. et est
faxiani
fertilis valde. ibi sũt fagiani in duplo maiores q̃ in ytalia
et hñt caudas lõgitudinis decẽ vł nouẽ palmoꝝ. aut octo
siue nouem siue septem ad minus Eciã fassiones qui i mg̃
nitudine nostris sunt similes Multas alias aues hñt pul

cherrimas diuersaꝝ speꝝ pennas hñtes pulchras diuersꝭ et pulcherrimis coloribꝫ variatas

## De ꝓuincia egrigaya Capl'm lxiiij.

Einde ptñsactis octo dietis vltra ꝓuinciã ergymul ad orientem occurrit prouincia egrigaya In q̃ sunt ciuitates mlte et opida Est ciuitas de ꝓuincia magna tã guth cꝰ ꝑncipalior ciuitas est colatia Incole ydolatre sũt ꝑter aliquos xp̃ianos nestorinos qui tres ibi basilicas habent Sunt aũt sbiecte magno kaam: In citate colacia fiunt panni qui dicunt zambelotti de lana alba et pulchriores camelorꝝ pil' pulchriores qui fiunt i mundo qui ad prouincias alias per negociatores deferũtur.

## De prouincia tenduch et og et magog et cyagomorꝝ Capitulum sexagesimũ quintũ:

Ursũ relicta ꝓuincia egrigaya ꝓuenitur ad orientalem plagã ad ꝓuinciam tenduch vbi sũt ciuitates et mlta castra vbi manere ꝯsueuerat rex ille magnꝰ i orbe nominatissimꝰ qui dicebatur a latinis ꝑsbiter iohãnes: Est aũt ꝓuicia illa magna kaã tributaria Est tñ ibi rex vnꝰ de ꝓgenie illiꝰ regis qui adhuc presbit̃ iohãnes dr̃. cui nomẽ est georgiꝰ Dñs magni kaam pꝰ mortẽ illiꝰ regꝭ qui a chynchys in ꝑlio occisus fuit filias suas ill' regibꝫ tradidert̃ vxores Et lꝫ quidã sint ibi ydolatre et aliqui q viuãt iuxta legem miserabil' machometti maior tñ ꝑs populi ꝓuincie fidem xp̃ianã tenet et hij xp̃iani in tota patria dicũt̃ et dñatur inter eos tñ gẽs quedã ẽ q̃ habet hoĩes pulchriores et in negociationibꝰ sagaciores que i tota ꝓuincia alibi valeant repiri In illis ꝑtibus sunt regiones que dñr gog et magog Gog in lingua sua noĩant vng magog vo mũgul In hijs locis seu partibꝫ sunt regiones in quibus reperit̃ lapis lasuli ex quo fit asuxium peroptimũ In hac ꝓuicia

# DER SEEFAHRER

*Zweites Kapitel*

**58–59** Zwei Karavellen, *Pinta* und *Niña*, und eine Karacke, *Santa Maria*, brachten Kolumbus und 90 Seeleute nach Übersee (Museo de América, Madrid).

**60–61** 1485 malte Francesco Pagano die älteste bekannte Ansicht von Neapel, bekannt als *Tavola Strozzi*. Am 6. Februar 1502 berichtete Kolumbus dem spanischen Königspaar aus Granada in einem Brief von seinen Erlebnissen auf dem Meer. Darin beschrieb er genau, wie man, je nach Jahreszeit, auf der Reise von Spanien nach Neapel am besten vorgeht; das beweist seine Erfahrung auf dieser Strecke (Museo di Capodimonte, Neapel).

**62–63** Im Mittelmeer erkundete Kolumbus Sardinien und Sizilien. Er erwähnte die Inseln mehrfach, teils, um auf das hervorragende sizilianische Getreide hinzuweisen, teils wegen eines besonderen Ereignisses. So will er in einer einzigen Nacht mit seinem Schiff von Capo Cartagine auf Sardinien bis zum Hafen von Tunis gelangt sein (Bibliothèque nationale de France, Paris).

## LEHRJAHRE IM MITTELMEER

Jenes Genua, in dem Kolumbus die ersten 23 Jahre seines Lebens verbrachte, war der wichtigste Hafen einer mächtigen, expandierenden Republik, deren Wirtschaft auf dem Seehandel basierte. Kostbare Waren erreichten den Hafen der Stadt und sicherten den Kaufleuten beträchtliche Gewinne, die von der *Banco di San Giorgio*, einer der ältesten Banken Italiens, verwaltet wurden. Es ist dieselbe Bank, die Kolumbus 1502 damit beauftragte, seine Interessen und die seiner Söhne und Erben zu vertreten.

Der Admiral selber berichtete – und es gibt keinen Grund, an seinen Worten zu zweifeln –, dass er sich in seinen jungen Jahren in vielen Häfen aufhielt. Ausdrücklich erwähnte er nur Neapel, Marseille und Hyères, aber nachweislich kannte er auch Cap de Creus in Katalonien, den Golf von Lion, Sardinien und die Küste Nordafrikas genau.

Es gibt nur wenige Dokumente aus dieser Zeit, daher muss man auf die Informationen zurückgreifen, die seine eigenen Briefe und Berichte enthalten. Manche entstanden viele Jahre später, sind daher unvollständig oder weisen unfreiwillige Fehler auf. Man muss aber sagen, dass es auch ganz bewusste Fehler gibt, denn der kluge Genuese schrieb nur das nieder, was er weitergeben wollte. Als Quelle dient uns auch die von seinem Sohn Fernando verfasste *Historia del Almirante*, von der eine italienische Ausgabe erhalten ist, sowie die Berichte derer, die Kolumbus auf seinen Reisen begleiteten, und die *Historia general de las Indias* des Dominikanermönchs Bartolomé de Las Casas, der, als guter Freund der Familie Kolumbus, Zugriff auf ihre Archive hatte.

Antonio Gallo, der Genueser Chronist, schrieb 1506 über Kolumbus, er habe schon früh den Betrieb der Familie verlassen, um sich ganz dem Meer zu widmen. Er schrieb, dass er „in zartem Alter" in die Marine eintrat, mit vierzehn, wenn man dem Bericht Glauben schenken kann.

Bei seinen ersten Fahrten zur See war der junge Cristóforo Colombo wohl als Schiffsjunge auf einem der Schiffe unterwegs, die von Genua aus die anderen Häfen der Küste anfuhren. Vielleicht verkaufte er den Käse und den Wein, mit dem sein Vater in Savona handelte, wohin die Familie um 1470 gezogen war. Ab diesem Datum wird Cristóforo in keinem Dokument mehr als Wollweber erwähnt, sondern stets als Angestellter einer Handelsfirma.

Danach war er als Seemann auf dem Meer um Korsika und Sardinien unterwegs. Die Insel, die ihn besonders beeindruckte und die er immer wieder erwähnte, war ohne Zweifel Sizilien, damals Teil des Herrschaftsgebiets von Königreich Aragón. Am 28. Oktober 1492 beschreibt er Kuba im Zusammenhang mit Sizilien. „Die Insel hat schöne und hohe Berge ... der restliche Teil der Insel weist Erhebungen auf, die an Sizilien gemahnen."

Und ein Jahr später vor Jamaika greift er auf denselben Vergleich zurück und schreibt: „Die Insel ist groß ... sie ist größer als Sizilien". Kolumbus war nicht allein von der Größe der Insel, sondern auch von ihrer Fruchtbarkeit beeindruckt, die er mit der von Andalusien verglich, als er im Februar 1493 dem spanischen Königspaar schrieb und berichtete, wie gut die europäischen Samen gediehen, die sie mitgenommen hatten: „Wir sind überzeugt ... dass der Boden nicht weniger ertragreich ist als in Andalusien und auf Sizilien". Sizilien und Andalusien waren die Kornkammern Europas. Zum Ätna gibt es einen Vermerk in seinem Exemplar des *Imago mundi* von d'Ailly.

Sardinia insula aput latinos sed grece Sardonisos vocatur
SEPTE
CCIDENS
Coro
alleguor
bosa
saline
arestan
Porto neapolis
Aquilastro
Callerj
trapanj

ORIENS
MERIDIES
Pantalanea
messina
melazo
Patri
aterno
Catania
lagosta
Siracusa
lontine
palagonia
potentia
minio
rassatata
butera
terra noua
Gergenti
Satta
Cifalu
tosa

## Come l'Ammiraglio giunse alla Corte: & l'espeditione, che per lo suo ritorno all'India i Re Catolici gli diedero. Cap. LXIIII.

*Giunto l'Ammiraglio in terra di Castiglia, subito cominciò ad ordinar la sua partita per la città di Burgos; doue fu ben riceuuto da' Re Catolici, che si ritrouauano quiui per celebrar le nozze del serenissimo Principe don Giouanni, loro figliuolo, il qual tolse per moglie Madama Margherita d'Austria, figliuola di Massimiliano Imperatore, che allhora gli era stata condotta, & era stata riceuuta solennemente dalla maggior parte de' Baroni, & dalla migliore, & più illustre gente, che mai in Spagna fosse ueduta insieme. Ma cotai particolarità, & grandezze, benche io fossi presente, per esser paggio del suddetto Principe, altrimenti io non racconterò: sì perche non è cosa appartenente alla nostra historia, come perche i Cronisti delle loro Altezze hauranno hauuto que-*

**64** Die erste Ausgabe der *Historia del Almirante*, verfasst von seinem Sohn Fernando, kam in der italienischen Übersetzung von Alonso de Ulloa 1571 in Venedig heraus. Auf Spanisch erschien sie erst 1749 (Archivo General de Indias, Sevilla).

**65** Bartolomé de Las Casas nutzte für seine *Historia general de las Indias* (Geschichte der westindischen Länder) das Archiv der Familie Kolumbus. Dank der Transkriptionen des Dominikanermönchs kennen wir heute zahlreiche verlorene Originaldokumente, so die Bordbücher der ersten und zweiten Reise (Archivo General de Indias, Sevilla).

67 Die Insel Chios war wegen ihrer strategischen und wirtschaftlichen Bedeutung stets umkämpft. Bis zur Eroberung Konstantinopels durch die Kreuzritter 1204 gehörte sie zum Oströmischen Kaiserreich, war später eine Kolonie der Republik Genua und danach Teil des Osmanischen Reiches (Galata Museo del Mare, Genua).

## DIE ANZIEHUNGSKRAFT VON ORIENT UND ATLANTIK

Kolumbus hat viele Meere befahren; er selbst sagte, er sei im gesamten östlichen und westlichen Mittelmeer gewesen. Das war wohl etwas übertrieben, aber nicht völlig falsch. Der Admiral bezog sich dabei vermutlich auf die Insel Chios, die damals eine Kolonie der Republik Genua war und von einer Reedergesellschaft, der *Maona*, kontrolliert wurde; ihre Mitglieder nahmen später den Namen Giustiniani an. Die Insel Chios, die damals Insel der „tausend Aromen“ genannt wurde, war das Tor zum Orient, dem Reich der Gewürze. Besonders durchdringend roch es auf Chios nach Mastix. Diesen Duft konnte Kolumbus nie vergessen. Das Harz wird durch Anritzen des Stamms vom Mastixstrauch gewonnen und ist auch heute noch das wichtigste Handelsgut der Insel. Seine schon von Dioskurides beschriebenen therapeutischen Eigenschaften, besonders als Heilmittel bei Rheuma und als Blutreinigungsmittel, machten es zu einem begehrten Rohstoff. Genua kontrollierte den Handel mit Mastix durch ein strenges Monopol, und zur Zeit Kolumbus' konnte die *Maona* allein mit diesem Produkt einen Gewinn von 50 000 Dukaten pro Jahr erzielen.

Es heißt, dass auf Chios Kolumbus' Leidenschaft für den Orient erwachte. Das ist wohl nicht ganz von der Hand zu weisen. Jedenfalls sprach er, wenn er die Insel in seinen Schriften erwähnte, immer in den höchsten Tönen von ihr und den Schätzen, die ihren Herrschern mit wenig Aufwand große Gewinne einbrachten. Um die kommerzielle Seite seiner Erkundungsfahrt hervorzuheben, versäumte Kolumbus daher auch nicht, dem spanischen Königspaar zu versichern, die Harze auf den Antillen seien dem Mastix auf Chios ähnlich. Gold war zwar noch nicht gefunden worden, aber aus den Bäumen, die dem Mastixstrauch ähnlich waren, hatte Kolumbus Harz zapfen lassen, das er, gut verwahrt in einer Holzkiste, nach Kastilien bringen ließ.

Genauere Angaben zu seiner Reise nach Chios machte Kolumbus nicht; man nimmt an, dass er 1474 oder 1475 dort war, denn in diesen Jahren unternahm Genua zwei gut dokumentierte Expeditionen auf die Insel. Die erste Flotte, die am 25. Mai 1474 in Savona in See stach – wo, wie gesagt, damals die Eltern des Seefahrers lebten –, nahm außer Seeleuten auch Händler und Weber an Bord. Die zweite, die Genua im September 1474 verließ, hatte eine andere Mission: Sie sollte Verstärkung für die von den Türken bedrohte Insel bringen.

Alles scheint darauf hinzudeuten, dass Kolumbus bei der zweiten Flotte dabei war, denn zwei ihrer Schiffe gehörten Paolo di Negro und Nicolò Spinola, zwei bedeutenden Genueser Kaufleuten, mit denen der junge Seemann bald darauf viel zu tun haben sollte. Ihnen begegnete er in Lissabon, auf Madeira und in England wieder, und er nennt Nachkommen der beiden in seinem Testament.

Um nach Chios zu gelangen, segelte Kolumbus über das Ionische Meer, umschiffte den Peloponnes, fuhr durch die Kykladen, sah Samos und die Küsten Kleinasiens. Er kam bis an die asiatischen Inseln der Ägäis. Diese, und keine andere, war seine Route zum östlichen Mittelmeer.

Im Januar 1495 schrieb Kolumbus an das Königspaar einen Brief, in dem er erzählt, er sei als Kapitän einer Flotte von René d'Anjou auf der Route über Tunesien gefahren und während der Reise in eine Seeschlacht geraten. Dies ist eine von seinen Biografen vielfach diskutierte Episode in Kolumbus' Leben, die aber heute gesichert zu sein scheint. An der Seeschlacht ist nicht zu zweifeln, denn man weiß von mehreren Angriffen auf die Flotte von René d'Anjou, der vor 1479 von den Genuesen gegen die Katalanen unterstützt wurde.

Hingegen scheint die Entfernung zwischen Sardinien und Tunesien zu groß, um in einer Nacht überwunden werden zu können, wie er es in einem Brief behauptet, es sei denn, es herrschten extrem günstige klimatische Bedingungen.

Eine andere Frage, die die Forscher beschäftigt, ist Kolumbus' Tendenz, sich selbst als „Kapitän" zu bezeichnen. Dafür war er damals eigentlich zu jung, vielleicht wollte der einfache Seemann nur ein wenig angeben! Wer würde sich schon nach so vielen Jahren genau an seinen Rang während jener Reise erinnern?

Das Mittelmeer war seine erste Universität. Im Mittelmeer lernte Kolumbus, die Winde zu unterscheiden; er kannte sowohl die Richtungen der Strömungen als auch die Häfen auswendig, in denen man anlegen konnte. In diesem geschlossenen Meer stieß er mindestens einmal mit einem der zahlreichen Piratenschiffe zusammen, die sich im Golf von Lion herumtrieben. Bei solchen Gelegenheiten wandte Kolumbus eine List an und drehte die Magnetnadel des Kompasses, um die Seeleute zu täuschen. Diese eigenartige Methode sollte ihm später noch sehr nützlich werden, denn er griff auf sie zurück, als seine Mannschaft während der ersten Reise meuterte.

Seine Sprache war die im Mittelmeerraum im Handelsverkehr genutzte *Lingua Franca*. Diese Umgangssprache wurde von einem Seefahrer aus Mallorca gut beschrieben, als 1636 bei einem Prozess in Mexiko eine Gruppe katalanischer und italienischer Seeleute angeklagt wurden, eigentlich Franzosen zu sein und die neuen Gebiete zum Nachteil Spaniens ausspionieren zu wollen. Der aus Mallorca stammende Andrés Falcón erklärte: „Obwohl der Angeklagte gestanden hat, aus Mallorca zu sein, schreibt er Italienisch, da er unter Italienern aufgewachsen ist und sein Leben lang mit Italienern gesegelt ist. Er ist mit zehn Jahren aus seiner Heimat weggegangen und hat auf hoher See lesen und schreiben gelernt. Er spricht sehr gut italienisch und schlecht die Sprache Mallorcas. Außer ein bisschen Spanisch spricht er keine andere Fremdsprache."

So ähnlich muss Kolumbus damals gesprochen und geschrieben haben. Vielleicht konnte er ein wenig Französisch, das er im Dienst von René d'Anjou aufgeschnappt haben mochte. Sehr wahrscheinlich lernte er auf den Schiffen oder auch in den Büros seiner Vorgesetzten schreiben und konnte damals weder Portugiesisch noch Spanisch.

Mit dieser Ausrüstung kam der Seemann auf die Iberische Halbinsel. Ein dramatischer Zwischenfall – von denen es in seinem Leben ja nicht wenige gab – veränderte sein Leben radikal und entfernte ihn von seiner Heimat: ein Schiffbruch vor der portugiesischen Küste. Kolumbus war mit einer aus fünf Schiffen bestehenden Handelsflotte von Genua nach England unterwegs; zwei der Schiffe gehörten der Handelsfirma Spinola-Di Negro, seinen Auftraggebern. Auf der Höhe von Cabo de São Vicente, der Südwestspitze des europäischen Festlands, wurde der Konvoi von einer

AFRICA
SPERA SOLIS
SPERA MARTIS
SPERA NONA

**68–69** Diese Meereskarte (Portolan) wurde Kolumbus durch La Roncière im Jahr 1924 zugeschrieben. Sie zeigt zwei durch eine vergoldete Linie voneinander getrennte Karten. Auf der rechten Karte erscheinen Atlantik und Mittelmeer; die kleinere runde Karte links zeigt die Erde als Zentrum des Universums: Neun Planeten umkreisen sie, und ihr Mittelpunkt ist Jerusalem (Bibliothèque nationale de France, Paris).

französischen Flotte angegriffen, und nach heftigem Kampf musste unser Seemann an die Küste der Algarve schwimmen.

Sicherlich erzählte Kolumbus diese Geschichte, die eines Romans würdig wäre, immer wieder seinem Sohn, der sie natürlich in seine Biografie aufnahm. In Fernandos Version, die den Vorfall etwas romantischer darstellen wollte, gehörte sein Vater zur Flotte des Admirals Colombo il Giovane. Dabei übersah der Sohn, dass der Angriff der französischen Korsaren auf die vier venezianischen Galeeren 1485 stattgefunden hatte, als Kolumbus bereits in Spanien war, wogegen der Kampf, von dem sein Vater berichtete, sich am 13. August 1476 ereignete. Die Gegner waren auf der einen Seite der französische Pirat Guillaume de Casenove, der den Beinamen Colombo trug, und auf der anderen Seite die Genueser, mit denen der spätere Admiral unterwegs war. Auch mit falsch wiedergegebenem Datum lässt sich Folgendes annehmen: Nachdem Kolumbus' Schiff in Brand gesetzt und geentert worden war, entschloss er sich zum Sprung ins Wasser, denn er wollte lieber ertrinken als in den Flammen umkommen. Er konnte sich retten, da er ein guter Schwimmer war und ein Ruder fand, an das er sich immer wieder klammern konnte. So schwamm er zum Festland, wo er so erschöpft ankam, dass er Tage brauchte, um sich wieder zu erholen.

Nach der abenteuerlichen Landung machte sich der Schiffbrüchige auf den Weg nach Lissabon, wo seine Auftraggeber Centurión und Negro eine Tochtergesellschaft der genuesischen Handelsfirma unterhielten. Von nun an änderte sich sein Leben völlig.

Lissabon faszinierte ihn. In jenen Jahren herrschte in der Stadt eine offene, kosmopolitische Atmosphäre, eine Brutstätte für interessante und lukrative Seefahrerabenteuer, denen seine genuesischen Landleute nicht abgeneigt waren.

Im Gegensatz zum Mittelmeer mit seinen bekannten Küsten, exakten Grenzen und unterschiedlichen Strömungen und Winden, die sie bei ihren Reisen zwangsläufig erfahren hatten, war der Atlantik für Seeleute des 15. Jahrhunderts ein noch unbekanntes, scheinbar unendliches Meer. Die zeitgenössischen Kartographen stellten den Ozean mit einer Reihe von mehr oder weniger nahe am Kontinent gelegenen Inseln dar, von denen manche Fantasiegebilde waren, andere dagegen real und gut lokalisiert. Die Legenden rund um diese Karten und die Erzählungen der Seeleute stammten zu einem Gutteil aus Büchern, die dazu beitrugen, die Fantasie zu nähren und den Reiz des Unbekannten zu steigern.

Beide Teile des Atlantischen Ozeans, der nördliche und der südliche, waren gefährlich und trotzdem verheißungsvoll, eine Grenze, die der Mensch seiner Natur nach überqueren wollte. Trotzdem schien der vor Portugal liegende Teil attraktiver zu sein als der Nordatlantik mit seinen strengen Wintern und endlosen Nächten. Man darf nicht vergessen, dass neben dem Südatlantik auch der Nordatlantik von Schiffen befahren wurde, deren Reichweite sich immer mehr ausweiten konnte. Anfangs erfolgten die Erkundungen im Rahmen der Fischerei, später aber aus der Begierde heraus, sich neue Gebiete zu eigen zu machen. Der Zeitpunkt variierte, aber das Vorgehen war sehr ähnlich. In beiden Regionen entwickelte sich die Schifffahrt zwischen den Inseln und dem Festland, und in beiden Fällen sollte die „offizielle“ Entdeckung der Routen zu dem, was wir heute den Amerikanischen Kontinent nennen, durch Italiener erfolgen: Christoph Kolumbus und den Venezianer Giovanni Caboto, den man in England John Cabot nannte.

Wie zu erwarten war, erhielt Kolumbus den Auftrag, seine unterbrochene Reise von Genua nach England fortzusetzen, die das Schicksal vereitelt hatte. So kam es, dass er Anfang 1477, kaum angekommen, schon wieder ein Handelsschiff bestieg und von Lissabon nach Island segelte; unterwegs ging er in den Häfen Bristol in England und Galway in Irland an Land.

Für die Strecke von Bristol nach Island benötigten die Schiffe bei günstigen Bedingungen zwischen zwölf und vierzehn Tagen. Nach der Fahrt durch den Bristolkanal umschifften sie die Mizen-Halbinsel und segelten dann weiter bis nach Galway, dem sichersten und wichtigsten Hafen der Westküste Irlands; dort nutzten sie den Golfstrom nach Norden, in das offene Meer, bis zum Zielort.

Belegt ist diese Reise von Kolumbus selber, der in einem seiner Briefe an das spanische Königspaar und in einer Randnotiz seines Exemplars der *Historia Rerum* von Enea Silvio de' Piccolomini davon spricht. Damals beobachtete er zum ersten Mal den Unterschied zwischen den Gezeiten am Atlantik und am Mittelmeer, ein Phänomen, das die Seeleute aus dem Mittelmeer immer erstaunte. Auch hatte er erstmals Gelegenheit, die Sprache der Seeleute im Nordatlantik zu hören, wie M. Mollat zeigen konnte; hier vereinigten sich englische und keltische Vokabeln der Seefahrt mit holländischen aus dem Bereich der Reederei, deutschen aus dem Militärbereich und spanischen, portugiesischen und italienischen für Begriffe der Verwaltung und Justiz.

Darüber hinaus teilt uns Kolumbus in seinen Berichten ungewollt zwei besonders interessante Informationen mit. Erstens behauptet er fest, einhundert Meilen nördlich der Insel Thule gesegelt zu sein. Wenn, wie wir wissen, Thule für die Antike die nördliche Grenze der bekannten Welt war, erklärte er damit, diese Grenze selber weit überschritten zu haben. Und noch etwas erzählt er: „Männer aus *Catay* (China)“ so schreibt er, „kamen nach Osten. Wir haben viele bemerkenswerte Dinge gesehen, besonders in Galway, einen Mann und eine Frau auf zwei Holzstücken, die wie durch ein Wunder vom Sturm angetrieben wurden.“ Diese nachträglich verfasste Notiz könnte darauf hindeuten, dass dem späteren Admiral damals vielleicht die Idee durch den Kopf ging, eine Reise in die Richtung zu machen, die der Ursprungsregion dieser beiden Menschen entgegengesetzt war, und dass er sich hier für die Polarregionen zu interessieren begann. Einige Biografen wollen aus dem Brief von 1500, der diese Vorfälle schildert, sogar herauslesen, dass Kolumbus daran dachte, den Nordpol suchen zu wollen.

Das Gegenteil war jedoch der Fall: Nach seiner Reise zum Nordatlantik ließ sich Kolumbus fest in Lissabon nieder.



**70** Diese Karte von Island wurde im *Theatrum orbis terrarum* von Abraham Ortelius, dem ersten modernen Atlas, 1592 veröffentlicht. Kolumbus war 1477 auf Island, und es ist denkbar, dass er während dieser Reise den Gedanken einer Expedition von Ost nach West fasste (Bodleian Library, Oxford).

**72** Die Kartographen dekorierten ihre Werke häufig mit verschiedenen Motiven. Hier zieren unterschiedliche Klimata (viertes, fünftes, sechstes und siebtes) und Windrosen sowie die für den Atlantik typischen Schiffe das Blatt. Im 15. Jahrhundert war der Atlantik noch ein von Geheimnissen umwobenes Gewässer, das es größtenteils erst zu entdecken galt (Bibliothèque nationale de France, Paris).

**73** Auf den Karten der Nordsee und des Atlantischen Ozeans gab es zu Kolumbus' Zeit oft Darstellungen von Inseln

## UNTERWEGS IM POTUGIESISCHEN UND SPANISCHEN ATLANTIK

Als Buchhändler zu leben ist nicht einfach, und Kolumbus war gezwungen, diese neue Tätigkeit mit seiner Leidenschaft für das Meer, das ihn zweifellos stärker anzog, zu vereinbaren. In Lissabon kam er neuen Ideen näher. Man muss sich in Erinnerung rufen, dass die Portugiesen 1477 bereits weitaus aussichtsreichere Expeditionen unternahmen als die Anrainer des Nordatlantiks. Dort hatte man schon seit einer Weile die Fahrten über das „Dunkle Meer" des Nordens aufgegeben und widmete sich ausschließlich dem Walfang und der Herstellung von Stockfisch. In Lissabon lernte Kolumbus Martin Behaim kennen, lange bevor dieser seinen Globus fertigstellte; als das geschah, lebte der Genuese bereits in Kastilien. Behaim war damals damit beschäftigt, die Navigation auf hoher See zu erforschen. In Portugal konnte er die Briefe des Florentiner Gelehrten Toscanelli einsehen, von denen er Abschriften anfertigte; wahrscheinlich stand er auch mit ihm in Briefwechsel. Kolumbus selber spricht davon, den Arzt und Astronomen José Vizinho kennengelernt zu haben, vor dem er große Achtung hatte. Aus alldem geht hervor, dass er sowohl mit verschiedenen Gelehrten korrespondierte als auch mit Seeleuten sprach und deren Erfahrungen und Reisen dokumentiert haben muss. Belege hierüber sind nicht erhalten, aber bei Kolumbus' Leidenschaft für das Schreiben müssen sie eigentlich existiert haben. Auf seinen Reisen, die er weiter in der Funktion als Kaufmann der Handelsgesellschaft Centurión und Negro machte, hörte er viel, lernte das Lesen von Seekarten, traf Menschen anderer Herkunft und lernte neue Dinge kennen. Er war vor Ort, wenn die Flotten zurückkamen, die ein neues Kap umrundet und es danach geschafft hatten, auch zurückzukehren, nachdem sie mit unbekannten Völkern zusammengetroffen waren. Häufig waren es einfache Militärexpeditionen, die enorme wirtschaftliche Gewinne einbrachten, auch wenn einzelne Schiffe von Nebelbänken verschluckt wurden und untergingen. In Lissabon heiratete der Genuese Felipa Moniz de Perestrello, deren Vater Bartolomeo Perestrello auf der zur Madeiragruppe gehörenden, von Portugiesen besiedelten Insel Porto Santo Gouverneur gewesen, aber bereits seit Jahren verstorben war. Zweifellos erwachte aufgrund all dieser Anregungen der starke Wunsch in ihm, „mehr zu erfahren", ein Streben, das ihm so teuer wurde, dass er es niemals mehr aufgeben sollte.

Nach seiner Hochzeit zog er für kurze Zeit auf die Insel Porto Santo, eine kleine, fast verlassene Insel ganz in der Nähe von Madeira, die sein Schwiegervater von Heinrich dem Seefahrer als Lehen erhalten hatte. Dort konnte er Landkarten und Unterlagen aus dem Nachlass seines Schwiegervaters einsehen; außerdem muss er neugierig geworden sein durch all die fremdartigen Gegenstände, die immer wieder an Land gespült wurden, vor allem gut bearbeitetes Holz von völlig unbekannten Bäumen. Bis heute spült der Golfstrom Pflanzenteile auf der Insel an, die von den Antillen stammen. Von Lissabon, genauer: von Porto Santo aus reiste Kolumbus häufig nach Madeira. Der Zuckerhandel war für die genuesischen Kaufleute von Interesse, und so kam Kolumbus 1478 auf die Insel, ein Jahr nach seiner Reise nach Island. Das Geschäft scheiterte, und ein Jahr später, im August 1479, musste Kolumbus wegen einer gerichtlichen Auseinandersetzung in Zusammenhang mit diesem Geschäft zur Reederei nach Genua. Dies war das letzte Mal, dass der Seefahrer am Ort seiner Kindheit war.



**75** Drei von Kolumbus' vier Reisen in die Neue Welt gingen von den Kanarischen Inseln aus. Auf dieser Karte aus dem Jahr 1463 erkennt man die Westküsten von Spanien, Portugal und Afrika sowie die Kanarischen Inseln (British Library, London).

Isola del ferro
ya de palma
Gomera
ya de Inferno
Isola de Cannaria
ya de forte ventura
ya de lancilotto
Graciosa
Alegrança
roco
isole Selvage
Cauo de bugedor
BRITISH MUSEUM
680 C
L.
XIII.

S. GEORGII Oppidum MINA nuncupatum, quod L
II Anno salutis, 1482 in Genea ædificatum est, qu
fectum apportant, recipientes à Christianis; rubrum, ac
& similes ipsis gratas, conuenientesque merces.
rium Regum
Pagus.
S. Georgij

Die Flotten des portugiesischen Königs drangen auf ihrer Reise nach Indien an der afrikanischen Küste weiter nach Süden vor, erkundeten die Westküste des Kontinents und nahmen sie offiziell in Besitz. Der Handel mit Gold, Gewürzen und Sklaven brachte den Kaufleuten, die vom König eine Konzession dafür erhielten, riesige Gewinne. Da die Krone die Niederlassung von Kaufleuten von ihrer Genehmigung abhängig machte, konnte sie durch die Vergabe von Lizenzen bei geringem Risiko große Gewinne machen. Unter diesen Kaufleuten waren nicht allein die Centurión-Spínola-Di Negro, sondern auch der Florentiner Bartolomeo Marchioni, der in enger Verbindung zu Giannotto Berardi stand, der, wie wir gesehen haben, Jahre später die Finanzierung der ersten beiden Reisen von Kolumbus in die Neue Welt sicherte. Mit ihnen lernte Kolumbus den afrikanischen Kontinent kennen.

Auf diesen Reisen, von denen Kolumbus weder vermerkte, wie viele es waren, noch wann sie stattfanden, erwarb der Seemann gründliche Kenntnisse der Hochseeschifffahrt, die für seine Zukunft wichtig werden sollten. In seinen Schriften erwähnt er von allen auf diesen Reisen besuchten Orten lediglich die „Costa da Malagueta", wo er Seekühe sah, und die 1482 gegründete Festung São Jorge da Mina, von der er irrtümlich annahm, sie liege auf dem Äquator. Außer einer gründlichen Kenntnis der portugiesischen Kolonialverwaltung, die später seine Politik auf den Westindischen Inseln beeinflussen sollte, gewann er auch Sicherheit im Umgang mit neuen Techniken der Seefahrt, die ihm sehr nützlich werden sollten. Bei den Reisen lernte er, gegen den Wind oder hart am Wind zu segeln, mit dem Astrolabium die Position seines Schiffes zu bestimmen und sogar mit wertlosem Plunder zu handeln, eine Kunst, die sich in der Neuen Welt später noch als sehr lukrativ erweisen sollte.

**76–77** Nachdem die Portugiesen die Festung São Jorge da Mina gegründet hatten, wurde der dortige Hafen zu einem wichtigen Stützpunkt auf der geplanten Route von Lissabon nach Indien. Von hier aus kamen Gold und afrikanische Sklaven nach Portugal. In einem Brief schrieb Kolumbus dem spanischen Königspaar, dass die Sklaven der Neuen Welt in Europa mehr einbringen könnten als die Guineer (British Library, London).

**78–79** Ausschnitt der Karte von Cantino (1502) mit der von den Portugiesen 1480 gegründete Festung São Jorge da Mina. Mehrmals erwähnt Kolumbus diese Enklave, die er mindestens einmal besucht hat (British Museum, London).

Sete montes
terra baixa
alagoa

ontes claros em affrica:
Castello damina.
terra del Rey de nubia oqual
Rey sempre tincé continuada
mente guerra conel prestto sua
oqual Rey he mouro e muyto

**81** An den Seitenrändern seiner Ausgabe von Pierre d'Aillys *Imago Mundi* machte Kolumbus Anmerkungen über seine Erfahrungen in Guinea, die seine weiteren Überlegungen beeinflussten (Biblioteca Colombina, Sevilla).

Dreimal machte er in einem seiner Lieblingsbücher, *Imago Mundi* von Pierre d'Ailly, Randnotizen über seine Erfahrung in Guinea auf der Basis seiner neuen geografischen Erkenntnisse.

„Afrika ist doppelt so groß wie Europa ... Es ist im Süden wie im Norden von unendlich vielen Völkern bewohnt, die große Hitze steht dem nicht entgegen. Und an der Äquatorlinie, dort, wo der Tag immer zwölf Stunden hat, befindet sich das Schloss des erlauchten Königs von Portugal, in dem ich gewesen bin, die Temperatur an diesem Ort war gemäßigt."

„Während ich häufig von Lissabon aus nach Süden segelte, in Richtung Guinea, beobachtete ich sorgfältig die Route ... ich maß die Höhe der Sonne mit dem Quadranten und anderen Instrumenten wieder und wieder, und ich stellte das Gleiche fest wie Alfraganus, nämlich, dass einem Grad 56 2/3 Meilen entsprachen. Aus diesem Grund ist diesem Maße Glauben zu schenken. Folglich kann man sagen, dass der Umfang der Erde, gemessen am Äquator, 20 400 Meilen beträgt. Das gleiche stellte auch der Arzt und Astronom Meister José Vizinho fest, so wie auch viele andere ... Und genauso offensichtlich wird es für jeden, der auf den Seekarten nachmisst, wenn er die Entfernung von Norden nach Süden in gerader Linie über den Ozean, nicht über Land, misst, so wie man von England oder Irland gut in gerader Linie in Richtung Guinea segeln kann."

Kolumbus beschrieb die Bewohnbarkeit der heißen Gebiete als große Neuigkeit, dabei vergaß er, dass die Portugiesen bereits seit mindestens 20 Jahren Kenntnisse der klimatischen Bedingungen der subäquatorialen Zone hatten, in die er vermutlich nie gelangt war. Er irrte sowohl in der Berechnung der genauen Lage von São Jorge da Mina (schon wenige Jahre später bewies Duarte Pacheco in seinem Werk *Esmeraldo De Situ Orbis*, dass die Festung 5° 30' nördlich vom Äquator liegt), als auch in der geografischen Länge des Äquinoktiums (Tagundnachtgleiche). Durch sein Beharren auf den eigenen Hypothesen setzte er jedoch letztlich durch, dass ihm die Erlaubnis zu der Entdeckungsreise gewährt wurde. Wer weiß, wie oft schon eine falsche Prämisse eine geniale Entdeckung hervorgebracht hat!

Jahre später, in seinen Beschreibungen der Neuen Welt, zieht er Vergleiche zwischen den dortigen Gebieten und Guinea: „Es gab dort eine Unmenge an Palmen, ganz andere als die in Guinea und bei uns"; das Wasser der amerikanischen Flüsse war außergewöhnlich gut „und nicht wie die trüben Flüsse in Guinea"; die Menschen waren, obwohl sie so nahe am Äquator lebten, nicht so schwarz wie die in Guinea, und selbst die Stoffe, die die Eingeborenen anboten, erinnerten ihn an Afrika. „Sie trugen kleine, fein bestickte Tücher aus Baumwolle mit bunten Farben und Mustern, genau wie jene aus Guinea, von den Flüssen in Sierra Leone. Auch bei den Ortsbezeichnungen der neu entdeckten Gebiete werden Namen verwendet, die aus den portugiesischen Posten in Afrika stammen: Cabo do Monte, Cabo Verde, Cabo Roxo, Cabo das Palmas, Rio do Ouro, Porto Santo und sogar ein Valle del Paraíso: „Tal des Paradieses".

Auch bei anderen Dingen greift er in der Bezeichnung auf Erscheinungen zurück, die er in seiner Zeit in Portugal kennengelernt hat, so zum Beispiel das *macareo*, ein Aufeinandertreffen von Fluten, das gigantische Wellen entstehen lässt. Im Mittelmeerraum ist dieses äußerst seltene Phänomen unbekannt, aber Kolumbus muss es einmal während seiner Fahrten mit den Portugiesen erlebt haben und beobachtete es später noch einmal im Delta des Orinoko.

⁊ durat unus dies in uno loco per unũ mẽsem In alio per duos In alio per tres vel plꝰ ⁊ pporcionaliter est lõgior illa nox hyemis. Sexta ẽ ꝙ illi qui habitarẽt recte sub polo haberẽt per mediũ ãni Solẽ sup orizõtem ⁊ ɔtinuũ diẽ ⁊ per aliud dimidiũ cõtinuam noctẽ Et ita si vocemus diẽ totũ tẽpus quo Sol ẽ super orizontẽ nõ haberẽt toto ãno nisi unum diem ⁊ noctẽ. Et sicut dictũ est de ista medietate terre que ẽ versꝰ poluz articũ siliter itelligendũ est de alia medietate vsus ãtarticũ ⁊ habitatoribus eiꝰ Et hec õnia sine alia ꝓbatione exẽplariter patẽt ĩ spa materiali.

sub polo artico ĩ toto a[no] nisi vnũ diẽ ⁊ vnã no[ctem] simili sub polo antartico

## De quantitate terre habitabilis — Capitulũ octauũ

AD inuestigandũ quãtitatem habitationis terre itelligendũ est ꝙ habitatio dupliciter ɔsideratᷣ. Vno mõ respectu celi. s. q̃ntuz propter Solẽ põt habitari/ ⁊ q̃tum nõ. ⁊ de hoc superiꝰ generaliter ẽ satis dictũ Alio mõ ɔsideratᷣ respectu aque. s. q̃tum aq̃ ipediat. ⁊ de hoc nũc ẽ cõsiderandũ. De quo varie sunt opiniones sapientũ. Nã Ptholomeꝰ libro de dispõne spere. vult ꝙ fere sexta pars terre ẽ habitabilis propter aquã. ⁊ totũ residuũ ẽ coopertũ aq̃. Et ita ĩ Algamesti libro. ii. ponit ꝙ habitatio nota nõ ẽ nisi in quarta terre. s. in qua habitamꝰ Cuiꝰ lõgitudo ẽ ab oriẽte ĩ occidẽs. ⁊ ẽ medietas eq̃noxialis Et eiꝰ latitudo ẽ ab equinoxiali ĩ polũ. ⁊ est q̃rta coluri. Sʒ Aristotiles in fine libri celi ⁊ mũdi. vult ꝙ plꝰ habitetᷣ q̃ʒ quarta. Et Auerroys hoc cõfirmat Et dicit Aristotiles ꝙ mare paruũ est iter finẽ Hyspanie a pte occidẽtis/ ⁊ iter principiũ Indie a parte orientis. Et nõ loquitᷣ de Hyspania citeriori/ q̃ nũc Hyspania cõmuniter nominatur. sed de Hyspania vlteriori que nunc Africa dicitur. de qua certi auctores loquuntur. vt Plinius Orosius ⁊ Ysidorus. Insuper Seneca libro quinto naturalium dicit ꝙ mare est nauigabile ĩ paucis diebus si ventus sit conueniens. Et Plinius docet in naturalibus libro secũdo. ꝙ nauigatum est a sinu Arabico vsq̃ ad gades Herculis nõ multum magno tempore. vnde ex hiis ⁊ multis aliis rationibꝰ de quibus magis tangam cum loquar de Oceano cõcludunt aliqui apparẽter ꝙ mare non ẽ tantuz ꝙ possit coopertre tres quartas terre. Accedit ad hoc auctoritas Esdre libro suo quarto. dicentis ꝙ sex partes terre sunt habitate ⁊ septima est cooperta aquis. cuius libri auctoritatez sancti habuerũt in reuerẽtia. ⁊ veritates sacras per eum confirmarunt. Et ideo videtᷣ ꝙ licet habitatio nota Ptholomeo et eius sequacibus sit coartata ĩfra q̃rtam vnam plus tamen est habitabile. Et Aristotiles circa hoc plus potuit nosse auxilio Alexandri. Et Seneca auxilio Neronis. qui ad inuestigãdum dubia huius mundi fuerunt solliciti. Sicut de Alexandro testatur Plinius libro octauo. et etiam Solinus. Et de Nerone narrat Seneca libro de naturalibꝰ. Vñ illis magis videtᷣ credendũ q̃ʒ Ptholomeo vl etiam q̃ʒ Albategni q̃ adhuc minꝰ põit ẽẽ habitabile. videlʒ solũ duodecimã ptem. sʒ deficit in ꝓbatiõe sicut posset ostẽdi/ sed breuitatis causa transeo

aristotiles
inter finẽ hyspanie et pr[incipium] indie ẽ mare paruũ et n[aui]gabile ĩ paucis dieb[us]

plinius
nauigatũ ẽ a sinu arabico ad gades nõ multũ mag[no]

esdre
sex ptes terre sunt habita[te] ⁊ cõpta aquis

s. augustinus. de ciuitate dei

**82** Auf dieser Illustration in der *Historia General de las Indias y Nuevo Mundo* stellt Kolumbus seine geografischen Überlegungen einer Kommission von Experten vor (Bibliothek der Universität Barcelona).

**83** Der osmanische Admiral Piri Reis zeichnete im Jahr 1513 für sein Werk *Kitab-ı Bahriye*, ein Seefahrerbuch, diese Karte mit erstaunlich genauen Grenzen von Amerika und der Antarktis – Jahrhunderte vor Kolumbus (Topkapi Museum, Istanbul).

## DER GROSSE PLAN

Mehrmals stellte Kolumbus seine kosmologischen Überlegungen einer Kommission von Experten vor. Zuerst in Portugal und später in Kastilien. Die Namen der meisten Gelehrten, die in den Untersuchungskommissionen saßen, sind bekannt, allerdings kennt man nicht alle Antworten, ebenso wenig weiß man, wie die vollständige Argumentation aussah, die Kolumbus den Versammlungen vorstellte. Zwar berichtete keiner der Biografen konkret darüber, aber es ist anzunehmen, dass er vor allem die These der Kugelgestalt der Erde verteidigte sowie die flächenmäßige Überlegenheit der Landmasse gegenüber dem Wasser und dass er, um die angeführten Beispiele zu untermauern, etliche gelehrte Zitate anführte.

Die geografischen Ideen, auf die sich Kolumbus' Plan stützte, lassen sich kurz zusammenfassen. Er ging von zwei Voraussetzungen aus: Die erste, nämlich die Kugelgestalt der Erde, wurde auch zu Kolumbus' Zeit im Gegensatz zur Legende von niemandem mehr in Frage gestellt, die zweite, die sich als falsch erwies, bestand aus einer zu niedrig angesetzten Schätzung der Entfernung zwischen Europa und Asien. Auf der Basis der ersten Theorie – der Kugelgestalt der Erde – sprach nichts dagegen, den Orient westwärts zu erreichen. Auf der Basis der zweiten, der Berechnung also der Entfernung zwischen Europa und Asien, wäre die Reise kürzer gewesen, denn Kolumbus ging davon aus, dass der Erdumfang am Äquator 20 400 Meilen, also nur ca. 30 000 statt ca. 40 000 Kilometer betrug.

Der Genuese schloss auf „seine" Entfernung anhand folgender Kalkulationen. Toscanelli hatte in seinen Berechnungen die Ozeane in 160 Grade eingeteilt. Von diesen 160 Graden waren 20 bereits erforscht (Kanarische Inseln und Azoren), und fünfzehn entsprachen der durchschnittlichen Entfernung zwischen *Cipangu* (Japan) und dem asiatischen Festland; nach seinen Berechnungen verblieben somit 125 Grade. Diese Entfernung war auch von Marinos von Tyros bestätigt worden, der dem Ozean etwa 120 Grade beimaß. Von diesen 120 Graden zog Kolumbus jene zwischen dem europäischen Festland und den Kanarischen Inseln ab und versetzte somit *Cipangu* weiter nach Osten. Auf diese Weise reduzierte sich „seine" Distanz auf 45–50 Grade. Er vervollständigte seine Theorie durch seine Berufung auf Esdras, der davon ausging, dass nur ein Siebtel der Erde mit Wasser bedeckt sei. Ein Siebtel der 360 Grade des Erdumfangs entspricht 51 Graden: Genau die Entfernung, die Kolumbus, logischerweise, zwischen den Kanaren und Westindien vermutete.

Nun mussten die Grade in Meilen umgerechnet werden. Hier übernahm der Genuese die Theorien von Alfraganus (Al-Fargani), der, gefolgt von Toscanelli und d'Ailly, glaubte, ein Grad entspräche 56 2/3 Meilen. Aber Kolumbus beging einen zweiten Fehler, als er eine Meile in 1481 Meter umrechnete, anstatt in 1973,5 Meter, den Wert, den der arabische Kosmograph zugrunde gelegt hatte. Eine kürzere Meile verringerte logischerweise die Entfernung zwischen den Kanaren und dem im Westen liegenden Land auf nur 2400 Meilen statt der von Toscanelli geschätzten 3000 Meilen.

Wie man sieht, passte Kolumbus die Zahlen den eigenen Bedürfnissen an, und seine Berechnungen waren nicht allein falsch, sondern wichen auch in mehreren Punkten von den gängigen Theorien ab. Es waren Schätzungen, die sich natürlich nicht mit den Meinungen der Gelehrten vereinbaren ließen.

Aber Achtung: Die Tatsache, dass Kolumbus sich in seinen geografischen Berechnungen täuschte, darf nicht blind dafür machen, dass seine Annahmen zum Ziel führten. Ob er nun aus seinem Wissen heraus argumentierte oder aus Instinkt, Kolumbus lag immer richtig: bei der Route, der Reisedauer, bei Wind und Flut, bei Strömungen und Manövern, bei der Entscheidung, Gewitter zu vermeiden oder sich ihnen entgegenzustellen, und sogar bei den Wettervorhersagen. Er war zwar kein Astronom, aber ein guter Kenner des Sternenhimmels, der ihm beim Segeln stets als Wegweiser diente. Sonst hätte er nicht so genau und als Erster das Phänomen beschreiben können, das heute als *geografische Deklination* bekannt ist: die Abweichung zwischen geografischer und magnetischer Nordrichtung.

**84–85** Diese Karte eines unbekannten Italieners (1457) gilt als Reproduktion von Toscanellis Planisphäre, die nicht erhalten ist. Da Afrika bis zum Südpol reicht, ist die Erde in zwei große Meere geteilt. Davon ausgehend, war die Fahrt nach Westen die einzige Möglichkeit, über das Meer nach Indien zu gelangen. Die fälschlich zu niedrig angesetzte Entfernung schien die Reise möglich zu machen (Biblioteca Nazionale, Florenz).

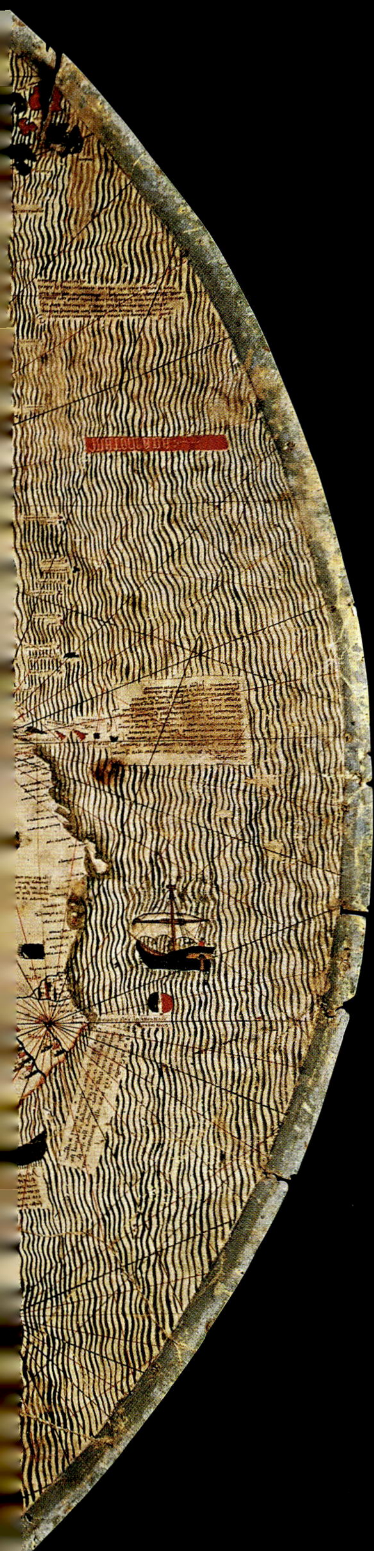

**86–87** Ein unbekannter Illustrator fügte in dieser sogenannten *Katalanischen Weltkarte* um 1450 literarische Quellen zu empirischen Daten. Das religiöse Element kommt in der Kreisform und der Darstellung des in Afrika liegenden Paradieses zum Ausdruck (Biblioteca Estense, Modena).

**87** Das Christentum fügte den Weltkarten eine Reihe biblischer Orte ein, so das irdische Paradies oder die Regionen Tarsis und Ophir (Kathedrale von El Burgo de Osma, Provinz Soria).

**88–89** Christliche Karten zeigten das irdische Paradies stets als Mittelpunkt der Erde. Die hier abgebildete Karte entstand 1342 für das *Polychronicon* von Ranulf Higden (British Library, London).

**90** 1480 zeichnete Hans Rust diese Landkarte, auf der auch das Gebiet *Vinland* auftaucht (The Pierpont Morgan Library, New York).

**90–91** Der Venezianer Giovanni Leardo erstellte 1448 diese Weltkarte, auf der die Erde als Kugel erscheint (Biblioteca Civica, Verona).

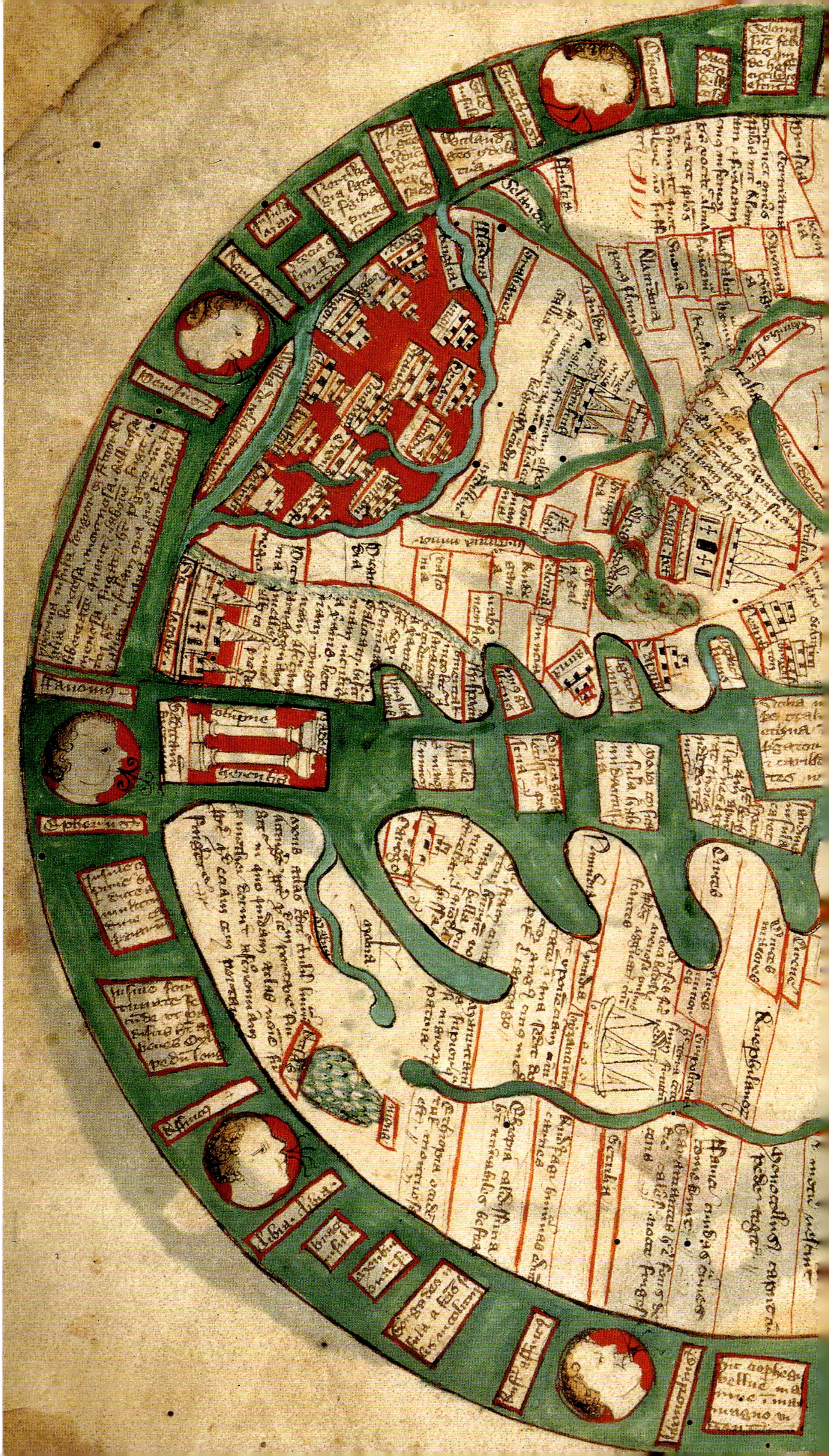

Das ist die
mappa
müdi vñ alle land
vñ
kungk
reich wie sie
ligend in
der
gãtze
welt
DAS SEND DIE VIER ELEMENT
DA IST DIE WELT IN DRUI TAIL GETEILT
Hanns Rüst

**92–93** Im 16. Jahrhundert erschienen zahlreiche Ausgaben der *Geographia* von Ptolemäus. Diese enthielt neben der berühmten Karte von Martin Waldseemüller (s. S. 138–139) auch die hier abgebildete Karte, ein Geschenk für Papst Paul II. (British Library, London).

CAVRVS·CHORVS·VEL·IAPIX·SIVE·ARGESTES
CIRCTVS VEL·TRESTIAS
FAVONIVS·ZEPHIRVS
EVROPA
DATIA
LIBIA·INTERIOR
AFFRICA
Circulus equinoctialis
ETHIOPIA·INTERIOR
Terra incognita secundum ptholomeum
AFRICVS·VEL·LIBS
LIBONOTVS·EVROAVSTER

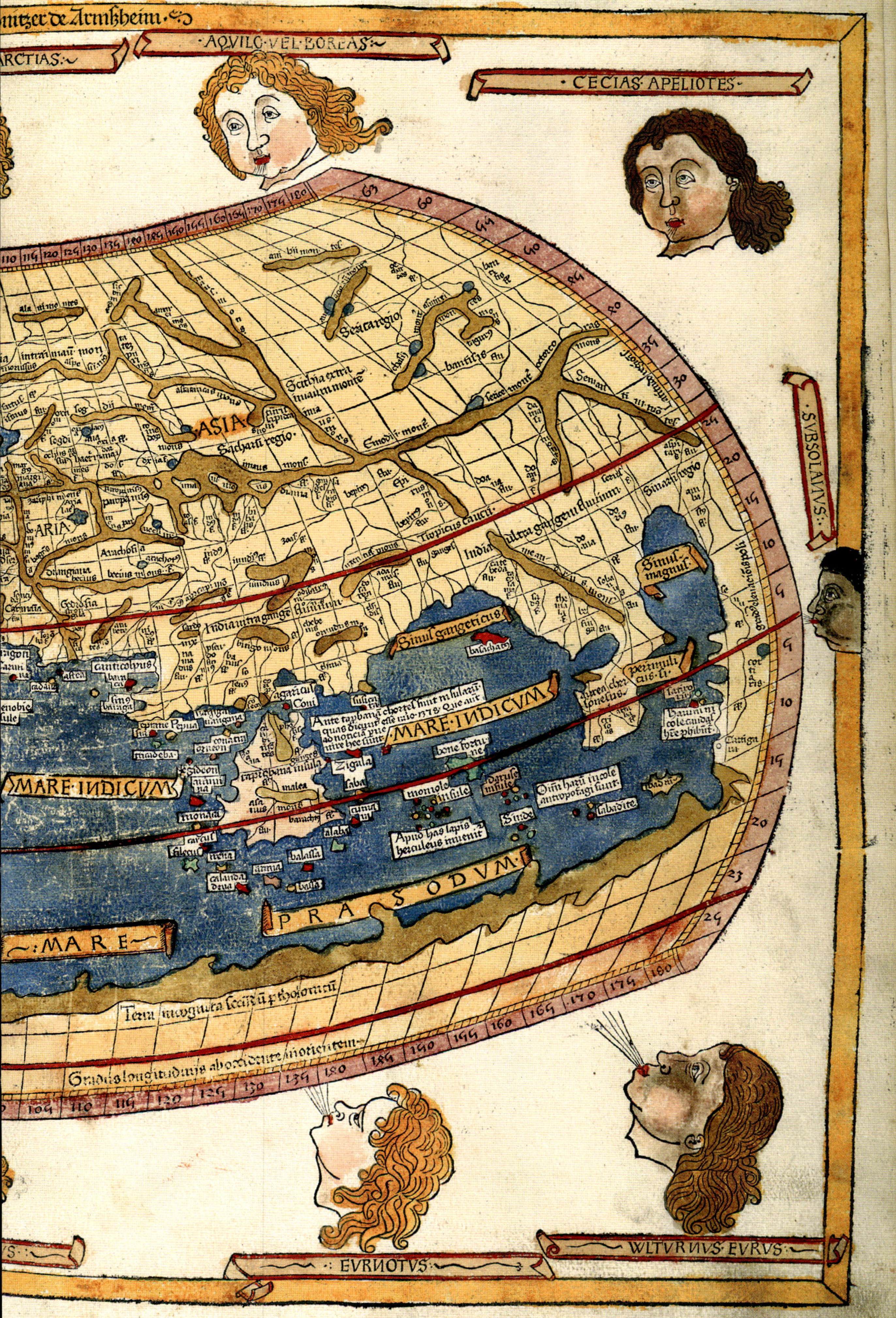

AQVILO·VEL·BOREAS
ARCTIAS
CECIAS·APELIOTES
SVBSOLANVS
WLTVRNVS·EVRVS
EVRNOTVS
ASIA
ARIA
Sinus magnus
Sinus gangeticus
MARE·INDICVM
MARE INDICVM
PRASODVM
MARE

**94** Die vier Seiten des Kolumbus-Monuments in Madrid zeigen Szenen aus dem Leben des Seefahrers. Hier stellt der Genuese der Königin Isabella seine Pläne vor.

**95, 96 UND 97** Am 17. April 1492 wurden in Santa Fé die *Capitulaciones* unterzeichnet, mit denen das spanische Königspaar und Don Cristóbal die Nutzung der zu erobernden Gebiete regelten. Ab 1499 hielten sich Ferdinand und Isabella nicht mehr daran. Hatten die beiden Parteien einen festen Vertrag geschlossen oder war es nur ein Auftrag gewesen, den die Krone annullieren konnte – das war nun die Frage. Wenn es sich um einen Vertrag handelte, hatte das Königspaar ihn nicht eingehalten. Kolumbus' Erben und die spanische Krone prozessierten deshalb fast ein halbes Jahrhundert miteinander (Archivo General de Indias, Sevilla).

## DER VERTRAG VON SANTA FÉ

Nach sieben Jahren des Wartens, in denen Kolumbus das Königspaar geradezu verfolgte, um seinen Plan ausführen zu können, bekam er endlich die Unterschrift unter den Vertrag, der die Reise ermöglichte. Im Januar 1492 hatten Ferdinand und Isabella die muslimische Stadt Granada zurückerobert – die *Reconquista* war damit abgeschlossen. Die Alhambra war zwar der Sitz des spanischen Königspaars, aber der Hof residierte in Santa Fé, wo der Vertrag zwischen der Krone und Kolumbus am 17. April unterzeichnet wurde.

Dieses Dokument sicherte dem zukünftigen Entdecker eine Reihe bedeutender finanzieller und immaterieller Vorteile. Erstens konnte er sich nun Don Cristóbal nennen, wurde in den erblichen Adelsstand erhoben und zum Admiral des Ozeans ernannt. Er erhielt alle Sonderrechte, die den Admirälen Kastiliens zustanden, dazu gehörte auch die Gerichtsbarkeit an Küsten und Häfen. Außerdem erhielt er den Titel des Vizekönigs und Gouverneurs für die zu entdeckenden Inseln und das Festland, wodurch seine Gerichtsbarkeit sich auch auf das Land ausdehnte. Sein Honorar bestand aus dem zehnten Teil aller Handelswaren, die im Rahmen seiner Tätigkeit erworben oder erarbeitet wurden. Er sollte die Ausrüstung der Schiffe, die die Fahrt unternahmen, zu einem Achtel finanzieren und folglich auch ein Achtel des Gewinns erhalten. Diese Privilegien wurden später in vier Folgeverträgen erneuert, wobei die finanziellen Anteile allerdings variierten. Die *Capitulaciones*, so heißt der Vertrag, sind nur in einem Exemplar erhalten. Für das Königspaar unterschrieb der Staatssekretär von König Ferdinand, Juan de Coloma, und für Kolumbus der Franziskanermönch Juan Pérez.

Sind die *Capitulaciones* ein Vertrag oder ein Auftrag? Sie schreiben eigentlich ein Monopol fest, sowohl für die Krone als auch für Kolumbus, der die zu entdeckenden Gebiete allein nutzen sollte. Deshalb protestierte der Admiral aufs Schärfste, als das Königspaar 1497 auch andere Gesellschaften zuließ. Die Größe der Gebiete in der Neuen Welt, die Komplexität der Kolonialverwaltung und die schlechte Führung des Vizekönigs als Gouverneur hatten einen Strategiewechsel notwendig gemacht. Nach dem Tod des Admirals führte sein Sohn Diego eine Serie von Prozessen, die sogenannten *Pleitos Colombinos*, gegen die spanische Krone. Während die Familie behauptete, die vom Familienoberhaupt und den Monarchen unterzeichneten *Capitulaciones* kämen einem Vertrag gleich, der, falls er für ungültig erklärt wird, Schadensersatz erforderlich mache, beharrte der Vertreter der spanischen Krone auf der These, es handele sich um einen Auftrag, der zurückgezogen werden könne, wenn sie es für ratsam hielt. Nach vielen Jahren der Auseinandersetzungen gab es eine Einigung, der die Familie Colón nicht zufriedenstellte, aber akzeptiert wurde: Sie erhielt das Vizekönigtum für Jamaika und Hispaniola, das Herzogtum von Veragua und eine Reihe von *encomiendas*).

Las cosas suplicadas e que vras. altezas dan e otorgan a don Xpoual de Colon en alguna satisfaçion de lo que ha descubierto en las mares oceanas y del viage que agora con el ayuda de Dios ha de fazer por ellas en seruiçio de vras. altezas son las que se siguen.

Primeramente que vras. al. como señores que son de las dichas mares oceanas fazen dende agora al dicho don Xpoual Colon su almirante en todas aquellas yslas y tierras firmes que por su mano o yndustria se descubriran o ganaran en las dichas mares oceanas para durante su vida y despues del muerto a sus herederos e suçessores de vno en otro perpetuamente con todas aquellas preheminençias e prerogatiuas pertenesçientes al tal offiçio e segund que don Alfonso Enrriquez quondam almirante mayor de Castilla e los otros sus predeçessores en el dicho offiçio lo tenian en sus distritos. Plaze a sus altezas. Johan de Coloma.

Otrosi que vras. al. fazen al dicho don Xpoual su visorey e gouernador general en todas las dichas tierras firmes e yslas que como dicho es el descubriere o ganare en las dichas mares e que para el regimiento de cada una e qualquiere dellas faga el eleccion de tres personas para cada offiçio e que vras. al. tomen y escojan vno el que mas fuere su seruiçio e asi seran mejor regidas las tierras que nro. señor le dexara fallar e ganar a seruiçio de vras. al. Plaze a sus altezas. Johan de Coloma.

Item que de todas e qualesquiere mercadurias siquiere sean perlas piedras preçiosas oro plata speçieria e otras qualesquiere cosas e mercadurias de qualquiere speçie nombre e manera que sean que se compraren trocaren fallaren ganaren e ouieren dentro en los limites del dicho almirantadgo que dende agora vras. altezas fazen merced al dicho don Xpoual e quieren que haya e lieue para si la dezena parte de todo ello quitadas las costas todas que se fizieren en ello por manera que de lo que quedare limpio e libre haya e tome la dicha dezena parte para si mismo e faga dello a su voluntad quedando las otras nueue partes para vras. altezas. Plaze a sus altezas. Johan de Coloma.

Otrosi que si a causa de las mercadurias que el traera de las dichas yslas y tierras que asi como dicho es se ganaren o descubrieren o de las que en trueque de aquellas se tomaran aca de otros mercadores naçiere pleyto alguno en el logar donde el dicho comerçio e trato se terna y fara que si por la preheminençia de su offiçio de almirante le pertenesçera conosçer del tal pleyto plega a vras. altezas que el o su teniente e no otro juez conozcan del tal pleyto e asi lo prouean dende agora. Plaze a sus altezas si pertenesçe al dicho offiçio de almirante segund que lo tenia el dicho almirante don Alonso Enrriquez quondam y los otros sus anteçessores en sus distritos y siendo justo. Johan de Coloma.

Item que en todos los nauios que se armaren para el dicho trato e negoçiaçion cada y quando y quantas vezes se armaren que pueda el dicho don Xpoual Colon si quisiere contribuyr e pagar la ochena parte de todo lo que se gastare en el armazon e que tanbien haya e lieue del prouecho la ochena parte de lo que resultare de la tal armada. Plaze a sus altezas. Johan de Coloma.

Son otorgadas e despachadas con las respuestas de vras. altezas en fin de cada un capitulo en la villa de Santa Fe de la Vega de Granada

[illegible]

a xvij de abril del año del nasçimiento de nro. señor mil mcccclxxxxij

Yo el Rey — Yo la Reyna

Por mandado del Rey e de la Reyna

Johan de Coloma

Esta es (?) la traslado en el mayor (?)
1492 17 abril

Traslado de los capítulos concedidos a D. Xpoval

Este es traslado bien e fielmente sacado de una carta de capitulaçión del Rey e de la Reyna nuestros señores firmada de sus reales nonbres e sellada con su sello de çera colorada e registrada e señalada de çiertos nonbres de sus ofiçiales e rubricada al magnífico señor don Xpoval Colón, Almirante, su thenor de la qual dicha capitulaçión de berbo ad berbum es la que se sigue. El qual dicho traslado fue pedido a mí Rodrigo Pérez escrivano notario público en la çibdad Ysabela por el Rey e la Reyna nuestros señores por el dicho señor Almirante diziendo ansy: que por quanto su señoría avía de enbiar el dicho ynstrumento de capitulaçión a los reynos de Castilla por donde avían de pasar e yr por la mar muchos días e tienpo segund es el largo camino que ay desta dicha çibdad a los dichos reynos de Castilla e porque en la mar ay grandes tormentas e peligros e podría acaeçer quel navío o navíos en que fuese en las dichas tormentas se podrían perder [illegible] qualquiera, por ende requería e pedía e pidió a mí el dicho escrivano que sacase un traslado o dos del dicho ynstrumento de capitulaçión para que pudiesen quedar aquí en esta çibdad con su señoría los quales pudiese tener porque sy por caso el dicho ynstrumento original se perdiese en qualquier manera que fuese o pudiese acaeçer, quel dicho traslado o traslados que así quedasen con él quedasen en lugar del original e valiesen e fiziesen fee ansy como el original ante sus reales altezas como ante otras qualesquier personas e justiçias como otras escrituras de ley [illegible] e condiçión que sean o fueren. E yo el dicho escrivano viendo lo que su señoría dezía e me pedía fize sacar el traslado del dicho ynstrumento de capitulaçión cada capítulo uno en pos de otro segund que sus altezas estan dados e otorgados al dicho señor Almirante el qual es este que se sygue de su thenor.

Las cosas suplicadas e que Vuestras Altezas dan e otorgan a don Xpoval de Colón en alguna satisfaçión de lo que ha descubierto en las mares oçéanas y del viage que agora con el ayuda de Dios ha de fazer por ellas en serviçio de Vuestras Altezas son las que se siguen.

Primeramente que Vuestras Altezas como señores que son de las dichas mares oçéanas fazen dende agora al dicho don Xpoval Colón su almirante en todas aquellas yslas e tierras firmes que por su mano o yndustria se descubrieren o ganaren en las dichas mares oçéanas para durante su vida y después dél muerto a sus herederos y subçesores de uno en otro perpetuamente con todas aquellas preheminençias e prerrogativas pertenesçientes al tal ofiçio e segund que don Alonso Enriques, quondam, Almirante mayor de Castilla e los otros predeçesores en el dicho ofiçio lo tenían en sus distritos. Plaze a sus altezas. Johan de Coloma.

Otrosy que Vuestras Altezas fazen al dicho don Xpoval su visorrey e governador general en todas las dichas tierras firmes e yslas que como dicho es él descubriere o ganare en las dichas mares e que para el regimiento de cada una y qualquier dellas faga él eleçión de tres personas para cada ofiçio e que Vuestras Altezas tomen y escojan uno el que más fuere su serviçio e así serán mejor regidas las tierras que Nuestro Señor le dexará fallar e ganar a serviçio de Vuestras Altezas. Plaze a sus altezas. Johan de Coloma.

Yten que de todas e qualesquier mercadurías siquier sean perlas preçiosas, oro, plata, espeçiería e otras qualesquier cosas e mercadurías de qualquier espeçie, nonbre e manera que sean que se conpraren, trocaren, fallaren, ganaren e ovieren dentro en los límites del dicho almirantadgo que dende agora Vuestras Altezas fazen merçed al dicho don Xpoval y quieren que aya y lieve para sí la dezena parte de todo ello quitadas las costas todas que se fizieren en ello, por manera que de lo que quedare linpio e libre aya e tome la dicha dezena parte para sí mismo e faga della a su voluntad, quedando las otras nueve partes para Vuestras Altezas. Plaze a sus altezas. Johan de Coloma.

Otrosy que sy a causa de las mercadurias quel traera de las dichas yslas y tierras que asi
como dicho es se ganaren o descubrieren o de las que en trueque de aquellas
se tomaran aca de otros mercaderes naciere pleyto alguno en el lugar
donde el dicho comercio e trato se terna y fara que sy por la preheminencia
de su officio de almirante le pertenecera conoscer del tal pleyto plega a vuestras
altezas quel o su theniente e no otro juez conosca del tal pleyto e asy
lo provehan dende agora. Plaze a sus altezas sy pertenece al dicho
officio de almirante segund que lo tenia el dicho almirante don Alonso Enriques
y los otros sus antecesores en sus distritos y siendo justo. Johan
de Coloma.

Yten que en todos los navios que se armaren para el dicho tratto e negociacion
cada y quando e quantas vezes se armaren que pueda el dicho don Christoval
Colon sy quisiere contribuyr e pagar la ochena parte de todo lo que se gastare en el armazon e que tanbien aya e lieve del provecho la ochena parte
de lo que resultare de la tal armada. Plaze a sus altezas. Johan de Coloma

Son otorgados e despachados con las respuestas de vuestras altezas en fyn de
cada un capitulo en la villa de Santa Fe de la Vega de Granada a diez e
siete de abril del año del nascimiento de nuestro Salvador Ihesu Christo de mill e
quatrocientos noventa e dos años. Yo el Rey. Yo la Reyna. Por mandado
del Rey e de la Reyna Johan de Coloma. Registrada Calcena. Que fue sacado
este dicho traslado de la dicha capitulacion original en la noble cibdad de
Ysabela de la ysla Española a ... dias del mes de ... del
año del nascimiento de nuestro Salvador Ihesu Christo de mill e quatrocientos noventa e cinco años. A lo qual fueron testigos presentes llamados e rogados al corregir e concertar este dicho ynstrumento e capitulacion con el
dicho original bien acertado e verdadero. Rafael Catanyo vezino de la cibdad de Sevilla e Adam de Marquina vezino de la villa de Hermua
e Pedro de Salzedo vezino de la villa de Fuent Saldaña e Francisco
de Madrid vezino de la villa de Madrid que a todo ello presentes fueron.

E yo Rodrigo Perez escrivano e notario publico en la dicha cibdad Ysabela a la merced
del Rey e Reyna nuestros señores con los dichos testigos presente fuy al corregir
e concertar deste dicho traslado e lo fize escrevir con los dichos testigos al dicho
original e por ende fize aqui este mio signo a tal en testimonio de
verdad.

N.º 2

99 Diese Darstellung von Theodor de Bry idealisiert Kolumbus' Abreise aus Palos im August 1492. In Wirklichkeit war das Königspaar nicht in der Hafenstadt (Bibliothèque nationale de France, Paris).

# V DIE REISEN IN DIE NEUE WELT

Kolumbus unternahm vier Reisen in die Neue Welt. Sie alle erfolgten im Auftrag der spanischen Krone, wie in den *Capitulaciones* vereinbart worden war.

***Erkundungsreise***

*Abreise: Palos, 3. August 1492. Rückkehr: Palos, 15. März 1493.*

Kolumbus wollte mit dieser Reise, wie er mehrmals in seinen Briefen schrieb, über einen neuen Weg nach Asien, nach Catay (China) und Indien gelangen, und zwar anfangs über die gut bekannte und von den Ostwinden begünstigte Strecke zu den Kanaren und dann weiter zu seinem eigentlichen Ziel. Für die spanische Krone standen dagegen, wie man heute weiß, wirtschaftliche Absichten im Vordergrund, auch der Wunsch, die labile spanische Wirtschaft zu festigen und den Verzicht auf den afrikanischen Handel auszugleichen, der durch den Vertrag von Alcaçovas (1479) Portugal zustand.

Drei Schiffe gehörten zur Flotte: die Karacke *Santa Maria*, Kolumbus' Flaggschiff, und zwei Karavellen, *Pinta* und *Niña*. Die Mannschaft bestand aus 90 Seeleuten. Von ihnen waren etwa 70 Andalusier aus Palos, Moguer und Huelva, dazu kamen zehn Basken und Galizier und einige Ausländer, nämlich außer Kolumbus selbst zwei Portugiesen, ein Genuese, ein Kalabrese und ein Venezianer. Als Dolmetscher fuhr Luis de Torres mit, ein konvertierter Jude, der Hebräisch und Arabisch sprach. Zwei Chirurgen, Magister Juan und Magister Alfonso, waren als Schiffsärzte dabei. Außer Böttchern und Schiffsjungen nahm Kolumbus auch einen Schneider mit, Juan de Medina, sowie einen Goldschmied, Diego Caro, der die Metalle analysieren sollte, die man auf der Reise nach Indien zu finden hoffte. Es gab an Bord weder Priester noch Frauen. Vier Seeleute waren freigelassene Sträflinge: Bartolomé Torres, der wegen Mordes im Streit zum Tode verurteilt worden war, und Alonso Clavijo, Juan de Moguer und Pedro Izquierdo, die einem gemeinsamen Freund geholfen hatten, aus dem Gefängnis auszubrechen.

Kolumbus hatte auf dieser Reise anerkannte Persönlichkeiten an seiner Seite. Als Kapitän der *Santa Maria* war der Anteilseigner Juan de la Cosa dabei, ein hervorragender Kartograph, der 1500 die erste Karte der Antillen anfertigen sollte. Auch die Beteiligung der Brüder Pinzón, Martín Alonso und Vicente Yañez, war für den Erfolg der Reise entscheidend. Dank ihres hohen Ansehens in Andalusien hatten sie einen großen Teil der andalusischen Seeleute angeheuert. Ohne deren Unterstützung hätte Kolumbus später die Meuterei nicht abwenden können, als die Matrosen in ihrer Verzweiflung, kein Land zu sichten, ihn ins Wasser zu werfen drohten. Bei späteren Expeditionen erkundete Vicente Yañez fast die gesamten Antillen und einen großen Teil des südamerikanischen Kontinents. 1499 kam er nach Brasilien, Monate vor dem Portugiesen Álvares Cabral.

Alle Mitglieder der Mannschaft standen im Dienst der spanischen Krone: Die Handwerker und Lotsen erhielten 2000 Maravedís im Monat; die Matrosen 1000 und die Schiffsjungen 666.

Am 12. Oktober 1492 erreichten Kolumbus und seine Männer Land. Sie hatten eine kleine Insel der Bahamas erreicht, die der Admiral San Salvador nannte. Die Überfahrt von den Kanaren hatte 33 Tage gedauert. Während der nächsten Monate wurden verschiedene Inseln erkundet: Fernandina, Isabella, Kuba und schließlich Hispaniola, wo der Admiral sich bis zum 6. Januar 1493 aufhielt. An diesem Tag traten sie die Rückreise nach Spanien an. Aus den Überresten der

*Santa Maria*, die aus Nachlässigkeit auf eine Sandbank aufgelaufen war, bauten die Spanier eine Festung, die sie Navidad nannten. Dort ließen sie 39 Männer zurück, die auf den anderen beiden Schiffen keinen Platz fanden.

Am 14. März traf die Karavelle *Niña*, auf der sich der Admiral befand, an der Mündung des Tejo bei Lissabon ein. Noch am selben Tag gelangte Martín Alonso Pinzón mit der *Pinta*, die ein Schneesturm von der *Niña* entfernt hatte, nach Bayonne.

Das Ergebnis dieser Reise war lediglich der Beweis, dass man westwärts das vermeintliche „Indien" erreichen und unbeschadet zurückkehren konnte, sowie die unvollständige Erkundung einiger Inseln.

**100** Das Gemälde von Antonio Cabral Bejarano aus der ersten Hälfte des 19. Jahrhunderts zeigt ein Idealbild von Kolumbus' Abreise aus Palos de la Frontera am 3. August 1492. In dem stark vergrößerten Hintergrund erkennt man auf einem Hügel das Franziskanerkloster La Rábida (Monasterio de La Rábida, Palos de la Frontera).

**101** So stellten sich die Maler der Romantik die Vorbereitungen der Entdeckungsreise vor. Auch hier sieht man in der Entfernung das Franziskanerkloster, dessen Mönche Kolumbus Unterstützung gewährten (Monasterio de La Rábida, Palos de la Frontera).

**102 UND 102–103** Auf seiner ersten Reise bekam Kolumbus Seekühe zu sehen, die er für Sirenen hielt. Daher schrieb er in sein Bordbuch, sie seien sehr unansehnlich. Stradanus veröffentlichte 1585 in seiner Kupferstichserie *Americae Retectio* dieses Bild, das Christoph Kolumbus an Deck der *Santa Maria* mit einem Triton und einer Sirene zeigt.

**104–105** 1493 veröffentlichte Giuliano Dati in Rom ein Kurzepos über die „Entdeckung“, worin er als Förderer der Reise nur König Ferdinand nennt. Deshalb fehlt Königin Isabella auf den meisten Illustrationen (Biblioteca Nacional, Madrid).

**105** Diese Karte der Insel Hispaniola wird Kolumbus selber zugeschrieben, sie war in sein Bordbuch gezeichnet. Der Admiral notierte den Begriff „Civao“, da er glaubte, Cipangu (Japan) erreicht zu haben (Privatsammlung, Madrid).

**106** In der ersten gedruckten Ausgabe des Briefes, in dem Christoph Kolumbus 1493 die Entdeckung der Neuen Welt verkündete, benutzten die Drucker die ihnen vorliegenden Bilder und bildeten anstatt einer Karacke oder einer Karavelle ein Boot ab, wie es im Mittelmeer benutzt wurde.

**107** Die lateinische Übersetzung des Briefes von Kolumbus zeigt die Namen, die er den entdeckten Inseln gab: Fernanda, Isabella, Salvatoris, Conceptio Marie und Hyspaniola.

**108–109** Diese Karte aus dem Jahr 1650 zeigt die Insel Hispaniola, wo sich Kolumbus während der ersten Reise aufhielt (Privatsammlung)

Ysabella
Saluatorie
Conceptois
marie

CVBÆ
Caÿcos
Ys
Hinagua
IN
Cubanaca
Tortuga
Baracca
SVLÆ PARS
P. P. Natiuitat.
Concept.
Port. Absconsus
Vallis Paradisi
HISPA
Cuspis Mayaci
P. S. Nicolao
NI
Caÿmuto
Guanaba
Yaguana
Xaragua
GVACAYARIMA
C. Tiburon
Cauana
Yaguimo
Hermanos
C. de lobos
Beat
Caÿo

HISPANIO A
INSVLA.
Anumane
Mons Christi
Isabella
P. Plat
C. Franco
C. Capris
S. Jago
Samana
P. Quises
R. Juna
Vega
CAISCIMV
LA.
C. del Engaño
ORI.
Ozama fl.
San Dominico
Yguey
C. de Ciguey
Asua
C. de S. Raphael
Punt. de Nigua
S. Catharina
Saona
Mona
21
20
19
18
17

**110 OBEN LINKS** Vicente Yañez Pinzón war Kapitän der *Niña* auf Kolumbus' erster Reise sowie der spanischen Flotte, die 1500 Brasilien entdeckte (Museo Naval, Madrid).

**110 OBEN RECHTS** Martín Alonso Pinzón warb viele der 90 Seeleute für die erste Reise an. Er kam krank nach Bayonne zurück, am selben Tag wie der Admiral (Museo Naval, Madrid).

**110 UNTEN** Einige Mitglieder der Familie Pinzón reisten mit Kolumbus in die Neue Welt. Ohne ihre Hilfe hätte der Admiral das Unternehmen nicht zu Ende führen können, als es auf der ersten Reise zu einer Meuterei unter den Matrosen kam. Das Bild zeigt das Wappen der Gebrüder Pinzón (Monasterio de La Rábida, Palos de la Frontera).

**111** Juan de la Cosa (1460–1510) begleitete Kolumbus als Kosmograph und Seefahrer auf den ersten beiden Reisen und zeichnete 1500 die erste Karte der Antillen (Museo Naval, Madrid).

**112–113** Nach seinen Reisen zeichnete de la Cosa diese Karte für das spanische Königspaar (Museo Naval, Madrid).

**114–115** Kolumbus wurde von dem spanischen Königspaar feierlich empfangen. Seine Privilegien wurden bestätigt, und er durfte den König zu Pferd durch Barcelona begleiten (Museo del Ejército, Madrid).

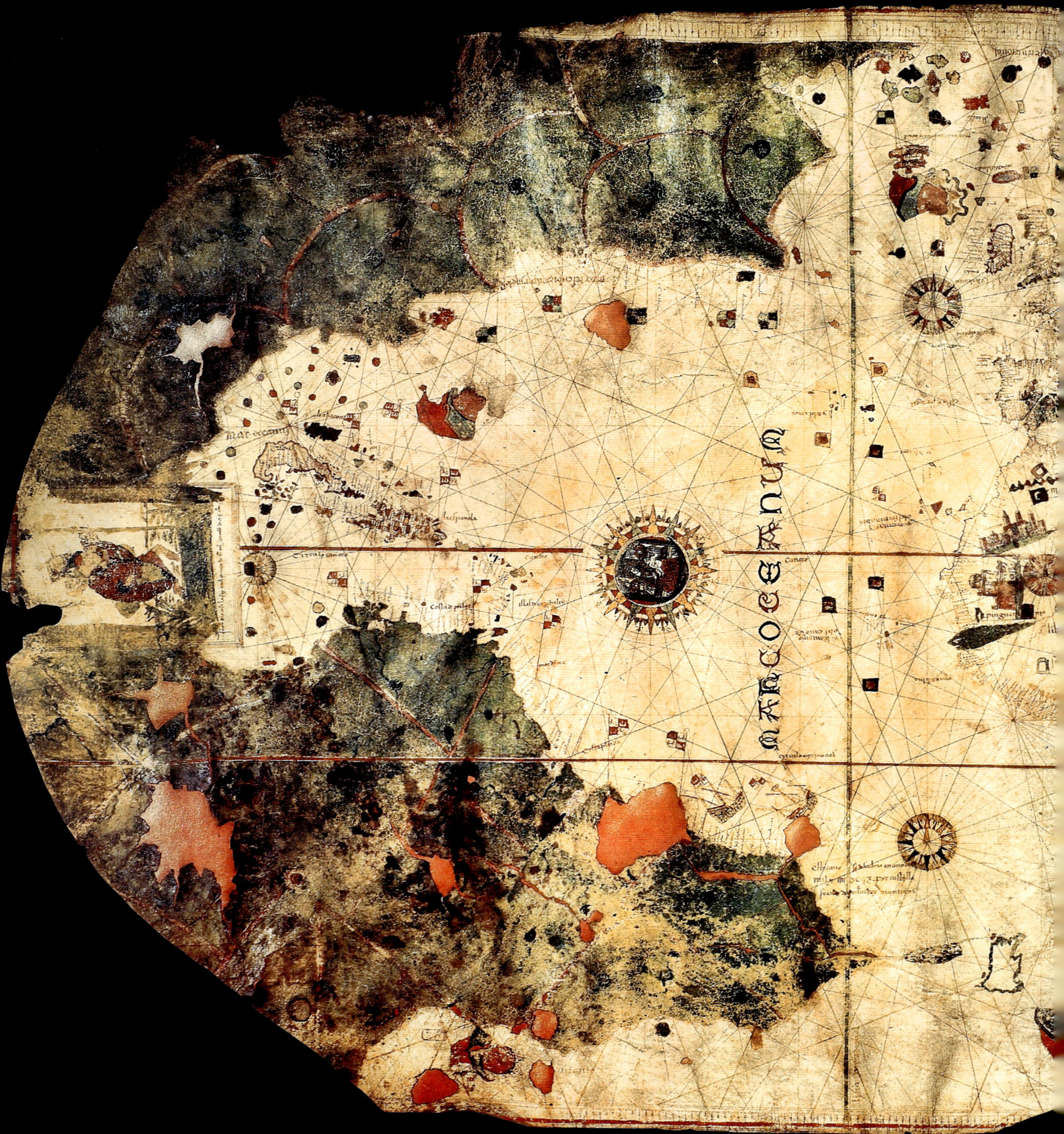

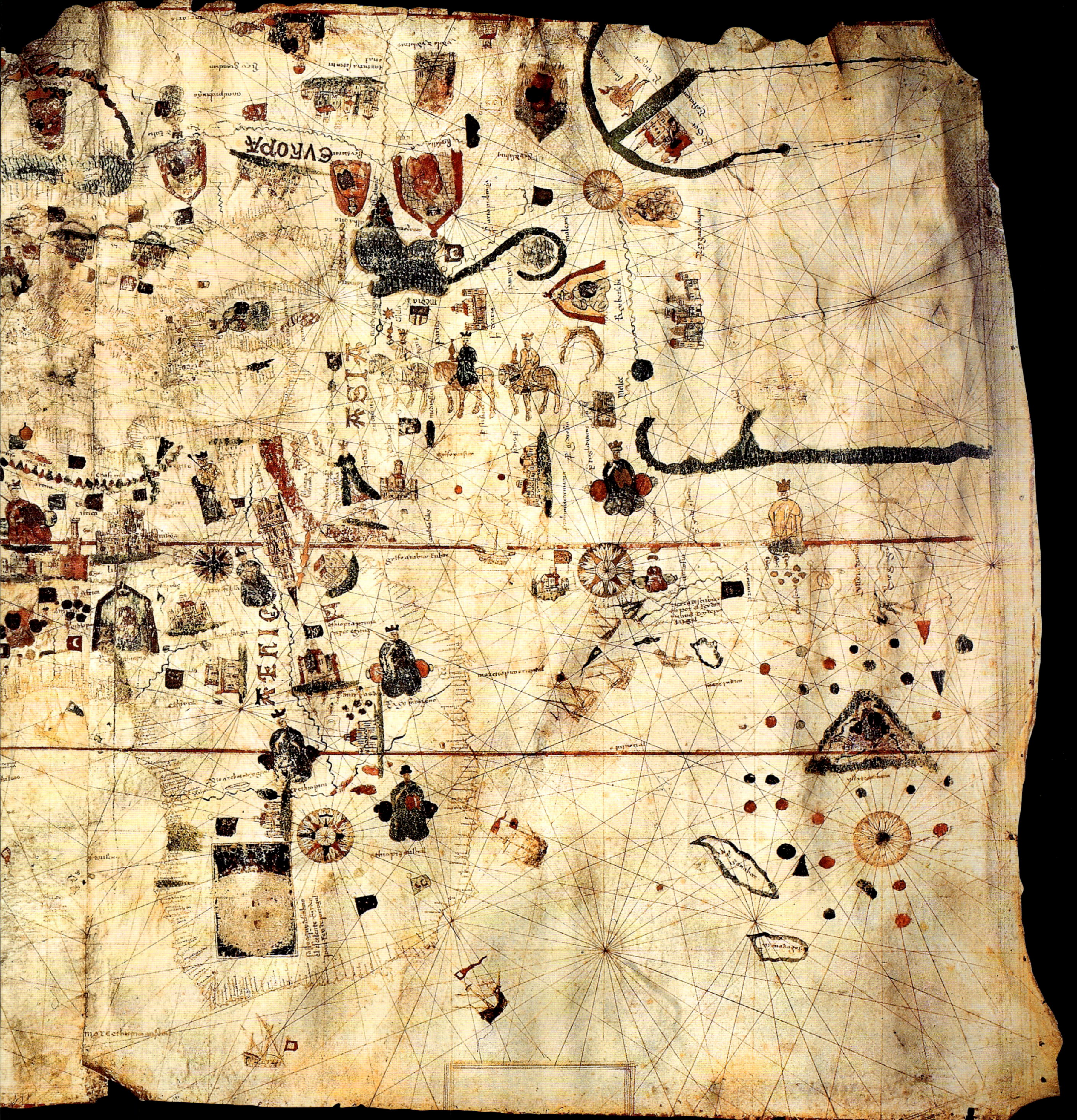
EVROPA

**117** Juan Ponce de León (1460–1521), der später Florida entdeckte, nahm 1493 an Kolumbus' zweiter Reise in die Neue Welt teil (Instituto de Cooperación Iberoamericana, Madrid).

### *Die zweite Reise*

*Abreise: Cádiz, 25. September 1493. Rückkehr: Cádiz, 11. Juni 1496.*

Nach der Verkündigung der päpstlichen Bulle vom Mai 1493, die das Recht Spaniens auf die neu entdeckten Gebiete feststellte, ordneten Ferdinand und Isabella sogleich die Ausrüstung einer zweiten Reise an und beauftragten damit den Erzdiakon von Sevilla, Juan Rodríguez de Fonseca. Das neue Unternehmen sollte eine dreifache Funktion haben: Es ging darum, zu erobern, zu kolonisieren und zu evangelisieren. Für die Evangelisierung erbat das spanische Königspaar von Papst Alexander VI. die Ernennung von Pater Bernardo Buyl zum apostolischen Vikar der Inseln. Er gründete mit vier oder fünf Franziskanermönchen, drei Mönchen des Mercedarier-Ordens und dem Hieronymitenbruder Ramón Pané die erste Mission auf den Antillen. Pater Buyl blieb nicht lange auf den Inseln, da er mit Kolumbus' Vorgehen nicht einverstanden war. Pater Ramón war der einzige, der auf Hispaniola blieb. Er erlernte verschiedene einheimische Sprachen und schrieb für Kolumbus einen Bericht über die Sitten und Gebräuche der Indios auf den Antillen. Der Text ist in einer Kopie erhalten, die Fernando Kolumbus in seine *Historia del Almirante* aufnahm. Der Aufbau eines zivilen, politischen und kolonialen Gemeinwesens wurde durch konkrete Vorschriften geregelt, die die Bildung von Gemeindeverwaltungen sowie die Modalitäten der Justiz und sonstiger Funktionen betrafen.

Auch wenn die Geschäftsbücher, in denen alle Ausgaben dieser Reise aufgezeichnet wurden, nicht vorliegen, so weiß man aus anderen Quellen, dass die Expedition aus 17 Schiffen bestand: drei Karacken, zwei großen Seglern und 12 Karavellen. Die genaue Zahl der Reisenden ist nicht bekannt, aber es müssen mehr als 1200 Personen an Bord gewesen sein, darunter auch Frauen.

Keine andere Reise des Genuesen zu den Westindischen Inseln wurde aufwändiger vorbereitet und verschlang mehr Geld. Die Vorstellung von „Indien“ hatte in den Europäern ein Feuer entfacht, alle waren begierig auf Neues.

Unter den Reisenden war eine beachtliche Gruppe von Italienern, darunter Diego, der jüngere Bruder des Admirals, und Michele de Cuneo, der einen Bericht über die Reise und die ersten Eindrücke vom neuen Erdteil verfasste, in dem er nur sechs Monate blieb. Da es sich um eine Kolonisierungsreise handelte, nahmen auch viele Beamte und Handwerker, Bauern mit ihrem Saatgut, Züchter mit ihren Tieren sowie Bergleute an der Reise teil; außerdem eine beträchtliche Zahl an Soldaten, die zum einen der Verteidigung gegen mögliche Angriffe der Portugiesen, aber auch der offensichtlichen Absicht, neue Gebiete zu erobern, dienen sollten. Trotz gegenteiliger Behauptungen waren auch Frauen an Bord, allerdings wenige, denn die Siedler wollten sie lieber erst nachkommen lassen, wenn alles geregelt war. Erwähnenswert an dieser Mannschaft war die ungewöhnliche Zusammensetzung. Zu ihr gehörten der aus Sevilla kommende Arzt Diego Alvarez Chanca, der Kosmograph Juan de la Cosa, der schon die erste Reise mitgemacht hatte, Pedro de Las Casas, Vater des Dominikanermönchs Bartolomé, und Juan Ponce de León, der später Florida entdeckte.

Bevor die Flotte die Insel Hispaniola ansteuerte, kam sie an den Inseln Guadeloupe, Dominica, Maria Galante, Montserrat, Antigua und Puerto Rico vorüber. Auf der Insel Hispaniola schließlich wurde die erste planmäßig errichtete europäische Siedlung in den Antillen gegründet, La Isabela. Hier feierte man am 6. Januar 1494 die erste Messe in der Neuen Welt.

Trotz seiner anfälligen Gesundheit war Kolumbus ständig zwischen Kuba und Jamaika unterwegs. Auf Hispaniola wies er seine Leute an, systematisch in das Innere der Insel vorzudringen und von Norden nach Süden eine Reihe von Festungsanlagen zu errichten. So wurden die Grundlagen für die spanische Besiedlung in der Neuen Welt gelegt. Kolumbus kehrte als Befehlshaber über zwei Schiffe nach Spanien zurück, die *Niña* und die *India*, die erste in der Neuen Welt gebaute Karavelle.

El Adelantado IUAN PONCE Des=
cubridor de la Florida.

COlumbus / demnach er die newe Welt erfunden vnd geoffenbaret / als er auff ein Zeit in einer herrliche Malzeit war / bey vielen Spanischen Edelleuthen / vnd vnter jhnen von dem newen India sich ein Rede erhube / hat sich einer gegen Columbum gewendt / vnnd jhn also angeredt: Wenn du schon Indiam nicht erfunden hettest / weren doch etliche in vnserm Königreich Hispanien gefunden worde / die solchs eben so wol als du sich vnterwunden hetten / dann Hispania wol so viel hohe vnd sinreiche Männer hat: Darauff hat Columbus gar kein Antwort gegeben / sondern jhm ein Ey vber Tisch bringen heissen / vnnd zu jhnen allen gesprochen / sie solten versuchen / ob einer vnter jhnen diß Ey frey auff den Tisch stellen köndte / daß es niergendt von gehalten vnd von im selbs auff dem Spitz möge gestehen / Solches als keiner auß jhnen / ob sie es schon versuchten / hat treffen mögen / hat er ein Weise gezeiget / wie solches möge zu wegen gebracht werden / wie im 5. Cap. dieses 1. Buchs zulesen.

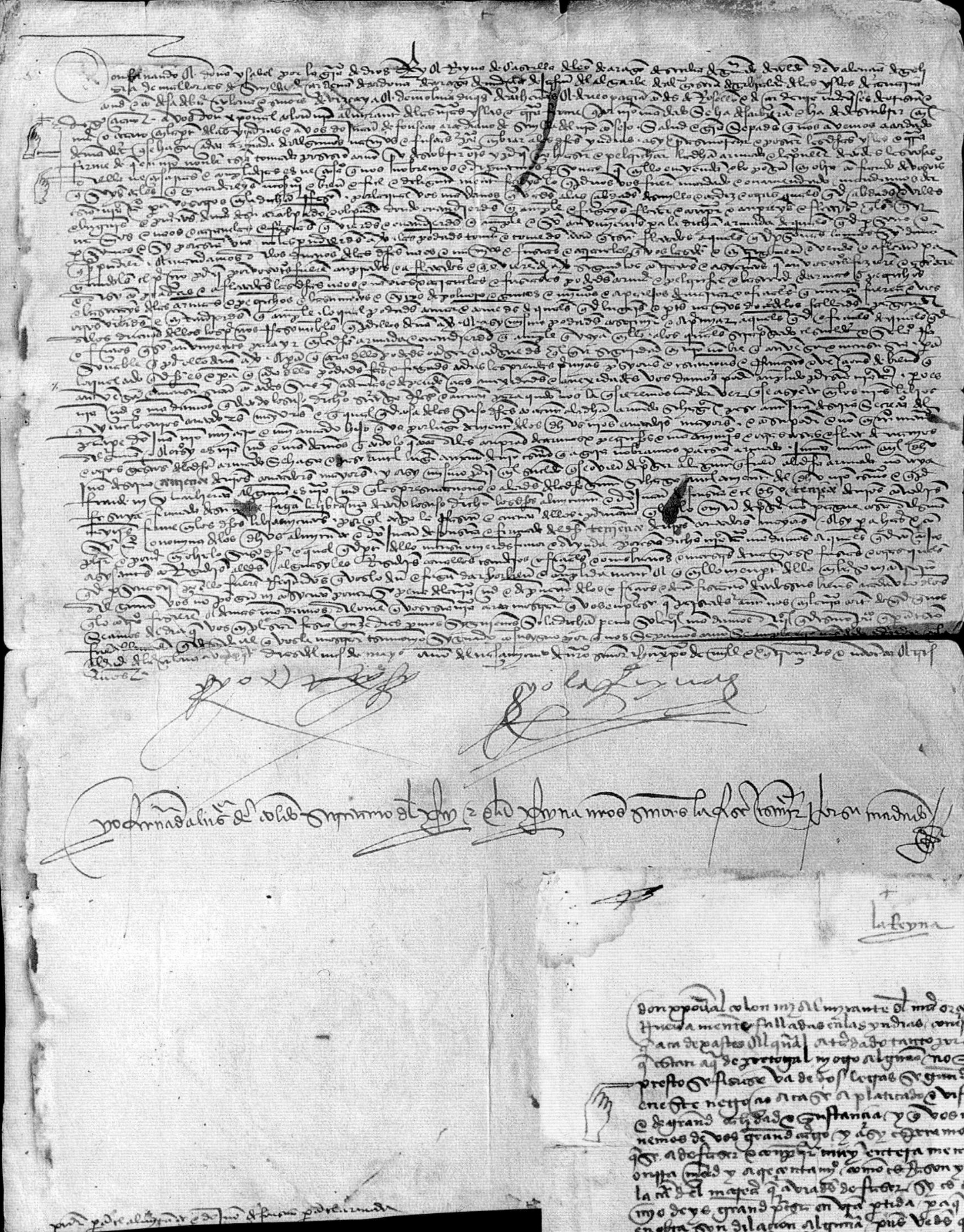

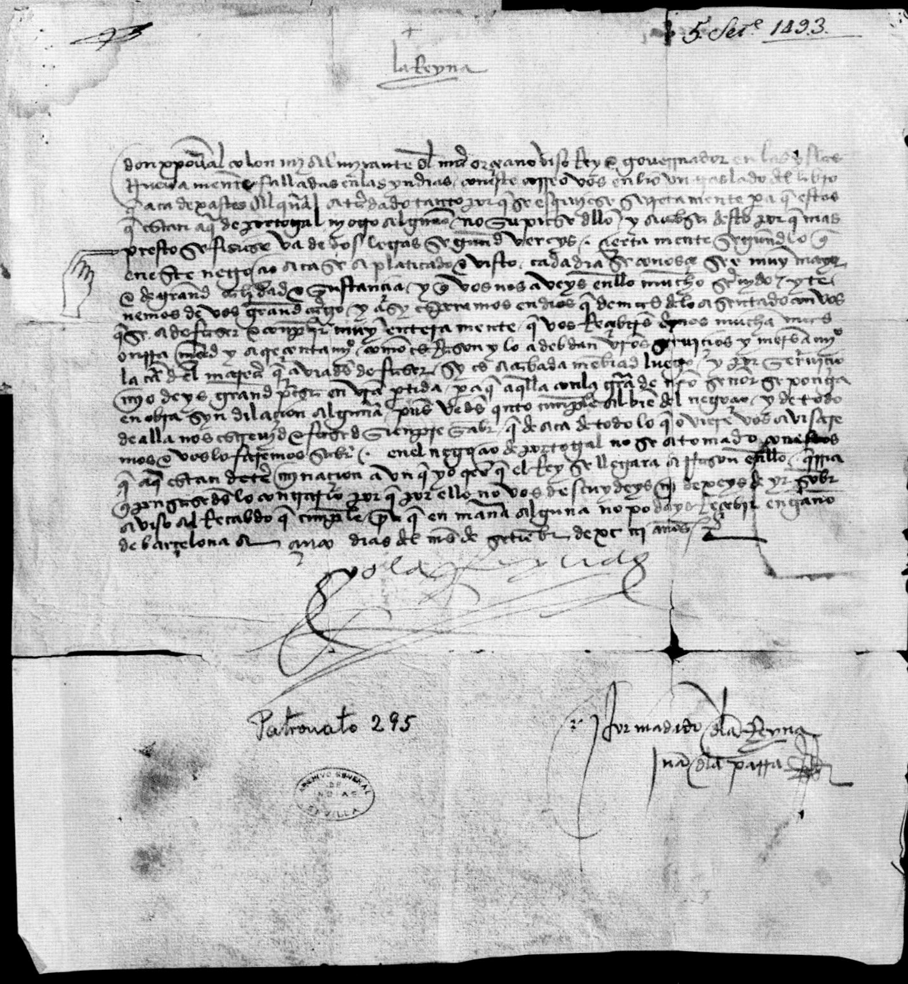


**119 OBEN** In diesem Brief vom 23. Mai 1493 an Kolumbus, Don Juan de Fonseca und die Behörden erneuerten Ferdinand und Isabella das Verbot, ohne ihre, Kolumbus' oder de Fonsecas Genehmigung mit Schiffen, Personen oder Waren nach Westindien zu gehen (Archivo General de Indias, Sevilla).

**119 UNTEN** Königin Isabella unterschrieb diesen Brief an Christoph Kolumbus vom 5. September 1493, in dem sie die Zusendung des Bordbuchs der ersten Reise zusagt und um die Seekarte bittet. Auf der Rückseite notierte Kolumbus: „Erhalten am 18. September 1493 im Hafen von Santa Maria" (Archivo General de Indias, Sevilla).

**120–121** Das Königspaar bestätigte Kolumbus mehrmals seine 1492 zugestandenen Privilegien, so am 28. Mai 1496 bei seiner Rückkehr von der zweiten Reise. Hier erfolgte seine Ernennung zum Admiral, Vizekönig und Gouverneur der Westindischen Inseln (Archivo General de Indias, Sevilla).

**118** Der Kupferstich von Theodor de Bry zeigt das Mahl, bei dem angeblich die Legende vom „Ei des Kolumbus" entstand. Ursprünglich sprach die Anekdote von Brunelleschi (Staatsbibliothek, Augsburg).

En granada a 30 de abril de 1492 años

cosa alguna de que ello ni en parte dello enbargo ni contrario alguno vos non ponga ni consientan poner, ca nos por la presente carta desde agora para entonces vos fazemos merced de los dichos officios de almirante e visorrey e governador por juro de heredad para sienpre jamas, e vos damos la posesion e casi posesion dellos e de cada uno dellos e poder e abtoridad para los usar e exercer e llevar los derechos e salarios dellos e de cada uno dellos anexos e pertenescientes segund e como dicho es. Sobre lo qual todo que dicho es, si necesario vos fuere e gelo vos pidieredes, mandamos al nuestro chanciller e notarios e a los otros oficiales que estan a la tabla de los nuestros sellos que vos den e libren e pasen e sellen nuestra carta de previllegio rodado, la mas fuerte e firme e bastante que les pidieredes e ovieredes menester. E los unos ni los otros no fagades ni fagan ende al por alguna manera, so pena de la nuestra merced e de diez mill maravedis para la nuestra camara a cada uno que lo contrario fiziere. E demas mandamos al ome que les esta nuestra carta mostrare que los emplaze que parescan ante nos en la nuestra corte do quier que nos seamos, del dia que los emplazare a quinze dias primeros siguientes, so la dicha pena, so la qual mandamos a qualquier escrivano publico que para esto fuere llamado que de ende al que gela mostrare testimonio signado con su signo porque nos sepamos como se cumple nuestro mandado. Dada en la nuestra cibdad de Granada a treynta dias del mes de abril año del nascimiento del nuestro señor Jhesu Christo de mill e quatrocientos e noventa e dos años. Yo el Rey. Yo la Reyna. Yo Juan de Coloma, secretario del Rey e de la Reyna nuestros señores, la fiz escrevir por su mandado. Acordada. En forma. Rodericus doctor. Registrada. Sebastian de Olano. Francisco de Madrid, chanciller.

E agora por que plugo a nuestro señor que vos fallastes muchas de las dichas yslas, e asi lo esperamos en el que con su ayuda fallareys e descubrireys otras yslas e tierra firme en el dicho mar oceano a la dicha parte de las yndias, nos suplicastes e pedistes por merced que vos confirmasemos la dicha nuestra carta que de suso va encorporada e la merced en ella contenida, para que vos e vuestros fijos e descendientes e subcesores, uno en pos de otro, e despues de vuestros dias, podades tener e tengades los dichos officios de almirante e visorrey e governador del dicho mar oceano e yslas e tierra firme que asy aveys descubierto e fallado e descubrieredes e fallaredes de aqui adelante, con todas aquellas facultades e preheminencias e prerrogativas de que han gozado e gozan los nuestros almirantes e visorreyes e governadores que han seydo e son de los dichos nuestros reynos de Castilla e de Leon, e vos fuese recudido con todos los derechos e salarios a los dichos officios anexos e pertenescientes, usados e guardados a los dichos nuestros almirantes, visorreyes e governadores, o vos mandasemos proveer sobre ello como la nuestra merced fuese. E nos, acatando el arriesgo e peligro en que por nuestro servicio vos pusistes en yr a catar e descubrir las dichas yslas, e en el que agora vos poneys en yr a buscar e descubrir las otras yslas e tierra firme, de que avemos seydo e esperamos ser de vos muy servidos, e por vos fazer bien e merced, por la presente vos confirmamos a vos e a los dichos vuestros fijos e descendientes e subcesores, uno en pos de otro, para agora e para sienpre jamas, los dichos officios de almirante del dicho mar oceano e visorrey e governador de las dichas yslas e tierra firme que aveys fallado e descubierto, e de las otras yslas e tierra firme que por vos o por vuestra yndustria se fallaren e descubrieren de aqui adelante en la dicha parte de las yndias. E es nuestra merced e voluntad que ayades e tengades vos, e despues de vuestros dias vuestros fijos e descendientes e subcesores, uno en pos de otro, el dicho officio de nuestro almirante del dicho mar oceano, que es nuestro, que comiença por una raya o linea que nos avemos fecho marcar, que pasa desde las yslas de los Açores a las yslas de Cabo Verde, de setentrion en austro, de polo a polo, por manera que todo lo que es allende de la dicha linea al occidente es nuestro e nos pertenesce; e asy vos fazemos e criamos nuestro almirante, e a vuestros fijos e subcesores, uno en pos de otro, de todo ello para sienpre jamas. E asymismo vos fazemos nuestro visorrey e governador, e despues de vuestros dias a vuestros fijos e descendientes e subcesores, uno en pos de otro, de las dichas yslas e tierra firme descubiertas e por descubrir en el dicho mar oceano a la parte de las yndias, como dicho es, e vos damos la posesion e casi posesion de todos los dichos officios de almirante e visorrey e governador para sienpre jamas, e poder e facultad para que en las dichas mares podades usar e usedes del dicho officio de nuestro almirante en todas las cosas e en la forma e manera e con las prerrogativas e preheminencias e derechos e salarios segund e como lo usaron e usan e gozaron e gozan los nuestros almirantes de las mares de Castilla e de Leon, e para en la tierra de las dichas yslas

y yslas e tierra firme que son descubiertas e se descubrieren de aqui adelante en la dicha mar oçeano en la parte de las yndias y porque los pobladores de todas ellas sean mejor governados vos damos poder e facultad para que podades como nuestro visorrey e governador usar por vos e por vuestros lugarestenientes e
alcaldes e alguaziles e otros oficiales que para ello pusyerdes la jurediçion çevil e criminal alta e baxa
mero mixto ymperio los quales dichos oficiales podades amover e quitar e poner otros en su lugar cada
e quando quisierdes e vierdes que cunple a nuestro serviçio los quales puedan oyr librar e determinar todos los
pleytos e causas çeviles e criminales que en las dichas yslas e tierra firme se acaesçieren e movieren e aver
e llevar los derechos e salarios acostunbrados en nuestros reynos de Castilla e de Leon a los dichos oficiales
e nuestros lugarestenientes e vos el dicho nuestro visorrey e governador podades oyr e conosçer de todas las
dichas causas e de cada una dellas cada que vos quisierdes de primera ynstançia o por via de apelaçion o por
sinple querella e las ver e determinar e librar como nuestro visorrey e governador e podades fazer e
fagades vos e los dichos vuestros oficiales qualesquier pesquisas en los casos de derecho premisos e todas
las otras cosas a los dichos oficiales de visorrey e governador pertenesçientes e que vos e vuestros lugarestenientes e oficiales que para ello pusyerdes entendierdes que cunplen a nuestro serviçio e a execuçion de la nuestra
justiçia lo qual todo podays e puedan fazer e executar e llevar e aver e [illegible] bien e cunplidamente
como lo faria e podria fazer sy por nos mesmos fueron los dichos oficiales puestos [illegible] e nuestra
voluntad es que las cartas e provisiones que dierdes sean escriptas e libradas en nuestro nonbre diziendo don
Fernando e doña Ysabel por la graçia de Dios Rey e Reyna de Castilla e de Leon etc. e selladas con nuestro
sello que nos vos mandamos dar para las dichas yslas e tierra firme. E mandamos a todos los vezinos
e moradores e otras personas que estan e estovieren en las dichas yslas e tierra firme que vos obedezcan como a
nuestro visorrey e governador dellas. E a los que andovieren en la dicha mar de suso declarada vos obedezcan como a nuestro almirante de la dicha mar oçeano e todos ellos cunplan vuestras cartas e mandamientos e se junten
con vos e con vuestros oficiales para executar la nuestra justiçia e vos den e fagan dar todo el favor e
ayuda que les pidierdes e menester ovierdes so las penas que les pusyerdes las quales nos por la presente
les ponemos e avemos por puestas e vos damos poder para las executar en sus personas e bienes e
otrosy es nuestra merçed e voluntad que si vos entendierdes ser cunplidero a nuestro serviçio e a execuçion de nuestra
justiçia que qualesquier personas que estan e estovieren en las dichas yslas e tierra firme o en qualquier dellas
que no entren ni esten en ellas e que vengan e se presenten ante nos lo podays mandar de nuestra parte e los
fagays salir dellas a los quales nos por la presente mandamos que luego lo fagan e cunplan e pongan en
obra syn nos requerir ni consultar sobre ello ni esperar ni aver otra nuestra carta ni mandamiento non en-
bargante qualquier apelaçion o suplicaçion que del tal vuestro mandamiento fizieren o ynterpusyeren para lo
qual todo que dicho es e para las otras cosas devidas e pertenesçientes a los dichos oficiales de nuestro almirante
e visorrey e governador vos damos todo poder cunplido con todas sus yncidençias e dependençias e
mergençias anexidades e conexidades. Sobre lo qual todo que dicho es sy quisierdes mandamos al nuestro chançiller
e notarios e a los otros oficiales que estan a la tabla de los nuestros sellos que vos den e libren e pasen e sellen
nuestra carta de previlejo rodado la mas firme e bastante que les pidierdes e menester ovierdes. E
los unos ni los otros non fagades ende al por alguna manera so pena de la nuestra merçed e de diez mill
maravedis para la nuestra camara a cada uno que lo contrario fiziere. E demas mandamos al ome que vos esta nuestra carta mostrare
que vos enplaze que parescades ante nos en la nuestra corte do quier que nos seamos del dia que vos enplazare fasta quinze
dias primeros syguientes so la dicha pena so la qual mandamos a qualquier escrivano publico que para esto fuere llamado que
de ende al que la mostrare testimonio sygnado con su sygno porque nos sepamos en commo se cunple
nuestro mandado. Dada en la çibdad de Barçelona a veynte e ocho dias del mes de mayo año del nasçimiento de
nuestro señor Ihesu Christo de mill e quatroçientos e noventa e tres años.

[Left margin:] [illegible] 28 de mayo 93 años

Yo el Rey  Yo la Reyna

Yo Fernand Alvarez de Toledo secretario del Rey e de la Reyna [illegible]

[illegible]

[illegible]

**122–123** Dieses Bild in *Nova Typis Transacta Navigatio Novi Orbis Indiae Occidentalis* (1621) von Honorius Philoponus soll Kolumbus' Flotte darstellen. Aber Schiffe mit Rudern waren längst überholt.

### *Die dritte Reise*

*Abreise: Sanlúcar de Barrameda, 30. Mai 1498.*

*Rückkehr: Cádiz, 20. November 1500.*

Diese Reise stand unter völlig anderen Vorzeichen als die vorhergehende. Kolumbus' Popularität war geschwunden, und das spanische Königspaar hatte durch neue Verträge auch Privatleuten Fahrten in die Neue Welt ermöglicht. Trotz dieser neuen Lage konnte der Genuese aber die Finanzierung seiner dritten Reise durchsetzen. Während es bei der zweiten Expedition zahlreiche Freiwillige gab, war es dieses Mal schwierig, die 330 Teilnehmer zu finden, die die spanische Krone für diese Reise vorgesehen hatte. Die entdeckten Inseln erbrachten nicht die versprochenen Reichtümer, und das Leben in der Kolonie war mühselig. Die Siedler konnten sich nicht an die neue Umgebung und an den Hunger gewöhnen, Krankheiten rafften viele Menschen dahin. So war man gezwungen, auch auf Häftlinge zurückzugreifen, denen Straferlass versprochen wurde. Allerdings weiß man heute, dass von den 226 Mitgliedern der Mannschaft nur zehn als Mörder registriert waren, auch wenn viel Gegenteiliges hierzu geschrieben wurde. Die Mannschaft bestand aus einer Schutztruppe von 77 Bogenschützen und 50 Soldaten; dazu kamen 20 Bauern und Tagelöhner, 18 Beamte, 15 Matrosen, sechs Schiffsjungen, vier Kanaren, deren Tätigkeit unbekannt ist, vier persönliche Diener des Admirals, zwei Priester, ein Paukenschläger, ein Trommler, fünf Personen ohne Entlohnung und mindestens sechs Frauen. Viele kamen aus unteren sozialen Schichten. Von den insgesamt acht Schiffen der Flotte schickte Kolumbus zwei unter dem Kommando seines treuen Freundes Pedro Hernández Coronel vor seiner eigenen Abfahrt aus Sanlúcar voraus. Diese beiden Schiffe hatten den größten Teil der Bewaffneten an Bord. Sicher lag dem Admiral daran, seinem Bruder Bartolomeo, der auf Hispaniola geblieben war, rasch die notwendige Verstärkung zu schicken, damit er die aufständischen Indios bekämpfen und gleichzeitig für Sklaven sorgen konnte, die in den Minen arbeiten oder nach Europa verkauft werden sollten. In diesem Jahr steuerte Kolumbus nicht mehr die Kanarischen Inseln an, sondern wählte eine neue Route über die Kapverdischen Inseln. Auf dieser südlicheren Route erreichte die Flotte am 31. Juli 1498 zunächst die Insel Trinidad und sichtete danach die Halbinsel Paria, einen Teil von Venezuela. Und so erfolgte wenige Tage später die erste Landung auf dem amerikanischen Festland. Kolumbus allerdings blieb an Bord, und es war sein Begleiter Pedro de Terreros, der das Gebiet im Namen des spanischen Königspaars offiziell in Besitz nahm. Bis Ende August blieben die Schiffe dort und erkundeten das Gebiet; sie befuhren den Golf von Paria, die Boca del Dragón,

die Gewässer um die Insel Margarita und kamen bis zum Orinoko-Delta. Am Ende des Monats erreichte die Flotte Hispaniola, wo man sich in der kurz zuvor von Bartolomeo Kolumbus gegründeten Stadt Santo Domingo niederließ. Es heißt, Bartolomeo habe diesen Namen in Andenken an den Vater Domenico gewählt, andere führen den Namen darauf zurück, dass die Grundsteinlegung an einem Sonntag stattfand.

Bis zu seiner Rückkehr nach Spanien machte Kolumbus schwierige Zeiten durch. Auf der Insel waren Revolten ausgebrochen, von denen noch zu sprechen sein wird, und er musste nach einem Untersuchungsverfahren, das Franciso de Bobadilla gegen ihn führte, die Insel in Ketten verlassen. Während dieser Jahre wurde die Kolonialherrschaft weiter ausgebaut. Es kam zu den ersten Zuteilungen von Land und Indios an die Siedler; daraus entwickelten sich später die *encomiendas*. Kolumbus' Route der dritten Reise wurde in der Folge von vielen Seefahrern und Kaufleuten genutzt, die sich aufmachten, um die nach und nach von der spanischen Krone annektierten Gebiete zu erkunden. Erwähnt sei an dieser Stelle Amerigo Vespucci, der 1499 an der von Alonso de Hojeda unternommenen Reise teilnahm.

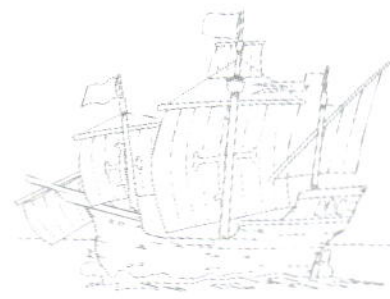

***DIe vierte Reise***

*Abreise: Cádiz, 9. Mai 1502. Rückkehr: Sanlúcar de Barrameda, 7. November 1504.*

Kolumbus wurde begnadigt, seine Titel und Privilegien wurden bestätigt, und er konnte noch einmal auslaufen. Er suchte eine Schiffspassage, die nach Indien führte. Die Entdeckungen von Hojeda, Bastidas, Pinzón und Vespucci und anderen hatten das Festland weiter erschlossen, aber immer noch war das ersehnte Tor nach Asien nicht gefunden. Mit vier Schiffen stach die Flotte am 9. Mai 1502 in See. Die Mannschaft dieser letzten Reise Kolumbus' bestand aus 140 Männern. Es war für Kolumbus nicht einfach, Leute anzuheuern; sonst hätte er kaum sehr junge Schiffsjungen sowie einige Genuesen, meist Verwandte des Admirals, mitgenommen. Zur Mannschaft gehörten Bartolomeo Fieschi, Kapitän der Vizcaíno und Diego Cataño. Bei ihm waren auch sein Sohn Fernando, der ihm als Sekretär diente, sein Bruder Bartolomeo und sein Neffe Andrea Colombo, der als Schiffsjunge angeheuert war und mit Fernando die Rechnungsführung ausübte. Unter den Spaniern ist Diego Méndez wichtig, der mit Fieschi in einem Kanu die gefährliche Überfahrt von Jamaika – wo der Rest der Mannschaft ein Jahr zuvor Schiffbruch erlitten hatte – bis nach Hispaniola wagte, um Hilfe zu holen. Diese vierte Entdeckungsfahrt war die schwierigste von allen. Nicolás de Ovando, der neue Gouverneur, verwehrte Kolumbus aufgrund königlicher Anweisungen den Zugang zur Stadt Santo Domingo, und so musste die Flotte in einer nahen Bucht Schutz vor einem Wirbelsturm suchen, den der Admiral mit seemännischem Weitblick vorhergesehen hatte. Aber sie waren weiter vom Pech verfolgt. Nachdem sie zur Insel Guanaja gelangt waren, befuhren sie die Südküste des heutigen Honduras. Von dort fuhren sie in Richtung Veragua, wo Don Cristóbal versuchte, eine Stadt Belén (Betlehem) zu gründen. Dort sollte sein Bruder Bartolomeo bleiben, wenn er selber nach Kastilien zurückkehrte. Der Siedlungsversuch scheiterte aber, und Belén musste bald wieder aufgegeben werden. Von da aus segelten sie weiter nach Jamaika. Wirbelstürme und Nebel zerstörten dort alle vier Schiffe. Die Landenge von Panama hatte der Admiral fast erreicht, aber im Nebel nicht erkannt.

Bei seiner Rückkehr nach Spanien begleiteten ihn nur wenige Männer: nicht einmal die Hälfte der 140, die mit ihm von Cádiz aufgebrochen waren. 38 blieben auf Hispaniola; andere waren krank oder weigerten sich zurückzukehren; 35 waren im Kampf gefallen und mindestens vier auf den Inseln geflohen. Als der Admiral in Spanien ankam, war er krank, verschuldet und hatte jedes Ansehen bei Hof verloren.

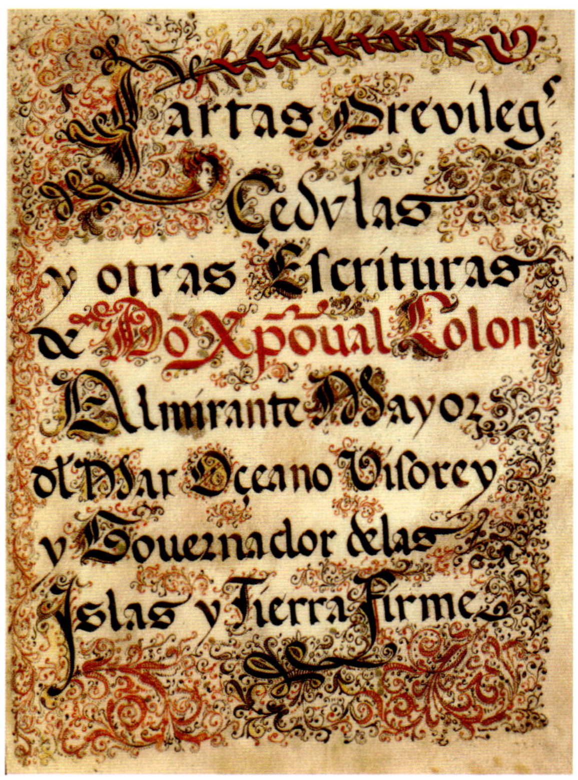
Cartas Previleg'
Cedvlas
y otras Escrituras
de Dō Xpoual Colon
Almirante Mayor
dl Mar Oçeano Visorey
y Gouernador delas
Islas y Tierra Firme

**124** Deckseite des *Libro de los privilegios*, genauer: eines der Exemplare, die der Admiral nach Genua schickte. Dieses Buch hatte Kolumbus angelegt, um darin alle Privilegien, die ihm von Ferdinand und Isabella gewährt worden waren, gesammelt darzulegen (Galata Museo del Mare, Genua).

**125** Auf der ersten Seite des *Libro de los Privilegios* bestätigte der Anwalt Martín Rodriguez am 5. Januar 1502 in Sevilla im Haus von Christoph Kolumbus die Echtheit der Dokumente, die der Admiral im Buch anführt (Galata Museo del Mare, Genua).

# En la muy noble

e muy leal cibdad de Sevilla, miércoles, quatro
días del mes de enero, año del nascimiento
de nuestro Salvador Ihesu Christo de mill e quinientos
e dos años. En este dicho día, a ora de
bísperas, poco más o menos, estando en la posada
del señor almirante de las Yndias, que es en esta
dicha cibdad en la collaçión de Santa María, e ante Estevan de la Fuente
e Juan Ruys Montero, alcaldes ordinarios en esta dicha cibdad de Sevilla
por el Rey e la Reyna nuestros señores, e en presençia de mí Martín
Rodrigues, escrivano público desta dicha cibdad de Sevilla, e de los testigos yuso escriptos que a ello fueron presentes, pareçió en el presente
el muy magnífico señor don Christóval Colón, almirante mayor
del mar Oçéano, visorrey e governador de las yslas e tierra firme,
e presentó ante los dichos alcaldes çiertas cartas e previlegios e çédulas
de los dichos Rey e Reyna nuestros señores, escriptas en papel e pergamino e firmadas de sus reales nonbres, e selladas con sus sellos de plomo pendientes en filos de seda de colores, e de çera colorada en las espaldas, e refrendadas de çiertos ofiçiales de su real
casa, segund por ellas e por cada una dellas paresçía. El thenor
de las quales, una en pos de otra, es este que se sigue.

Al Rey e la Reyna.

Frey de Soria, lugartenyente de nuestro almirante mayor de Castilla, nos
vos mandamos que dedes e fagades dar a don Christóval Colón, nuestro
almirante del mar Oçéano, un traslado abtorizado en manera que
faga fee de quales quier cartas de merçedes e previllejos e confirmaçiones que el
dicho almirante mayor de Castilla tiene del dicho cargo e ofiçio de almirante,
por donde él y otros por él lievan e cobran los derechos e otras cosas dello
pertenesçientes al dicho cargo, porque avemos fecho merçed al dicho don
Christóval Colón que aya e goze de las merçedes e honrras e prerrogativas
e libertades e derechos e salarios en el almirantadgo de las Yndias que
ha e tiene e goza el dicho nuestro almirante mayor en el almirantadgo
de Castilla. Lo qual fazed e conplid luego como fuerdes requerido con
esta nuestra carta, syn que en ello pongays escusa ni dilaçión alguna. E
sy asy no lo fizierdes e conplierdes, mandamos al nuestro asistente
e otras justiçias de la cibdad de Sevilla que vos apremien e apremyen
a lo asy fazer e conplir. E non fagades ni fagan ende al. Fecha
en la cibdad de Burgos, a veynte e tres días del mes de abril de
noventa e siete años. Yo el Rey. Yo la Reyna. Por mandado

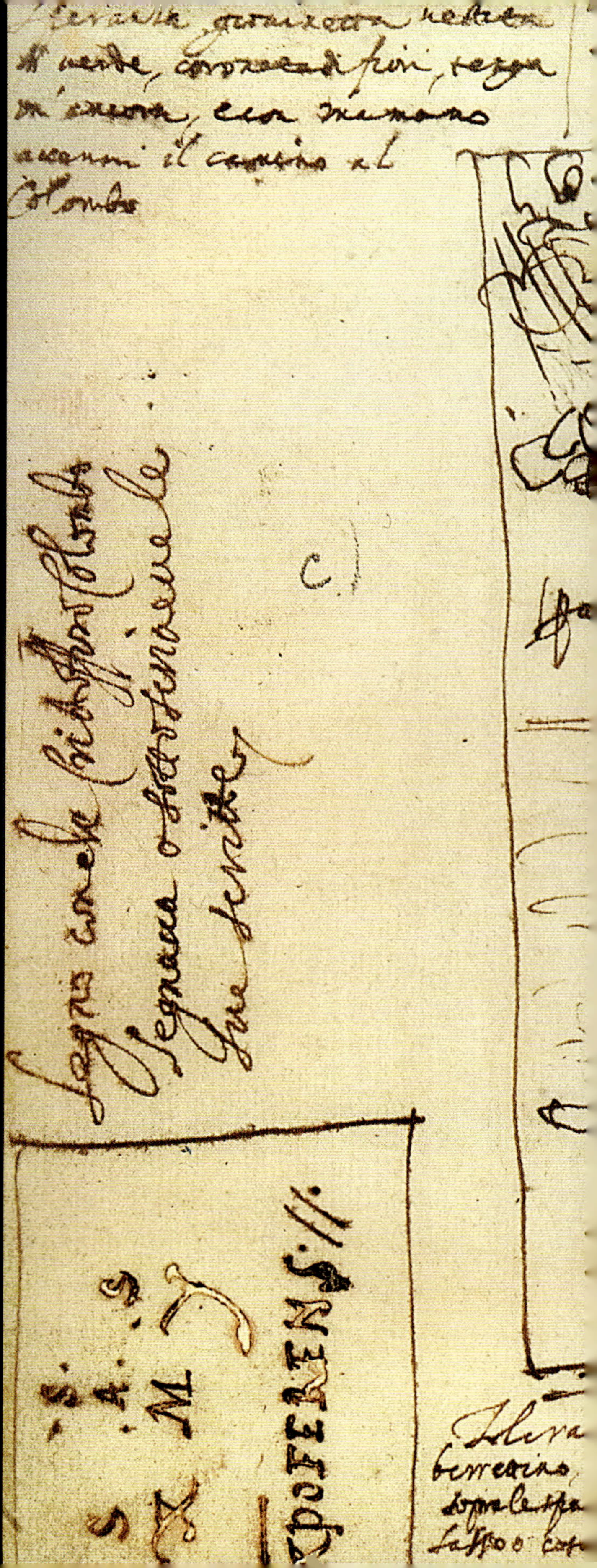

**26** Hier zeigt das *Libro de los Privilegios* die Cédula de los Reyes vom 23. April 1497. Danach dürfen Waren, die Kolumbus oder sein Beauftragter für den Transport nach Westindien kauft, nicht teurer werden (Galata Museo del Mare, Genua).

**26–127** Dem *Libro de los Privilegios* wurde nachträglich die Zeichnung *La Gloria di Colombo* von Lazzaro Tavarone (1556–1641) eingefügt. Zwischen den Allegorien von Vorsehung, Beständigkeit, Toleranz, Gerechtigkeit und Hoffnung sowie von Christentum, Sieg und Ruhm führt Kolumbus ein Schiff und stellt seinen Fuß auf einen Globus (Galata Museo del Mare, Genua).

**28** Im *Libro de los Privilegios* steht auch der Text der Bulle *Inter Coetera*, in der Papst Alexander VI. am 3. Mai 1493 dem spanischen Königspaar die von Kolumbus erkundeten Gebiete zuspricht (Galata Museo del Mare, Genua).

**29** Auf den ersten Seiten des Libro de los Privilegios ist eine Liste der Briefe, Privilegien, Urkunden und anderer im Buch vorhandener Schriftstücke (Galata Museo del Mare, Genua).

Colombo
Fama
religione cristiana
Costanza
mostri superati

xlm

In dei noie amen: Este es trslado Traslado de [illegible]
bien e fiel ment sacado de una scriptura scripta en pergamino bula de nro [illegible]
de cuero en lengua latina. Et sellada con un sello de cera Santo Padre A[illegible]
colorada metido en una caxa de madera pendiente en una VI.
cinta de seda. Et signada e firmada de notario
apostolico segund por ella parescia. El thenor de la
qual de uerbo ad uerbum es este que se sigue.

**Petrus garsie.** Dei et aptice sedis gra
Eps Barchinon Regius auditor et consiliarius.
Uniuersis & singlis pntes lras siue pns publicum
Instrumentum visuris lecturis pariter & audituris. Sa
lutem in dno sempiternam & prosperos ad uota successus
nobis & cuilibet vrum notum facimus p pntes quod
nos in nris manibus habuimus tenuimus palpauimus
vidimus & diligenter Inspeximus. Sanctissimi In xpo
pris & dni nri domini Alexandri diuina prudentia
pape sexti lras apticas eius vera bulla plumbea
in filijs sericis Rubei croceiq Coloris more Roma
ne Curie Impend. Sanas siquid et integras: no
viciatas no chancellatas: nec in aliq sui parte sus
pectas sed omnimoda suspectioe Carentes ut in eis
apparebat. Quarx quid lrax tenor & continetia
de verbo ad verbum. Sequitur et e talis. **Alexadr.**
Eps seruus seruoz dei Carmo in xo filio fernando Regi.
& Carme in xo filie elisabeth Regine Castelle
legionis aragonu sicilie granate illustribus. Salm
& apticam ben. Inter cetera diuine magestati bene
placita opera et cordis nri desiderabilia. illud
pfecto potissimum existit ut fides catholica xana

Jh̄s

# Tabla de las cartas y previllegios y cedulas y otras escripturas que ay en este libro

**130** Diese eigenhändige Skizze von Bartolomeo Kolumbus umreißt die auf der vierten Reise erkundeten Küstenlinien (Biblioteca Nazionale, Florenz).

**131** Fernando Kolumbus schrieb die Biografie seines Vaters. Die Abbildung zeigt das Deckblatt der Erstausgabe, die 1571 in Venedig auf Italienisch herauskam; ihr Autor war zu der Zeit bereits tot.

# HISTORIE
## Del S. D. Fernando Colombo;

*Nelle quali s'ha particolare, & vera relatione della vita, & de' fatti dell'Ammiraglio*

D. CHRISTOFORO COLOMBO,

*suo padre:*

Et dello scoprimento, ch'egli fece dell'INDIE Occidentali, dette MONDO NVOVO, hora possedute dal Serenis. Re Catolico:

*Nuouamente di lingua Spagnuola tradotte nell'Italiana dal S. Alfonso Vlloa.*

CON PRIVILEGIO.

IN VENETIA, M D LXXI.
*Appresso Francesco de' Franceschi Sanese.*

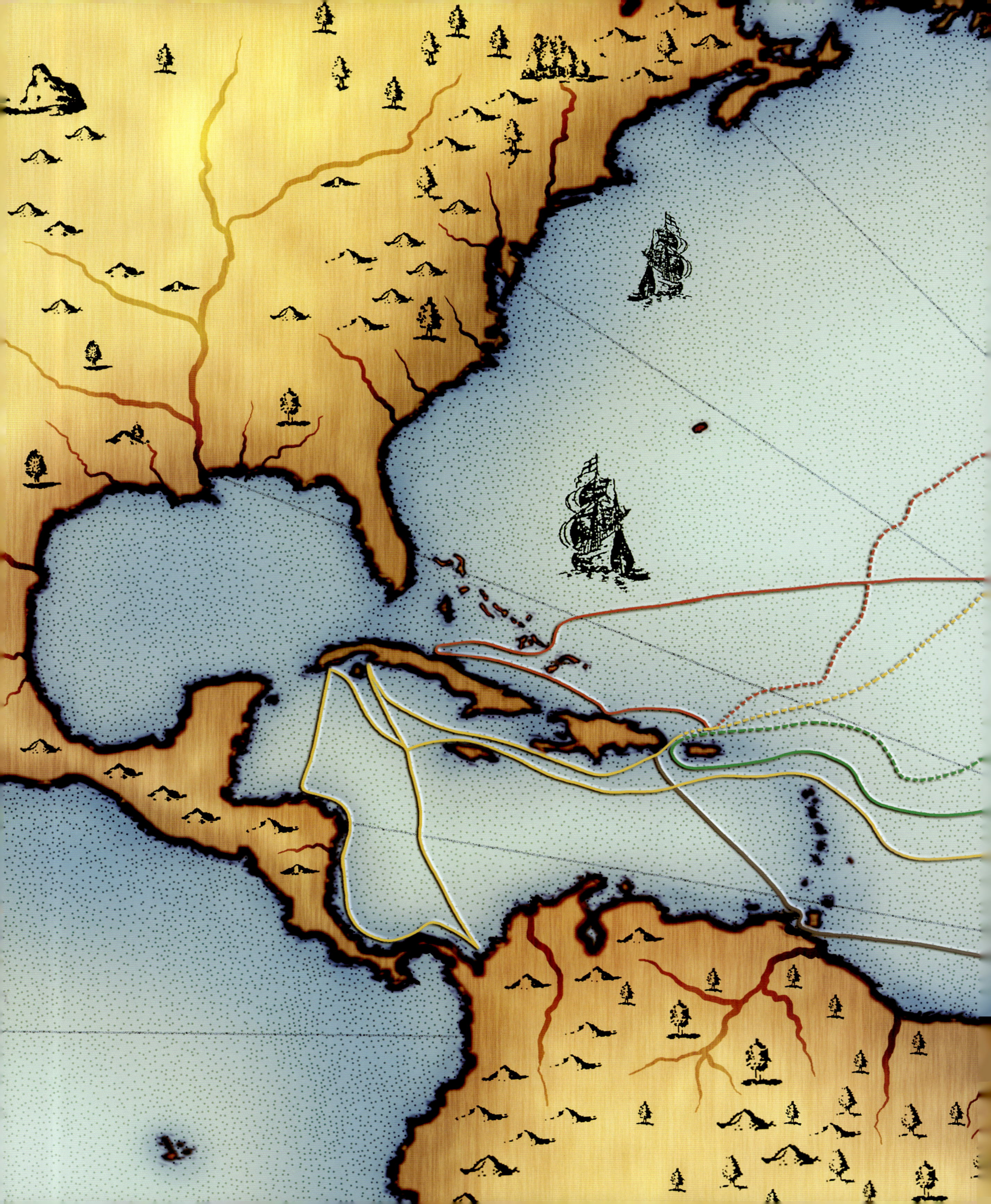

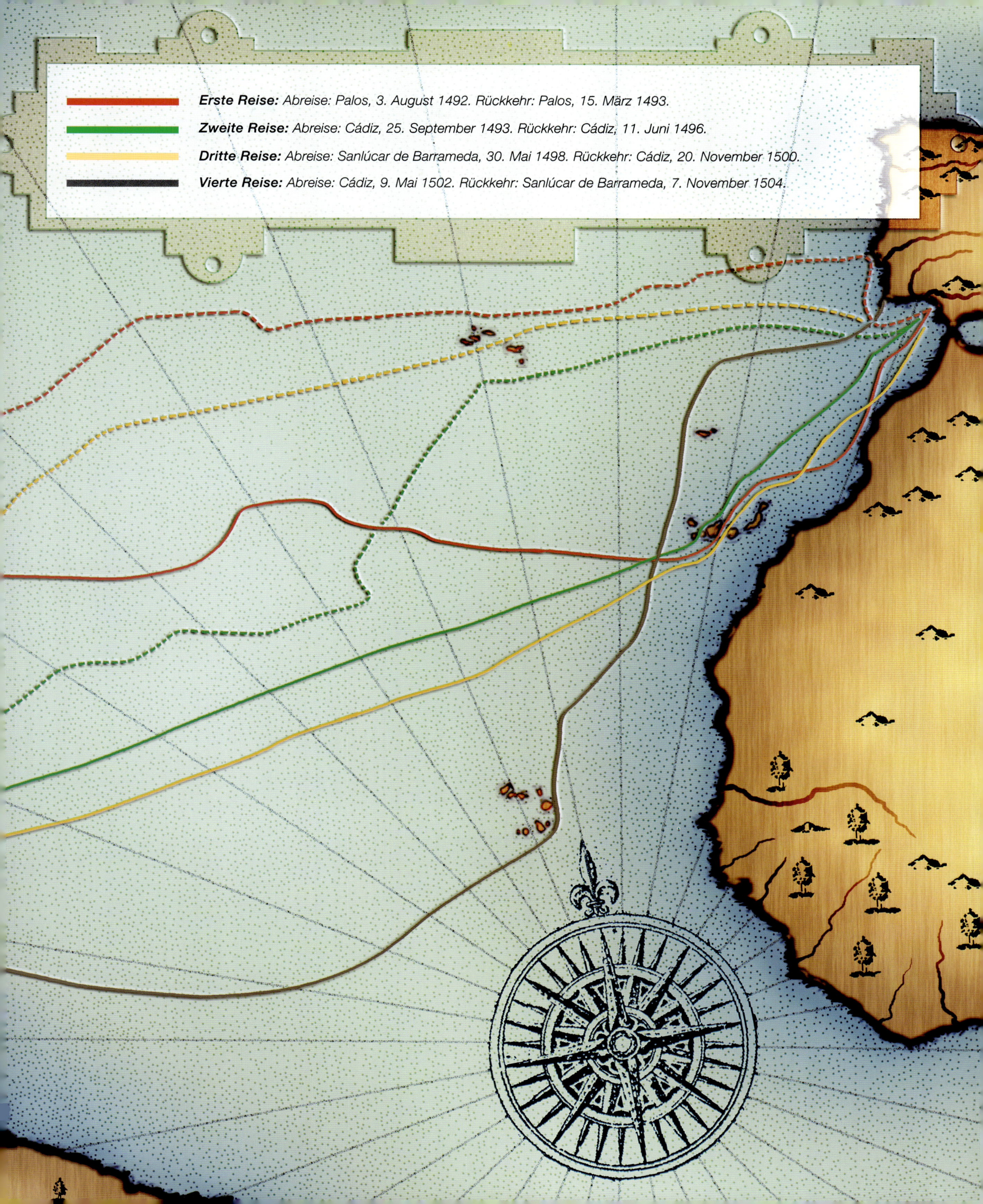
**Erste Reise:** Abreise: Palos, 3. August 1492. Rückkehr: Palos, 15. März 1493.
**Zweite Reise:** Abreise: Cádiz, 25. September 1493. Rückkehr: Cádiz, 11. Juni 1496.
**Dritte Reise:** Abreise: Sanlúcar de Barrameda, 30. Mai 1498. Rückkehr: Cádiz, 20. November 1500.
**Vierte Reise:** Abreise: Cádiz, 9. Mai 1502. Rückkehr: Sanlúcar de Barrameda, 7. November 1504.

**134** Zweimal erlebte Kolumbus auf den Reisen eine Mondfinsternis, 1494 auf Hispaniola und 1504 auf Jamaika, In beiden Fällen versuchte er dabei, die Entfernung nach Spanien zu messen. Seine Berechnungen sind nicht korrekt; die Bestimmung der geografischen Länge gelang erst im 18. Jahrhundert (Museo del Templo Mayor, Mexiko-Stadt).

**135** Zu den Büchern, die Kolumbus auf seinen Reisen mitnahm, gehörten der *Almanach Perpetuum* von Abraham Zacuto und das astronomische Jahrbuch des Regiomontanus. Diese Werke benutzte er, um mit Hilfe der beobachteten Mondfinsternisse seine Position und somit die Entfernung zu Europa festzustellen.

## DIE SEEFAHRERISCHE INTUITION

Christoph Kolumbus war nicht nur ein guter Seemann, er hatte auch – was nicht dasselbe ist – ein außergewöhnliches Gespür für das Meer. Sein Ruf als Experte auf diesem Gebiet wurde niemals angezweifelt, außer bei seinen Gegnern, die nie etwas vergaßen und immer daran erinnerten, dass er, unabhängig davon, wer letztlich die Verantwortung dafür übernahm, auf der ersten Reise sein Flaggschiff und auf der vierten sogar vier Schiffe seiner Flotte verloren hatte. Das spanische Königspaar vertraute immer wieder auf seine seefahrerischen Kenntnisse. Kolumbus selber erzählte einmal, in seiner etwas angeberischen Art, eine Geschichte, die vermutlich einen wahren Kern hat. Es war das Jahr 1497, und der gesamte Hofstaat residierte in Burgos. Man wartete auf die Prinzessin Margarete von Österreich, die die Ehe mit dem Thronfolger Juan eingehen sollte. Schlechtes Wetter und andauernde Stürme, die sich über mehrere Tage hinzogen, bewegten die königlichen Berater, die eine Verspätung der Braut befürchteten, dazu, eine Verlegung des Hofes nach Soria zu empfehlen. Gesagt, getan. Man begann mit dem Umzug: Zuerst wurde die Einrichtung geschickt; das Königspaar sollte ein paar Tage später abreisen, damit bei ihrer Ankunft alles vorbereitet war. Ferdinand und Isabella waren beunruhigt von der Vorstellung, das Schiff der Prinzessin könne untergehen. Sie wandten sich an den Admiral und baten ihn in einem dringenden Brief um seine Stellungnahme zu dieser Frage. Spät in der Nacht überbrachte Kolumbus das angeforderte Gutachten. Es war so klar und so gut belegt, dass das Königspaar nicht allein beruhigt war, sondern sogar, wie im Brief geraten, beschloss, „nicht nach Soria zu gehen und sich der Meinung des Seefahrers anzuschließen“. Und

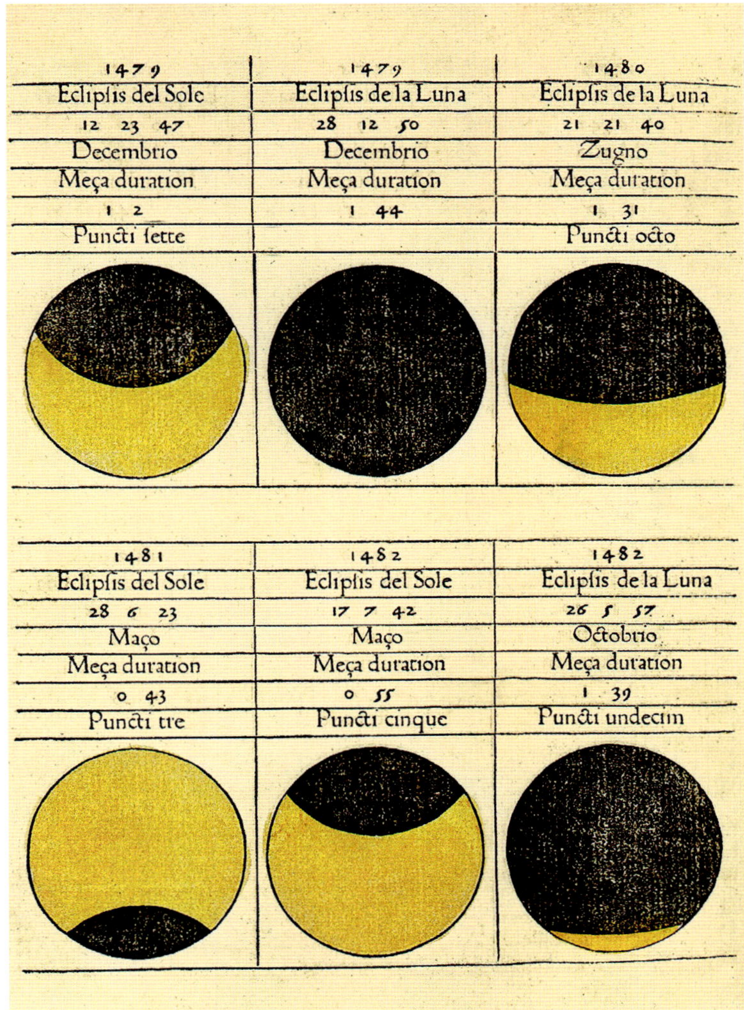


der Admiral behielt recht: Zwei Tage später traf die Prinzessin mit ihrem gesamten Gefolge wohlbehalten in Laredo ein.

Im Sommer 1494 war Kolumbus vor der Küste Kubas unterwegs, das er damals für das Festland hielt. Eine Flotte lag am 14. September gegenüber der Insel Saona vor der südöstlichen Küste Hispaniolas vor Anker. An jenem Tag gab es eine Mondfinsternis. Sofort konsultierte der Admiral das *calendarium* von Regiomontanus, das die Zeit anzeigte, in dem man das Phänomen in Lissabon hätte sehen müssen. Unter Berücksichtigung der Tatsache, dass man es in Saona fünfeinhalb Stunden später sah, nahm der Genuese seine Berechnungen vor: Saona lag demnach 82° 30' westlich von Lissabon. Obwohl die Berechnungen von Kolumbus nicht ganz korrekt waren – die Entfernung zwischen den beiden Punkten beträgt nicht mehr als 60° – , hat er damals zweifellos als Erster versucht, die geografische Länge zu messen, was aber erst später gelang.

Im Jahr 1504 saß Kolumbus auf Jamaika fest, wo die Flotte Schiffbruch erlitten hatte. Es war ein furchtbarer Aufenthalt. Bartolomeo Kolumbus musste eine versuchte Meuterei niederschlagen. Die Indios, die anfangs freundlich waren, hörten bald auf, die Seeleute mit Nahrungsmitteln zu versorgen; die Situation wurde unerträglich. Monate vergingen, und Diego Méndez und Fiesch, die versucht hatten, mit einem Kanu Hispaniola zu erreichen, um Hilfe zu holen, kehrten nicht zurück, sodass man annahm, sie hätten ihr Ziel nie erreicht. Die Indios sahen daher ihre Chance, die Spanier loszuwerden, und versammelten sich vor dem Zelt des Admirals, um ihn zu töten. Kolumbus, ganz ruhig, trat heraus, um sie zu empfangen, und drohte: „Mein Gott wird den Mond verdunkeln, eine schreckliche Katastrophe wird über euch kommen. Nur wenn ihr bereut, werde ich dafür beten, dass das Unheil euch verschont.“ Anfangs glaubten sie ihm nicht. Als sie aber die so genau angekündigte Finsternis sahen, begannen alle zu zittern. Sofort erschien Kolumbus, der ihnen angesichts ihrer Tränen und ihres Flehens verkündete, sein Gott habe ihnen verziehen. Die Erleichterung war groß.

Natürlich hatte Kolumbus keine prophetischen Gaben. Wie auf allen seinen Reisen trug er ein Exemplar des *Almanach Perpetuum* von Abraham Zacuto und die *Ephemerides astronomicae* von Regiomontanus bei sich. Aus diesen beiden Büchern hatte er Kenntnis von der Mondfinsternis am 28. Februar 1504. Wie schon 1494, als er auf Hispaniola einer Mondfinsternis beiwohnte, begann er sofort, die Entfernung zu berechnen, die ihn von der Iberischen Halbinsel trennte. Dabei kam er zu dem Ergebnis, dass zwischen Cádiz und Jamaika eine Distanz von 108° 15' geografischer Länge lag. Wie schon einige Jahre zuvor, irrte er in der Berechnung, denn sein Ergebnis war um 39° zu hoch. Lag es an der Unwissenheit des Admirals oder an ungeeigneten Instrumenten? Seien wir nicht zu kritisch. Er war ein Experte in der Seefahrt, das steht außer Zweifel, aber die ihm zur Verfügung stehenden Geräte ermöglichten keine exakteren Messungen.

Circulus articus:
Oceanus occidetalis
Terra del Rey de portugall
Has antilhas del Rey de castella:
Os montes claros em africa
A linha equinocialis:
Mare oceanus:
Tropicus capricorni.
Pollus antarticus:

**136–137** Diese portugiesische Karte wurde 1502 von Alberto Cantino nach Italien gebracht und trägt seinen Namen. Sie zeigt die Fortschritte der Portugiesen und ignoriert die Entdeckungen von Caboto im Dienst Englands (Biblioteca Estense, Modena).

**138–139** Auf dieser berühmten Karte von Martin Waldseemüller sind oben Amerigo Vespucci und Ptolemäus abgebildet, die die Neue beziehungsweise Alte Welt halten. Erstmals wird hier der Kontinent, den Kolumbus entdeckt hatte, nach einem anderen genannt: America (Museo de América, Madrid).

CLAVDII PTHOLOMEI ALEX
ANDRINI COSMOGRAPHI
ZEPHIR
ASIA
AFRICA
OCCEANVS OCCIDENTALIS
CIRCVLVS ARCTICVS
MARE GLACIALE SIVE CONGELA
TERRA VLTERI INCOGNITA
PARIAS
SPAGNOLLA INSVLA
TOTA ISTA PROVINCIA INVENTA EST PER MANDATVM REGIS CASTELLE
TERRA VLTRA INCOGNITA
AMERICA
LIBIA INTERIOR
AFFRICA
ETHIOPIA INTERIOR
NOTVS

AMERICI VESPVCI
AQVILO
CECIAS
SVBSOLANVS
TIPVM ORBIS GENERALEM DESCRIBENDO: VE TERVM INVENTA PONERE: ET EA QVE A NEO TERICIS INTERIM REPERTA SVNT (SICVT EST CATAIA REGIO) CONIVNGERE PLACVIT. VT TALIVM RERVM STVDIOSI DVM VARIA COGNO SCERE CVPIVNT VOTORVM COMPOTES LABO RI NOSTRO SINT GRATI PLAERAQVE OMNIA TAM PASSIM COGNITA QVAM NOVITER LVS TRATA DILIGENTER AC DISTINCTE SVB VNO ASPECTV COLLOCATA PROSPICIENTES.
GLACIALE
CHATAY
SERICA REGIO
SCITHIA EXTRA IMAVM
ASIA
INDIA MERIDIONALIS
SINVS GANGETICVS
TAPROBANA INSVLA
OCCEANVS INDICVS MERIDIONALIS
MADAGASCAR
SEYLAN
IAVA MINOR
IAVA MAIOR
EVRONOTVS
VVLTVRNVS
LICET PLAFRIQVE VETERVM DESCRIBENDI TERRA RVM ORBIS STVDIOSISSIMI FVERINT: NON TAMEN PARVM IPSIS EISDEM INCOGNITA MANSERVNT, SI CVT EST IN OCCASV AMERICAE: AB EIVS NOMINIS INVENTORE DICTA, QVE ORBIS QVARTA PARS PV TANDA EST. SICVT ET VERSVS MERIDIEM APHRICE PARS: QVAE SEPTEM PENE GRADIBVS CITRA CAPRI CORNVM INCIPIENS/VLTRA TORRIDAM ZONAM ET EGOCERI TROPICVM AD AVSTRVM LATISSIME PRO TENDITVR. SICVT QVOQVE IN TRACTV ORIENTA LI REGIO CATAIAE/ ET QVICQVID INDIAE MERIDIO NALIS VLTRA CENTESIMVM ET OCTOGESIMVM LON GITVDINIS GRADVM EST SITVM. QVAE NOS PRIO RIBVS OMNIA ADIVNXIMVS: VT ISTIVSCEMODI RE RVM AMATORES/ QVAECVNQVE SVB HANC DIEM NOBIS PATENT OCVLIS INTVENTES / DILIGENTIAM NOSTRAM POBENT. ID AVTEM VNVM ROGAMVS VT RVDES ET COSMOGRAPHIAE IGNARI HAEC NON STATIM DAMNENT ANTEAQVAM DIDICERINT CHA RIORA IPSIS HAVD DVBIE POST CVM INTELLEXE RINT FVTVRA.

**140–141** Diese Karte, die die Küsten und die Inseln der Neuen Welt zeigt, erschien im vierten Buch des monumentalen Werks *America* von Theodor de Bry (Kunstbibliothek der Staatlichen Museen, Berlin).

**142–143** Abraham Ortelius stellte als erster Kartograph eine Sammlung von Landkarten in einem Atlas zusammen. Auf der Grundlage der Informationen, die er in seiner Heimatstadt Antwerpen erhielt, vergrößerte er nach und nach die Sammlung. Die erste Ausgabe aus dem Jahr 1570 enthielt nur 53 Karten; die von 1603 hatte 119 und wurde erst nach seinem Tod veröffentlicht (Biblioteca de la Universidad de Salamanca).

**144–145** Diese Portolankarte wurde Ende des 16. Jahrhunderts von dem in Messina lebenden Kartographen Joan Martines angefertigt. Sie zeigt die Küsten des amerikanischen Kontinents in deutlichen Umrissen (Privatsammlung).

Occidentalis Americæ partis,
vel, earum Regionum quas Chri
stophorus Columbus primū detexit
Tabula Chorographica, multorum
Auctorum scriptis, præsertim verò ex
Hieronymi Benzoni (qui totis XIIII
annis eas Provincias diligenter
perlustravit)
Historia,
conflata & in æs incisa à
Theodoro de Bry Leod.
Anno M D XCIII.
LVCAYA
Bahama
HAYTI SIVE SPANIOLA
Hanc Insulam secunda Navigatione obtinuit Columbus,
et Hispaniolam appellavit.
BORICHEN
INSVLA S. IOANIS DE PORTV DIVITE
In hanc Insulam prima Navigatione appulit Columbus, Desideratam nominavit, et in Christiam nominis memoriam Crucem fixit.
CVBAGVA
In istam Insulam delatus est tertia Navigatione Columbus, cui nomen indidit ab unionibus, quaru quinta pars Regi cedit.
CVMANA
CARIBANA
320 Circulus Aequinoctialis 325

AMERICAE SIVE NOVI ORBIS, NOVA DESCRIPTIO.
ANIAN.
Vlterius Septentrionem versus hæ regiones incognitæ adhuc sunt.
TOLM.
QVIVIRA.
TOTO-TEAC.
MARATA.
CVLIACAN.
ASTATLAN.
HISPANIA NO
TERLICHI
ARCHIPELAGO DI SAN LAZARO
OCCIDENS.
MAR DEL SVR
Circulus Æquinoctialis
et PACIFICVM
Insulæ Salomonis
NOVA GVINEA. Andreas Corsalus Florent. videtur eam sub nomine Terræ Piccinnacoli designare.
TERRA AVSTRALIS, SIVE MAGELLANICA HACTENVS INCOGNITA.

SAGVENAI
CANADA
TERRA CORTEREALIS
NOVA FRANCIA
CHILAGA
NORVMBEGA
MOCOSA
AVACAL
APALCHEN
CALICVAS
TAGIL
PASCHI
COSSA
Las Açores
Sept cites
S. Paulo
ORIENS
CVBA
HISPANIOLA
Ins. de C. Verde
Caribana
Tisnada
Pagua na
Amazones
Picora
BRESILIA
à Lusitanis A°. 1504. inuenta
PE RV
CHARCAS
PARANA
ACVTIA
CHILI
PATAGONES
REGIO GIGANTVM
Rio de la Plata
Golfo de S. Sebastian
TERRA DEL FVEGO
Cum Priuilegio decennali
Ab. Ortelius delineab.
et excudeb. 1587.

anian
quiuira
totonte
Indianoua
chilaga
noua francia
ertotilant
mar dl norte
tropico dcancro
cuba
yucatan
mexico
caribana
circulo equinotial
noua guinea
mar dl zur
tropico dcapricornio
peru
Chille
R. dlaplata
mar pacifico
estrecho dmagallanes
terra del fuego

EVROPA
AFRICA
ASSIA
norvegia
suecia
tartaria
mediterraneo
barbaria
libia interior
nubia
arabia deserta
arabia felix
persia
corasan
turcheltant
Guzerate
Golfo bengala
China
Cathaio
India oriental
Iapan
trapobana
burneu
lauamajor
mar dindia
S. lorenzo
Beach
lucach
maletur
c. Sbonasperansa
s. helena
s. tome
terra australe

# DER VIZEKÖNIG
## *Drittes Kapitel*

**149** Dieses Bild gilt als die älteste erhaltene Darstellung von Kolumbus. Der Admiral, dargestellt mit einer kostbaren, seiner Rolle als Vizekönig angemessenen Weste, wird vor die Heilige Jungfrau geführt. Im Hintergrund die Kirche von Santo Domingo (Fundación Lázaro Galdiano, Madrid).

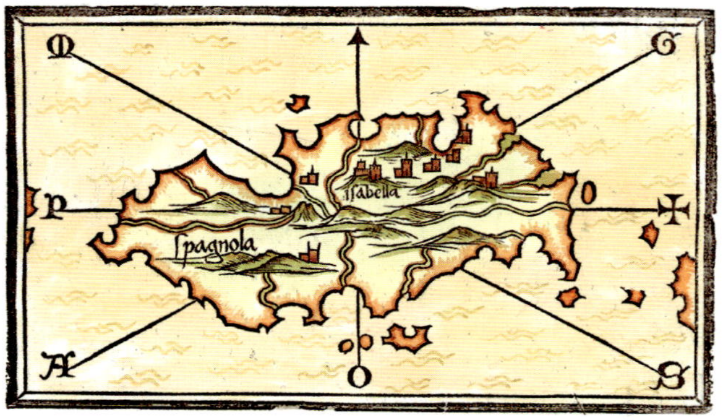


## DIE KATASTOPHE VON NAVIDAD

Am 3. November 1493 kam eine große Flotte auf Hispaniola an. Sie brachte die Siedler, die sich in den erst ein Jahr zuvor entdeckten Gebieten niederlassen sollten. Alles war genauestens vorbereitet: Zwölf der siebzehn Schiffe, die unter dem Kommando von Antonio de Torres standen, sollten nach Spanien zurückkehren, sobald Kolumbus einen Ort für die Errichtung einer Stadt bestimmt hatte. Wieder in Spanien, sollte de Torres dafür sorgen, dass Versorgungsflotten unter seinem Kommando zu den Westindischen Inseln segelten, wie von Kolumbus angefordert. In Sevilla würde sich der von dem spanischen Königspaar ernannte Erzdiakon Juan Rodríguez de Fonseca um die Belange der entstehenden Kolonie kümmern.

Kolumbus sah sich einer neuen Herausforderung gegenüber. Er musste die Besiedlung organisieren und Bevollmächtigte ernennen, die ihn vertreten sollten, wenn er abwesend war, zu Erkundungen der Insel oder auf weiteren Expeditionen mit den fünf an der Nordküste der Insel verbliebenen Schiffen.

Grauen überkam die Entdeckungsreisenden, als sie Hispaniola erreichten und die Leichen der 39 Männer fanden, die Kolumbus 1492 in Navidad zurückgelassen hatte. Darunter war auch ein Kind, vielleicht der erste Mestize der Neuen Welt. Vergeblich suchten sie den Brunnenschacht, in dem das auf der Insel gefundene Gold aufbewahrt werden sollte; so hatte es der Admiral angeordnet. Guacanagarí, der befreundete Kazike, kam nicht, um sie zu empfangen. Die Indios begründeten das damit, dass er sehr krank sei. Um Genaueres zu erfahren, schickte Kolumbus seinen Arzt Diego Álvarez Chanca hin. Niemand konnte besser als er die Situation des Kaziken einschätzen. Chanca kam zurück und berichtete, dass der Kazike einen gebrochenen Arm habe und deshalb nicht kommen könne. Wenige Tage später, als es Guacanagarí besser ging, traf er sich mit Kolumbus. Der Kazike berichtete, die Spanier hätten begonnen zu rauben und die einheimischen Frauen zu entehren. Darauf hätten die Indios nicht anders reagieren können. Außerdem versicherte er zu seiner eigenen Verteidigung, nicht seine Untergebenen hätten die Spanier angegriffen, sondern die eines anderen Kaziken, der ihm feindlich gesinnt war. Kolumbus beging hier seinen ersten Fehler als Gouverneur, indem er den Kaziken nicht zur Verantwortung zog. Guacanagarí hatte sich nämlich nicht nur verpflicht, die Spanier mit Nahrung zu versorgen, sondern auch, sie vor jedwedem Angriff zu schützen. Hier zeigte der Admiral eine Schwäche, die die soeben eingetroffenen Siedler nicht begreifen konnten.

Die Nachricht über die Tragödie in Navidad muss für alle ernüchternd gewesen sein. Wie konnten diese unbewaffneten Indios es schaffen, in so kurzer Zeit alle 39 Spanier zu töten, die Kolumbus, ausgerüstet mit Munition für ein Jahr, auf der Insel zurückgelassen hatte? Welche Verantwortung kam dabei Guacanagarí zu, dem Kaziken, dem Kolumbus vertraut hatte? Diese Fragen waren nicht einfach zu beantworten, aber Kolumbus legte sich die Erklärung in der ihm eigenen Art zurecht: Demnach hätten sich die Christen ihr eigenes Grab geschaufelt, denn sie hatten nicht allein seine Anweisungen missachtet, sondern auch noch die Frauen vergewaltigt. Guacanagarí hätte sie daher gar nicht vor dem Angriff der Indios schützen können.



**150** Diese Karte der Insel Hispaniola aus dem Jahr 1528 stammt aus dem *Isolario*, dem Buch der Inseln, von Benedetto Bordone. Bei ihm erscheinen die Umrisse der Insel weniger realitätsgetreu als auf einer Skizze der nordöstlichen Küste, die Kolumbus zur Zeit der Entdeckung anfertigte. Sie wurde erst in jüngerer Zeit entdeckt und veröffentlicht (Biblioteca Nazionale Marciana, Venedig).

**151** In dem Brief, mit dem Kolumbus seine Entdeckung verkündete (1493), wurde dieses Bild verwendet. Es zeigt Bauten, die zu dem Zeitpunkt noch nicht errichtet waren. Die Grundsteinlegung für die erste Stadt der Neuen Welt erfolgte im Januar 1494.

Insula hyspa na

153 Auf diesem Kupferstich aus dem 16. Jahrhundert, der Kolumbus' Reisen verdeutlichen sollte, erkennt man große Siedlungen. In Wirklichkeit ließ der Admiral ein System aus Festungen errichten, um das Gebiet kontrollieren zu können.

## KOLUMBUS' GRÜNDUNGEN

Alle hatten es eilig, einen günstigen Platz für eine Stadtgründung zu finden. Die 1200 Menschen, die über das Meer gekommen waren, lebten schon zu lange auf den Schiffen. Ganz in der Nähe von Navidad, in einer kleinen Bucht, die allen geeignet schien, beschloss Kolumbus, die erste europäische Stadt der Neuen Welt zu errichten und sie zu Ehren der Königin La Isabela zu nennen.

Der Stadt war kein langes Leben vergönnt. Die Wahl des Ortes war ein Fehler, diktiert durch die Eile, die nie ein guter Ratgeber ist. Die Beschreibungen einer strahlenden Stadt mit schönen Steinhäusern, die Michele de Cuneo und Guillermo Coma verfassten, können nicht stimmen. Erstens gab es gar keine Steine zum Bauen, und zweitens reichten die sechs Monate, die man auf der Insel blieb, sicherlich nicht aus, um solche Pracht zu errichten. Von Anfang an hatte La Isabela mit Problemen zu kämpfen: Katastrophen, Feuer und Wirbelstürme.

Kolumbus entschloss sich 1496 zur Umsiedlung und gab kurz vor seiner Rückreise nach Kastilien seinem Bruder Bartolomeo den Auftrag, einen geeigneten Ort zu suchen. Die Nähe der Goldminen von Cibao und wahrscheinlich auch der Gebiete der Kazikin Anacaona, die damals Bartolomeos Geliebte war, gaben den Ausschlag für die Wahl des Südens der Insel, wo Bartolomeo am linken Ufer des Flusses Ozama die neue Stadt gründete. Im Jahr 1500 war Santo Domingo eine geschäftige Stadt, der verlassene Ort La Isabela hingegen bereits zur Viehweide verkommen.

Aber auch Bartolomeo traf wohl keine gute Wahl, denn 1502 ließ der Gouverneur Nicolás de Ovando die Stadt auf das andere Ufer des Ozama verlegen, an die Stelle, wo die Stadt auch heute noch liegt.

Um die Indios besser unter Kontrolle zu haben, ließ Kolumbus in der Nähe der von den Kaziken beherrschten Gebiete eine Reihe von Festungsanlagen – genau gesagt: sieben – errichten. Die erste war San Tomás in der Nähe des Flusses Jánico; Kolumbus ernannte Pedro Margarite zum Kommandanten mit dem Auftrag, dort ein Fort zu bauen, in dem 25 Menschen ständig leben konnten. Die fleißigen Schreiner und Maurer im Gefolge des Katalanen errichteten den Bau in Rekordzeit, denn Kolumbus schrieb den Königen, bereits im April 1494 habe es einen 18 Fuß breiten und 20 Fuß tiefen Graben um die Festung gegeben sowie in ihrem Inneren mehrere Häuser und einen überdachten Gang, durch den man zum Fluss gelangte. Die Festung La Concepción sollte in dem Gebiet gebaut werden, das der Kazike Guarionex beherrschte: neun Meilen von San Tomás und drei oder vier Meilen von den Goldminen entfernt – die später San Cristóbal genannt wurden – und auf halbem Weg nach La Isabela; ihr Kommandant war anfangs Juan de Ayala und später Miguel Ballester. Wenig später entstand die Festung Magdalena im Tal La Vega Real zur Kontrolle über den Fluss Yaqui, hier war anfangs Luis de Arriaga, später Diego de Escobar Kommandant. Danach entstanden Santa Caterina unter Fernando Navarro; La Esperanza am Ufer des Yaqui bei Cibao sowie in der Provinz von Bonao am Ufer des Yuna eine letzte, deren Name nicht bekannt ist.

Von all diesen Festungen bevorzugte Kolumbus La Concepción. Da sie im Inneren der Insel an einem trockenen und gesunden Ort lag, bot sie die besten Bedingungen zur Linderung seiner Rheumabeschwerden. Kolumbus gefiel es dort so gut, dass er am 21. Mai 1499 den Kommandanten der Festung schriftlich beauftragte, ein Stück Land einzufrieden – das er selber ihm vorher zeigte –, damit sein Sohn Diego dort ein Haus errichten könne, denn der wollte, wie er meinte, gerne nach Hispaniola kommen. Es ist nicht bekannt, ob Diego wirklich dort ein Haus baute, als er 1509 als Gouverneur nach Hispaniola kam.

Schaut man sich die Aufteilung der Insel von Norden nach Süden an – von La Isabela bis zur Mündung des Ozama, wo Jahre später die Stadt Santo Domingo entstehen sollte –, zeigt sich deutlich die Kolonialisierungsabsicht des Admirals. Er ging dabei allerdings anders vor, als er es bei den Portugiesen gesehen hatte, die ihre Festungen in Küstennähe errichtet hatten. Ab April oder Mai 1494 rückte Kolumbus stufenweise immer weiter in das Landesinnere vor, mit dem eindeutigen Ziel, die Kontrolle über die dortigen Gebiete zu erlangen. Jede Festung wurde in der Nähe eines Flusses errichtet und sollte imstande sein, dort eine sichere Verteidigungsbasis aufrecht zu erhalten.

Die Errichtung so vieler, strategisch bedeutsamer Festungen war eine Ernüchterung für die Indios. Schon früh schlossen sie, wie Kolumbus 1495 in einem Brief an die Könige andeutet, aus dem Bau von mehr Festungen als Booten, dass die Spanier sich für immer auf der Insel niederlassen wollten. Zweifellos traf Kolumbus mit dem Befehl, diese Festungen zur Kontrolle der Insel zu errichten, für ihre Kolonialisierung eine vorausschauende Entscheidung.

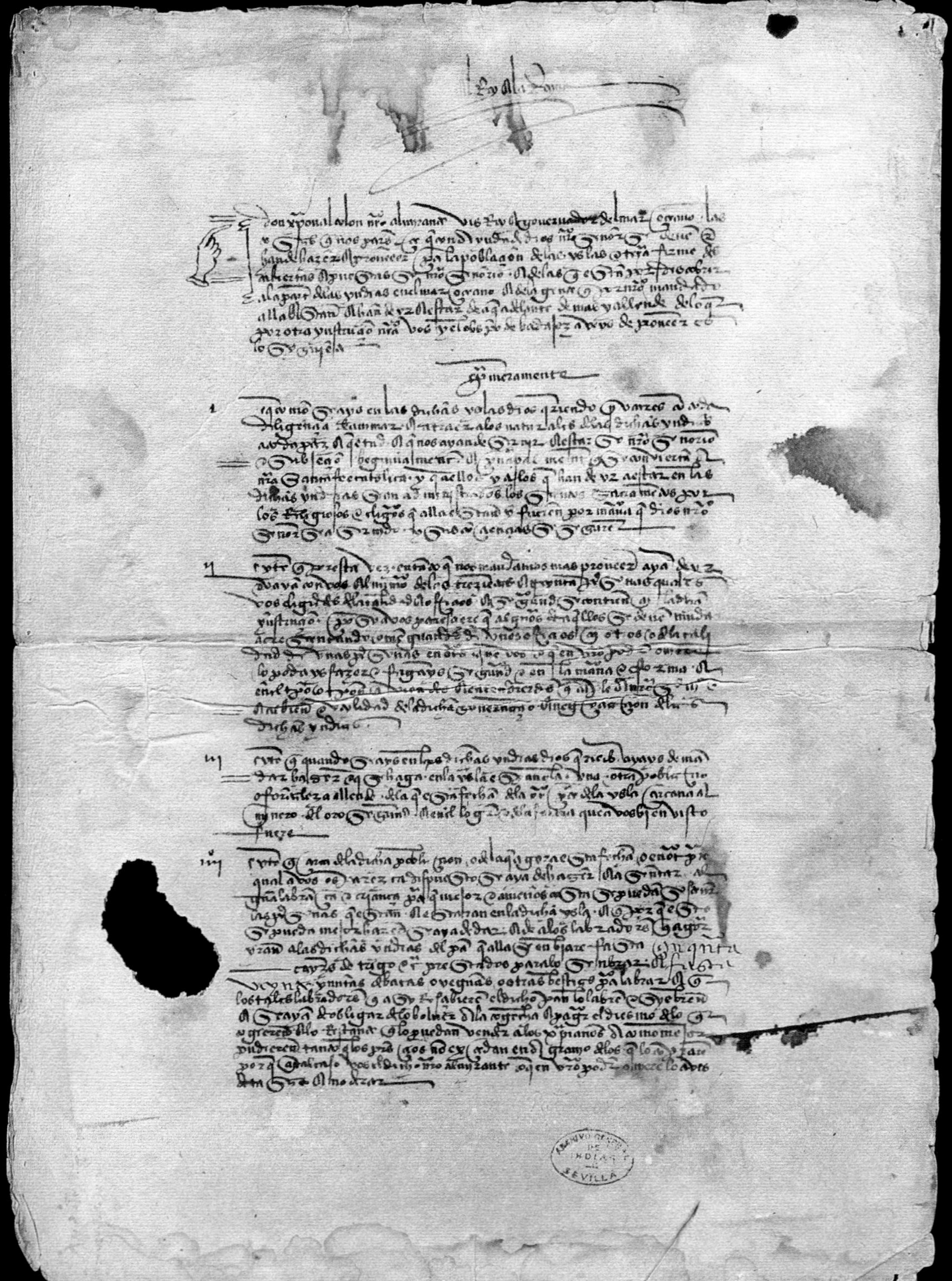


**154** Am 23. April 1497 schrieben Ferdinand und Isabella diesen Brief an Kolumbus. Er enthielt die Anweisung, während seiner Reisen zu den Westindischen Inseln in den entdeckten Gebieten Siedlungen zu bauen (Archivo General de Indias, Sevilla).

**155** Die Perlentaucherei auf der Insel Isla Margarita, die Kolumbus auf seiner dritten Reise in die Neue Welt entdeckte, wurde von Theodor Bry in der Bebilderung des Buchs *Americae* von Girolamo Benzoni aufgegriffen (Staats- und Stadtbibliothek, Augsburg).

Als Columbus den dritten Zug in Indiam gethan/ ist er an dem Meerschoß Para angefahren/ vnd in der Insel Cubagua angelendet/ welche er die Perꝛlin Insel genennet hat/ auß den vrsachen/ denn als er für diesem Meerschoß war hinaußgefahren mit seinen Schiffen/ hat er gesehen etliche Indianer/ die fischeten Meerschnecken auß jren kleinen Schifflein/ welche die Spanier vermeynten sie pflegeten sie zu essen/ als sie aber dieselbe aufftheten/ stacken sie gantz voller Perꝛlin/ darauß sie ein grosse Frewd empfiengen. Wie sie zum Gestaden kommen/ seynd sie außgestiegen auff das Landt/ da sahen sie an den Indianischen Weibern vber die massen schöne Perꝛlin/ die sie am Halß vnd Armen trugen/ solche Perꝛlin bekamen die Spanier von jhnen/ vnd gaben jnen geringe vnachtsame Waar dargegen. 2. Cap.

157 Auf Kolumbus' vierter Reise kam es auf Jamaika zu einer Revolte. Ein Jahr lang konnten die Gebrüder Porras mit 40 weiteren Männern ihre Stellung am äußersten Ende der Insel halten, bis schließlich die Revolte von Bartolomeo Kolumbus niedergeschlagen werden konnte. Die Szene ist im Werk *America* von de Bry wiedergegeben (Staats- und Stadtbibliothek, Augsburg).

## DIE SCHWIERIGEN ANFÄNGE

Als de Torres im Februar 1494 nach Spanien zurückkam, überbrachte er alarmierende Nachrichten. Diese zweite Reise in die Neue Welt schien unter einem schlechten Vorzeichen zu stehen. Da war nicht nur das Desaster von Navidad; die Neuankömmlinge hatten nicht die erhofften Mengen an Gold und Gewürzen gefunden, außerdem rafften Krankheiten viele Menschen dahin. Das Schreiben an das spanische Königspaar, das der Admiral de Torres mitgegeben hatte, konnte kaum deutlicher sein: Es fehlte an allem, Medikamenten, Lebensmitteln ... und trotzdem arbeiteten die Menschen ohne Unterlass, und deshalb zweifelte Kolumbus nicht daran, dass es richtig war, um eine Erhöhung des Lohns für jene zu bitten, die sich seiner Meinung nach besonders hervorgetan hatten. Unter ihnen waren Pedro Margarite und Doktor Chanca, der sich über Einkommenseinbußen auf den Inseln beklagte, weil er von den Kranken kein zusätzliches Honorar bekommen konnte. Außer der Forderung, Lebensmittel aller Art für die Kolonien zu schicken, bestand Kolumbus auch darauf, den Forderungen von Buyl und seinen Mönchen nachzukommen. Ein weiteres Problem, das ebenfalls angesprochen wurde, betrifft die über zweihundert Personen, die mittellos angekommen waren und nicht für ihr eigenes Auskommen sorgen konnten.

Die Expedition war seit eben drei Monaten auf der Insel, und schon tauchten unzählige Probleme auf, die sich mit der Zeit immer mehr verschärfen sollten. Die Reise dorthin hatte länger gedauert als erwartet, da man nicht auf direktem Weg nach Hispaniola gesegelt war. Sie waren zuerst auf Guadeloupe, dann auf Montserrat gewesen, und bis sie die Festung Navidad erreichten, hatten sie Gegenwind, der weitere Verspätungen verursachte. Die Menschen waren am Ende ihrer Kräfte, die Tiere starben.

Schon bald merkten sie, dass der Wein und viele Lebensmittel während der langen Reise verdorben waren und dass die Pferde, die sie für die Landarbeit mitgenommen hatten, nicht so robust waren, wie man ihnen zugesichert hatte.

Nachdem sie endlich auf Hispaniola waren, zeigte sich jeder als der, der er wirklich war. Es wurde offensichtlich, dass viele als Handwerker für Tätigkeiten angeheuert hatten, von denen sie eigentlich keine Ahnung hatten. All dies beklagt Kolumbus in seinen Briefen an Ferdinand und Isabella: Da gab es „Schreiner", die nicht mit einer Säge umgehen konnten, „Bergleute", die unfähig waren, echtes Gold von einer Legierung zu unterscheiden. Die Enttäuschung muss für alle groß gewesen sein: Es war bei weitem nicht das, was man sich erwartet hatte.

Kurz nachdem de Torres mit der Flotte abgereist war, hatte Kolumbus die erste Auseinandersetzung mit seinen Männern, als der Rechnungsführer Bernal di Pisa, der mit einer Gruppe Unzufriedener nach Kastilien zurückkehren wollte, versuchte, eines oder mehrere der noch im Hafen liegenden Schiffe zu nehmen, um schnell in See zu stechen. Anscheinend wurde Bernal, der Material gegen den Admiral gesammelt und dieses unvorsichtigerweise in einer Boje versteckt hatte, auf frischer Tat ertappt. Nachdem er dem entsprechenden Prozess unterzogen worden war, wurde Bernal di Pisa nach Spanien geschickt, und seine Komplizen wurden bestraft. Um sein Handeln gegenüber dem spanischen Königspaar zu rechtfertigten, schickte der Admiral am 14. Oktober 1495 einen Brief, in dem er Bernal der Korruption anklagte. Dem Brief zufolge übertrug Bernal den Männern Aufgaben, die die Unternehmung in Gefahr brachten, z. B. zu stehlen oder auch zu verhindern, dass die Kolonie gedieh.

DEs Columbus die vierdte Schiffahrt in Hispaniolam fürgenommen / hat Bombadilla jhm die Anlendung deß Meerhafens verbotten / ist also in der Insel Jamaica angefahren. Daselbst hat Franciscus Poresius ein Oberster vber ein Carauel mit sampt seinem Bruder vnd einem grossen theil Kriegsleuten ein Auffruhr erregt wider Columbum, vn̄ mit etlichen kleinen Schifflein der Indianer die Flucht in die Insel Hispaniolam genommen / Als er aber mit den geringen Schifflein nicht kondte durch das vngestümme Meer kommen / ist er wider vmbgekehrt. Als baldt Columbus deß Poresij zukunfft höret / hat er mit sampt seinem Bruder ein Schlachtordnung wider jn gestelt / vnd als es zum Treffen kommen / wurden viel erschlagen / vnd viel auff beyden Seiten verwundet / vnnd ward Franciscus Poresius vnd sein Bruder gefangen. 14. Cap.

Einen Monat später war es Pater Buyl, der sich gegen den Admiral stellte, indem er ihm vorwarf, die Männer zu hart zu bestrafen und bei der Verteilung der Lebensmittel zu streng zu sein oder ihm und seinen Leuten nicht das Geld zu geben, das ihnen zustand. Die Reaktion des Vizekönigs ließ nicht auf sich warten: Sofort ordnete er an, die Anteile der Mönche weiter zu reduzieren; die ihrerseits weigerten sich, die Sakramente zu spenden.

Der Brief, den Buyl de Torres für das Königspaar mitgab, ist unbekannt, aber wir kennen die Antwort an ihn vom 16. August 1494. Darin danken Ferdinand und Isabella ihm für seinen Einsatz. Sie zeigen sich erfreut über die Nachricht, die ihnen im Brief überbracht wird – vermutlich war der Brief also vor der Auseinandersetzung mit dem Admiral geschrieben worden –, und sie bitten ihn, auf der Insel zu bleiben, auch wenn ihm Dolmetscher fehlten, um die Indios zu bekehren; vermutlich hatte der Pater dies als Grund angeführt, weshalb er zurück nach Spanien wollte. Das Königspaar verweigerte ihm jedoch kategorisch die Genehmigung zur Rückkehr, es sei denn, es gebe gesundheitliche Probleme; in diesem Fall müsse ein anderer Geistlicher seine Stelle einnehmen. Daraufhin wurde Pater Buyl „plötzlich" krank und kehrte so bald wie möglich zurück.

Aber auch im Inneren der Insel standen die Dinge nicht gut. Pedro Margarite hatte Schwierigkeiten mit der Führung der Festung San Tomás und zog – vielleicht unter Missachtung der Anordnungen, wie Fernando Kolumbus behauptet – nach La Isabela, wo er das Oberkommando beanspruchte, anstatt, wie ihm befohlen worden war, das Gebiet des Cibao zu befrieden. Warum es zur Feindschaft zwischen ihm und Don Cristóbal kam, ist unbekannt, man weiß nur, dass er am 29. September 1494 die Gelegenheit nutzte, mit derselben Flotte, die Bartolomeo Kolumbus nach Übersee gebracht hatte, in Gesellschaft von Pater Buyl und seinen drei Mönchen nach Spanien zurückzukehren.

Las Casas zufolge war die Tatsache, dass Margarite die 400 Männer, die unter seinem Befehl standen, in der Festung zurückließ, einer der Gründe für die Demoralisierung der Menschen auf der Insel; die Männer waren führungslos und sich selbst überlassen und überfielen rücksichtslos die nahe liegenden Orte. Vielleicht war diese Einschätzung des Dominikanermönchs richtig, denn auch Fernando Kolumbus berichtete, die Soldaten hätten nicht allein die Indios bestohlen, sondern auch ihre Frauen vergewaltigt; sie müssen so brutal vorgegangen sein, dass die Einheimischen sich an jedem rächten, dem sie alleine und ohne Unterstützung begegneten. Aber Kolumbus war auf Erkundungsreise nach Kuba und Jamaika, als das Schiff ablegte, und konnte nichts tun, um Margarites Flucht zu verhindern.

Fernández de Oviedo gibt eine andere Version der Vorfälle. Ihm zufolge entstanden die Konflikte zwischen Buyl und Kolumbus, nachdem letzterer den Aragonesen Gáspar Ferriz zum Tode verurteilt hatte. Dieser Vorfall erzürnte sowohl Buyl als auch Margarite, die sich deshalb gegen Kolumbus zusammenschlossen; auch war dies für beide der Grund, nach Kastilien zurückzukehren. Las Casas, der Kolumbus stets wohlwollend beurteilt, behauptet kategorisch, der Admiral habe damals niemanden hängen lassen, und jener Gáspar tauche gar nicht in der Liste der Verurteilten auf, die er Jahre danach gesehen habe. Aber um welche Verurteilten handelt es sich hier eigentlich?

Welche Version des Vorfalls Buyl am Hof vortrug, weiß man nicht, aber es ist anzunehmen, dass der Mönch sich über das Verhalten des Admirals beschwerte und dass eben damals dem Königspaar klar wurde, dass sie jemanden auf die Inseln entsenden mussten, der vor Ort die vorgebrachten Beschwerden überprüfte.

Wenige Monate nach der Abreise von Pater Buyl und Margarite kam Kolumbus nach seiner langen Reise nach Kuba und Jamaika zurück nach La Isabela. Er war krank. Mangel an Lebensmitteln und Erschöpfung hatten zu einer „sehr schweren Krankheit zwischen pestartigem Fieber und Schläfrigkeit geführt, die ihn fast um sein Augenlicht, seine sonstigen Sinne und sein Bewusstsein brachte“, schreibt Fernando Kolumbus. In diesem Zustand, vielleicht sogar bewusstlos, nahmen ihn seine Brüder Diego und Bartolomeo in Empfang, die am 24. Juni 1494 auf die Insel gekommen waren. Bartolomeo und Christoph hatten sich seit Jahren nicht gesehen, die Freude muss groß gewesen sein.

Nach seiner Genesung bemühte Kolumbus sich, die Argumente der Deserteure zu entkräften. Die Gelegenheit hierzu bot sich im folgenden Jahr, am 24. Februar 1495, als Antonio de Torres zum zweiten Mal nach Kastilien zurückkehrte, dieses Mal bestand seine Fracht aus fünfhundert Sklaven für de Fonseca; Kolumbus schickte seinen Bruder Diego mit, der dem Königspaar Briefe mit seinen Beschwerden und Stellungnahmen überreichen sollte. Darunter ist ein sehr langes Schreiben, das er mit dem Vorwurf schließt, die Spanier, weltliche wie geistliche, seien nur deshalb nach Hispaniola gekommen, um „ohne Arbeit und Mühe“ reich zu werden, sie seien Glücksspieler, träge, schlecht erzogen und vom Geiz zerfressen. Dasselbe berichtet er 1500 in Granada seinem Freund, dem Humanisten Petrus Martyr von Anghiera, und dieser fügt es dem IV. Kapitel seiner ersten Dekade, gerichtet an den Kardinal Luis de Aragón, hinzu. „[Kolumbus] sagte, die Spanier, die mit ihm kamen, gäben sich lieber dem Nichtstun hin als der Arbeit und ließen sich eher von Rebellionen und Neuerungen als von Frieden und Ruhe begeistern.“ Zu seiner Rechtfertigung wies der Admiral sogar den Gesandten von Ferdinand und Isabella, Sebastian de Olano, an, den Majestäten in einem Brief zu versichern, dass Kolumbus ihn zu keiner Zeit davon abgehalten habe, seine Aufgabe auszuführen, und dass die Rechnungsführung der Kolonie den Vorschriften entspreche und korrekt in seinen Büchern verzeichnet sei.

Die in Spanien eintreffenden widersprüchlichen Briefe und Informationen zwangen das Königspaar zum Handeln, daher wurde im Oktober 1495 Juan Aguado nach Hispaniola geschickt, um die Führung der Amtsgeschäfte zu überprüfen. Als Untersuchungsrichter hatte er hierfür präzise Anweisungen. Er sollte die Zuweisung der Gelder überprüfen, den Klagen nachgehen und einigen der Personen, die sich über den Admiral beklagt hatten, die Rückkehr ermöglichen.

Aguados Ankunft überraschte Kolumbus im Landesinneren der Insel, wo er gegen die Brüder des Kaziken Caonabó kämpfte. Dorthin ging auch Aguado und erweckte bei manch einem die Hoffnung, ein neuer Admiral komme, um den Tyrannen abzusetzen. Die Freude, sowohl unter den Indios als auch bei vielen Spaniern, währte nur kurz. Mit seinem intriganten Verhalten sorgte er nur für eine Vergrößerung der Kluft zwischen Kolumbus' Partei und seinen Verleumdern. Die Quellen geben keinen eindeutigen Aufschluss über sein Vorgehen, aber sie lassen durchblicken, dass Aguado es dabei beließ, Kolumbus zu drohen: Er gedenke den Königen einen ungünstigen Bericht zu übergeben. Das sorgte wiederum unter Kolumbus' Feinden für Aufregung.

Kolumbus kündigte an, nach Kastilien zurückzukehren, um seine Version der Dinge darzulegen. Der Chronist Fernández de Oviedo allerdings gibt eine andere Erklärung. Er behauptet, Kolumbus sei auf Befehl von Aguado zurückgekehrt und habe sich seit damals einen Bart wachsen lassen und die braune Kutte der Franziskaner getragen. Fernando Kolumbus übergeht in seiner *Historia* diese unerfreuliche Episode im Leben seines Vaters und berichtet lediglich, dieser habe – nach der Wiederherstellung des Friedens auf der Insel – beschlossen, nach Kastilien zurückzukehren, um vor den Königen einige Dinge zu klären, „vor allem wegen der vielen, von Neid getriebenen Gegner, die nicht aufhörten, die Fortschritte auf den Inseln schlecht zu reden, sehr zu Schaden des Admirals und seiner Brüder.“ Auch Kolumbus selbst erwähnt Aguado und dessen Untersuchung in keiner seiner Schriften. Aguado, der nur

COlumbus von wegen daß er in ein Kranckheit gefallen / vnd alſo den Zug wider die Caraber muſte vnterwegen laſſen / iſt wider zu rück in Hiſpaniolam gefahren / da hat er ein groſſe Vnruhe darinn funden / von wegen der ſchendlichē vngebürlichen Laſter / ſo die Spanier in ſeinem abweſen begangen. Er aber hat nach ſeiner Weißheit vnd Verſtande baldt einen Raht funden ſolchem Vnraht zubegegnen / vnnd alle die jenige Spanier ſo an dieſer Auffruhr / Vrſächer vnd Rädlinführer geweſen / ſampt den jenigen / ſo theilhafftig an den begangenen Laſtern / laſſen vmbbringen vnd hinrichten / die Cacicos aber hat er auff alle weg vnd mittel vnderſtanden zu Frieden zubringen / Durch dieſe Strenghеit haben die Spanier ein groſſen Neidt vnnd Haſſz auff den Columbum geworffen / alſo daß ſie ſchier ſeinen Namen nicht mehr mochten hören nennen / vnnd auch ein Münch Benedicter Ordens den Columbum in Bann gethan: Dargegen Columbus gebotten / es ſolte den Mönchen auß ſeiner Speißkammer nichts dargereicht werden. Auß dieſen vrſachen iſt entſprungen / daß viel vnter jhnen falſche vnd vnehrliche Stück von jhm vnnd ſeinem Bruder an den König in Spanien geſchrieben: Derwegen Columbus als er wider zur Gſundheit kommen / wider zurück in Hiſpanien hat ſchiffen müſſen. 9. Cap.

fünf Monate auf der Insel blieb, und Kolumbus kehrten gemeinsam nach Spanien zurück und erreichten Cádiz am 11. Juni 1496. Der Bericht, den Aguado den Königen vorlegte, sowie die Argumente, die Don Cristóbal zu seiner Verteidigung vorbrachte, sind nicht bekannt. Fest steht nur, dass der Admiral zwei Jahre später nach Hispaniola zurückkehrte.

Im Februar 1496 hatte Kolumbus seinen Bruder Bartolomeo zum *Adelantado*, zum Provinzgouverneur der Inseln, ernannt. Dies war ein Amt mit höchsten militärischen Befugnissen. Don Cristóbal ging ruhig fort, denn er wusste die Führung der Insel in guten Händen. Trotzdem erwartete ihn bei seiner Rückkehr auf Hispaniola am 31. August 1498 ein ganz anderer Empfang als erhofft. Die Regierungsgeschäfte seines Bruders hatten sich als Fehlschlag erwiesen. Die Indios, auch die freundlich gesinnten, wurden brutal ausgebeutet; die Spanier waren unzufrieden; La Isabela war inzwischen in die neue Stadt Santo Domingo verlegt worden, und damit waren Probleme aller Art verbunden. 30 Prozent der Bevölkerung waren an Syphilis erkrankt. Zu alldem kam dann noch die erste Revolte der Spanier in ihrer Kolonie.

Eine Gruppe von Rebellen unter dem Befehl von Francisco Roldán, den Kolumbus zum *Alcalde mayor*, zum Bürgermeister von La Isabela, ernannt hatte, wollte eine neue Führung auf der Insel durchsetzen. Ihnen schlossen sich etliche Angehörige einer Schiffsbesatzung aus Kastilien an, die Santo Domingo verfehlt hatten und ausgerechnet in dem von Roldán kontrollierten Gebiet landeten. Roldán plante, zusammen mit den Rebellen die Festung Concepción anzugreifen, die zu der Zeit unter dem Befehl von Miguel Ballester stand; der meldete das so rasch wie möglich dem Admiral. Angesichts dieser Situation schickte Kolumbus im Oktober 1498 den Rebellen zwei Briefe, und versuchte, mit ihnen zu einer Vereinbarung zu kommen. Die Verhandlungen waren lang; im September des folgenden Jahres war noch keine Einigung erzielt. Nach einer Reihe von Vereinbarungen, die Kolumbus nicht einhalten konnte, sah sich der Vizekönig nicht nur gezwungen, die Anschuldigungen gegen Roldán fallen zu lassen, er gestand den Rebellen sogar Ländereien auf der gesamten Insel zu. Einige ließen sich in Bonao nieder, andere in La Vega oder in Santiago, und Roldán selber bekam von Kolumbus das Gebiet des Kaziken Beechío mitsamt dessen Untertanen. Damit waren die Rebellen über die gesamte Insel verstreut. Roldán und sein Gefolge hatten die Schlacht gewonnen.

Ein Jahr später begann wiederum Adrián Múxica eine Revolte gegen Roldán, die vom Admiral niedergeschlagen wurde. Der Rebell wurde zum Tode verurteilt und starb im Gefängnis von Santo Domingo.



**160** Vor den entsetzten Augen von Pater Buyl ordnet Kolumbus an, Gáspar Ferriz zu hängen, und macht sich dadurch den Pater und viele seiner Gefolgsleute zum Feind. Das Bild aus dem Werk *America* von de Bry zeigt drei Gehenkte. So war es damals allerdings nicht. Es handelt sich um eine Übertreibung des Künstlers, der die Brutalität der Spanier anprangern wollte (Staats- und Stadtbibliothek, Augsburg).

**162** Der Kazike Guacanagarí schenkte Kolumbus einen Gürtel, der dem hier dargestellten sehr ähnlich war (Museum für Völkerkunde, Wien).

**163** Diese Abbildung aus *America* von de Bry zeigt die erste Begegnung Kolumbus' mit den Indios. Zur Begrüßung überreicht der Kazike Guacanagarí persönliche Wertgegenstände (Staats- und Stadtbibliothek, Augsburg).

## DIE BEZIEHUNG ZU DEN INDIOS

Christoph Kolumbus' oberstes Ziel war das Erkunden und Erobern neuer Gebiete, und so verbrachte er den größten Teil seiner Zeit mit Reisen zu den umliegenden Inseln. Während seiner Abwesenheit kümmerte sich ein Regierungsrat unter dem Vorsitz von Diego um die Kolonie.

Der jüngste der Kolumbus-Brüder war ein schwacher Mann, und daher waren die Indios, die mittlerweile ihre Furcht vor den Christen verloren hatten, dazu übergegangen, diese bei jeder sich bietenden Gelegenheit anzugreifen. Guatiguaná, der Kazike der Magdalena, ordnete die Exekution von zehn Spaniern an, die sich auf sein Gebiet verirrt hatten, und besetzte die Festung. Daraufhin schworen die Spanier, für jeden im Kampf getöteten Christen müssten zehn Indios sterben.

Ende 1495 kehrte Kolumbus von seiner Reise nach Kuba und Jamaika zurück. Er ordnete die Verhaftung von Guatiguaná an, aber der konnte fliehen. Etwa 50 Indios aus seinem Stamm wurden gefangen genommen und als Sklaven mit der Flotte, die am 24. Februar 1494 in See stach, nach Kastilien verschifft.

Aber auch die Beziehungen zu den verbündeten Indios waren nicht immer die besten. Die Brüder Kolumbus besteuerten die Einwohner von Cibao und Vega. Wer über 14 Jahre alt war, musste alle drei Monate eine bestimmte Menge Gold oder eine Arroba (11,502 kg) Baumwolle abliefern, eine unerfüllbare Forderung. Der Kazike Guarionex machte deshalb einen anderen Vorschlag: Seine Untertanen könnten eine große Yucca-Plantage anlegen, die die Spanier ständig mit Brot versorgen würde, denn das fehlte, so meinte er, am stärksten. Kolumbus ging nicht darauf ein, aber er war bereit, die Abgaben zu halbieren, da er einsah, dass die Indios gar nicht über genügend Werkzeug verfügten, um die geforderte Menge zu liefern.

Anfang 1496 wurde dem Admiral klar, dass sein Steuersystem nicht funktionierte. Da die Indios weder die Abgaben zahlten noch das Land bestellten, gab Kolumbus bekannt, dass die Siedler so viele Indios in ihren Dienst nehmen konnten, wie für die Arbeiten in ihren Häusern und auf den Feldern notwendig waren; es ging ihm dabei darum, sich die Sympathien der Siedler zu erhalten und sie vor Hunger zu bewahren. Selbstverständlich lehnten die Indios diese Maßnahme ab; sie verweigerten sich, verließen ihre Felder und flohen in die Berge. Das wenige Saatgut, das man aus Spanien mitgebracht hatte, vertrocknete. Die Siedler waren nicht bereit, die Arbeit fortzuführen: Das war es doch nicht, weshalb sie hierher gekommen waren.

Kolumbus nutzte diese Gelegenheit, um auf zwei Plantagen das sogenannte „Brasilholz“, eine Drachenbaumart, anzupflanzen, das die Investition lohnte. Die Geschäfte mit dieser färbenden Pflanze brachten ihm wie auch seinen Söhnen gute Gewinne. Als privilegierter Partner der spanischen Krone hatte er vermutlich das Recht auf die größte Plantage.

Die Nachrichten von den Westindischen Inseln wurden immer beunruhigender, und das spanische Königspaar verlor nach und nach sein Vertrauen in den Admiral. Das Unternehmen der Westfahrt nach Indien, so meinten viele, war gescheitert, und viele Kastilianer hingen der Meinung an, man solle die Brüder Kolumbus ausweisen. Trotz allem versuchten Ferdinand und Isabella stets, auch die Argumente von Don Cristóbal zu hören und die verschiedenen Aussagen abzuwägen.

**164 und 165** Die Königreiche von Ferdinand (1456–1516), König von Aragón, und Isabella (1451–1504), Königin von Kastilien, vereinten sich unter ihrem Nachfolger und Enkel, der als Kaiser Karl V. in die Geschichte einging. Beide unterstützten Kolumbus seit der Unterzeichnung der *Capitulaciones*. Außenpolitisch war Ferdinand mehr am Mittelmeer interessiert, während Isabella ihre Anstrengungen auf die überseeische Expansion richtete; zuerst auf die Kanarischen Inseln und danach auf die Neue Welt (Archivo General de Indias, Sevilla).

## Der Sturz des Vizekönigs

1498 kamen die ersten Berichte über die Revolte von Roldán nach Spanien; sie stammten von Kolumbus sowie auch vom Rebellen selber. Außerdem brachte das Schiff eine beachtliche Ladung Sklaven mit. Dies veranlasste das spanische Königspaar dazu, die Vorfälle durch eine Person seines Vertrauens untersuchen zu lassen. Schließlich hatte Kolumbus selbst um Unterstützung durch einen Richter gebeten. Pater Francisco de Bobadilla, dem man die heikle Mission anvertraute, sollte eigentlich nur die Revolte von Roldán genauer untersuchen. Die Anordnung, unterzeichnet in Madrid am 21. März 1499, forderte Kolumbus dazu auf, jede mögliche Unterstützung zu gewähren. Das Königspaar erfüllte ja im Grunde nur die Forderung des Admirals.

Zwei Monate später, am 21. Mai, gaben Ferdinand und Isabella – die sicherlich Informationen aus Hispaniola erhalten hatten – zwei neue Bestimmungen bekannt. Die erste verkündete den Räten, Richtern, Amtsträgern, Soldaten, Offizieren und allen Bewohnern der Inseln und des Festlands die Ernennung des Komturs Francisco de Bobadilla zum Gouverneur. Mit keinem Wort wird einer der Kolumbus-Brüder genannt, weder Christoph noch Bartolomeo. Lediglich in einer Klausel heißt es, sie dürften jeden nach Kastilien schicken, der ihrer Meinung nach nicht auf der Insel bleiben sollte. Die zweite Bestimmung ist an Kolumbus gerichtet und spricht ihn erstmals nur noch als „unseren Admiral des Ozeans“ an, außerdem an seine Brüder und alle, die auf den Inseln ein Amt ausübten: Sie werden aufgefordert, Bobadilla alle Festungen, Häuser, Schiffe, Waffen, Munition, Pferde und Zugtiere zu überlassen.

Fünf Tage später, am 26. Mai 1499, verfasste das Königspaar einen Brief, den Bobadilla Kolumbus bei seiner Ankunft persönlich übergeben sollte. In diesem sehr kurzen Schreiben, in dessen Anrede auch der Titel „Vizekönig“ fehlt, teilen sie mit, dass Bobadilla in ihrem Auftrag reise und Kolumbus sich ihm zu unterstellen habe.

Obwohl also bereits 1499 die Voraussetzungen geregelt waren, wurde der neue Gouverneur nicht auf die Reise geschickt. Bobadilla blieb noch ein ganzes Jahr in Spanien. Vielleicht hoffte das Königspaar doch noch auf gute Nachrichten aus Übersee oder sah keine Notwendigkeit mehr für eine Untersuchung, weil Roldán inzwischen unterworfen war.

Schon bald aber wurden alle Zweifel zerstreut. Die Berichte vom Ende der Revolte, die die Karavellen mitbrachten, verschlimmerten die Lage. Kolumbus hatte die Könige in einem Brief um die Annullierung des Abkommens gebeten, das er selber mit dem Rebellen geschlossen hatte; Ferdinand und Isabella empfanden die Bitte, zu Recht, als empörend und unangemessen. Kardinal Cisneros hatte einen ausführlichen Brief von Roldán bekommen, der Don Cristóbal und seine Brüder als Despoten anklagte. Weitere Zeugen, die unbekannt sind, gossen Öl ins Feuer.

Warum Bobadilla nicht abreiste, beschäftigte die Menschen in Kastilien wie in Übersee. Damals wurde erstmals der Vorwurf laut, Kolumbus und seine Brüder wollten die Westindischen Inseln in die Hand der Genuesen geben. Eine schwere, aber unwahre Beschuldigung: Sicher umgab sich der Genuese mit seinen Landsleuten, aber niemals hätte er sich gegen sein spanisches Königspaar aufgelehnt. Um die Gerüchte zu widerlegen, schrieb Kolumbus im Oktober 1500 einen Brief an den Hauslehrer des Thronfolgers Juan und zählte auf, wie oft man ihm schon unterstellt habe, er wolle die Inseln anderen Herrschern abtreten; zum ersten Mal, als er bei der Rückkehr seiner Erkundungsreise in Lissabon anlegen musste und man behauptete, er habe das getan, um die Gebiete König Johann II. zu überlassen, aber auch bei anderen Gelegenheiten. „Ich verstehe nicht, wer mich für so dumm halten könnte, nicht zu merken, dass ich mich, selbst wenn die Indischen Inseln mir gehören würden, nicht für einen Tag ohne die Hilfe eines Herrschers halten könnte. Wie könnte ich also einen festeren Halt und einen besseren Schutz finden als bei dem König und der Königin, unseren Herrschern, die mich aus dem Nichts in so hohe Würden gehoben haben und die die mächtigsten Herrscher der Welt sind, auf dem Meer und auf dem Land?“ War er aufrichtig? Vielleicht, aber man darf nicht vergessen, dass von nun an auf Befehl des spanischen Königspaars alle Männer, die Kolumbus mit der Wahrnehmung seiner Interessen auf den Westindischen Inseln beauftragte, gebürtige Spanier sein mussten. Das geschah ja nicht ohne Grund.

Und noch etwas schädigte den Ruf des Genuesen. Die Siedler auf den Inseln waren nicht bezahlt worden. Ihre Klagen äußerten sich in etlichen Schriftstücken, die gleichzeitig an den Admiral und den Gouverneur adressiert waren: Sie forderten diese auf, die Zahlungen zu leisten. Der Admiral sollte diejenigen entlohnen, die in seinem Auftrag auf die Westindischen Inseln gekommen waren, und Bobadilla die, die im Auftrag der spanischen Krone dort waren.

Fernando Kolumbus berichtet, dass damals, zwischen dem 21. und dem 31. Juli, eine Gruppe heimgekehrter, unzufriedener Siedler in Granada Trauben warf, wenn König Ferdinand vorbeikam und dabei schrie: „Zahle, zahle!“, und, so fügt er hinzu, „wenn wir, ich und mein Bruder, die wir Pagen der erlauchten Königin waren, zufällig dort vorbeikamen, schrien sie, dass es bis zum Himmel schallte, und sagten: ‚Schau die Söhne des Admirals, die Filzläuse von dem, der die Länder der Eitelkeit und des Betrugs entdeckt hat, Grab und Elend der kastilischen Edelleute'; sie fügten noch andere Niederträchtigkeiten hinzu, und wir hüteten uns, an ihnen vorbeizugehen.“

Die Situation war unhaltbar, und so hatte das Königspaar keine andere Wahl, als sich endlich zur Entsendung des neuen Gouverneurs durchzuringen. Neue Weisungen wurden verfasst. Der Gouverneur sollte nun feststellen, wie viele Personen sich im Auftrag des Königspaars auf der Insel befanden, und offene Rechnungen begleichen. Außerdem bekam Bobadilla einige Blankoschreiben, die er einsetzen konnte, wo er es für angemessen hielt.

Mitten im Sommer machte sich Bobadilla auf den Weg nach Hispaniola. Die Flotte bestand aus zwei Karavellen, auf denen jeweils 50 Personen mitreisten. 25 davon standen für ein Jahr unter Vertrag, die anderen waren Geistliche und persönliche Bedienstete. Außerdem kehrten 19 Indios, die Kolumbus im Jahr zuvor geschickt hatte, als freie Menschen in ihre Heimat zurück.

Irgendwann beschloss er sogar, die Personen, die noch keinen Lohn erhalten hatten, und die Lieferanten, die Vorräte aus Spanien brachten, statt mit Geld mit Sklaven zu entlohnen; eine Anordnung, die dem spanischen Königspaar zuwider war.

166 1500 kam Francisco de Bobadilla als Untersuchungsrichter und Gouverneur auf die Westindischen Inseln. Nach seiner Untersuchung kamen die Gebrüder Kolumbus nach Spanien zurück. Der Admiral verlor seine Ämter als Vizekönig und Gouverneur, konnte aber den Titel des Admirals und seine wirtschaftlichen Privilegien behalten.

## DAS UNTERSUCHUNGSVERFAHREN

Am 23. August 1500 kam Bobadilla im Hafen von Santo Domingo an. Das Erste, was er vom Schiff aus sah, waren zwei Galgen, an denen zwei weiße Männer hingen. Entsetzt fragte er die Leute, die ihn empfingen, was das zu bedeuten habe. Sie antworteten ihm nur, dass in dieser Woche bereits sieben Spanier aufgehängt worden seien und fünf weitere im Gefängnis auf ihre Hinrichtung warteten. Als er sich nach dem Admiral erkundigte, hörte er, Don Cristóbal sei in Concepción de La Vega und Don Bartolomeo in Xaraguá, um die letzten noch aktiven Rebellen zu fangen und aufzuhängen, und jeder der beiden habe einen Priester bei sich, der den Verurteilten die Beichte abnehmen sollte.

Der Gouverneur begab sich am folgenden Tag in die Kirche und wies im Anschluss an den Gottesdienst vor der Kirche und in Anwesenheit von Don Diego allen Anwesenden die Dokumente vor, die ihn als Gouverneur legitimierten, was Diego nicht anerkennen wollte. Direkt danach forderte er die Herausgabe der Häftlinge sowie der Prozessakten, um für Gerechtigkeit sorgen zu können. Diego verweigerte ihm dies und wies darauf hin, dass sein Bruder erstens im Rang höher stehe als Bobadilla und sie zweitens nicht befugt seien, über eine Herausgabe der Gefangenen zu entscheiden; stattdessen forderte er, den Brief dem Vizekönig zuzustellen. Diego wie auch die anderen Amtsträger auf der Insel widersetzten sich dem Gouverneur und versuchten mit jämmerlichen Ausflüchten, das Unvermeidbare hinauszuschieben. Nach einigem Hin und Her konnte Bobadilla sein Amt antreten, übernahm die Festung, die ohne große Schwierigkeiten fiel, und befreite die Häftlinge.

Die Absetzung des Admirals als Vizekönig und Gouverneur und die Freude darüber, demnächst die ausstehenden Löhne zu erhalten, sorgten dafür, dass vor allem jene, die im Dienst der spanischen Krone standen, sich auf die Seite des Untersuchungsrichters stellten; anders Diego, der sich ihm widersetzte. Bobadilla sah sich daher gezwungen, ihn festzusetzen, wahrscheinlich in seinem Haus.

Während der Gouverneur Boten zu Christoph und Bartolomeo schickte und sie aufforderte, vor ihm zu erscheinen, begann er, seinem Auftrag gemäß, mit der Befragung des *Alcalde* und des Schatzmeisters. Die Brüder erschienen erst am 15. September in Santo Domingo, 23 Tage nach der Ankunft Bobadillas. Die Themen der Unterredung zwischen Bobadilla und Don Cristóbal sind bekannt, die mit Bartolomeo nicht. Kolumbus gab zu, die Löhne nicht ausgezahlt zu haben, betonte aber, dass er dies bald tun wollte; zu den Prozessakten der gehenkten Personen und der Gefangenen sagte er aus, diese nicht bei sich zu haben, da er sie nach Kastilien geschickt hatte. Er ging davon aus – so fügte er hinzu – dass sie verbrannt seien. Diese Entschuldigung ließ Bobadilla nicht durchgehen und ordnete daher an, die beiden Brüder festzunehmen.

Diesem Verhör folgte der Prozess. Auf der ganzen Insel lebten damals etwa 300 Siedler. Es ist nicht bekannt, nach welchen Kriterien der Gouverneur seine 22 Zeugen einberief. Wahrscheinlich hatten sie alle einen gewissen Status oder waren aufgrund ihrer Ämter oder Funktionen mit jenen Vorfällen vertraut, die geklärt werden sollten. Einmal beklagte Kolumbus, dass Bobadilla nur jene als Zeugen einberufen hatte, die sich an der Seite von Roldán am Aufstand beteiligt hatten. So war es aber nicht. Zwei von ihnen, Pedro de Terreros und Pedro de Salcedo, standen dem Admiral sehr nahe. Und mindestens fünf von ihnen sagten Jahre später während der *Pleitos Colombinos* für Don Diego aus, zwei dienten Bartolomeo Kolumbus in einer weiteren Auseinandersetzung mit der spanischen Krone als Zeugen. Aber es gab auch einige, die sicher starken Groll gegen den Admiral hegten, wie Vallés oder Montoya, die bei der Ankunft Bobadillas im Gefängnis saßen, oder Montalbán, dem der Admiral eine Hand hatte abschneiden lassen. Bei den anderen lassen die Aussagen keine Parteinahme für oder gegen den Vizekönig erkennen. Interessant ist, dass ihre Aussagen sich im Grundgehalt nicht unterscheiden.

Das Verhör behandelte drei Themen. Mit der ersten Frage sollte geprüft werden, ob Kolumbus versucht hatte, Leute für sich zu gewinnen, um sich dem neuen Gouverneur zu widersetzen; die zweite sollte Klarheit darüber bringen, ob der Admiral oder seine Brüder die Christianisierung der Indios verboten hätten; die dritte untersuchte das Verhalten der Brüder Kolumbus sowie „viele andere Fehlverhalten und Ungerechtigkeiten" gegen die Bewohner der Insel.

Die Zeugen kamen in großer Zahl, vielleicht unter Druck des Gouverneurs, und fügten etliche Details zu anderen Bereichen hinzu.

Es scheint eindeutig zu sein, dass Kolumbus versuchte, Indios und Christen zu vereinen, als er von der Ankunft Bobadillas erfuhr. Zu Anfang hatte der Admiral gedacht, dass die – für ihn überraschende – Ankunft einer neuen Flotte eine weitere Erkundungsfahrt bedeutete, wie die von Hojeda im Jahr zuvor. Im Verlauf des Prozesses wurde dann nachgewiesen, dass Kolumbus nach Bekanntwerden der Ankunft eines neuen Gouverneurs in Santo Domingo mit allen ihm zur Verfügung stehenden Mitteln versuchte, dem neuen Würdenträger mit einer großen Zahl von Christen sowie von Eingeborenen entgegenzutreten. Kolumbus entwickelte seine Strategie blitzartig. Er schrieb seinem Bruder Bartolomeo und ersuchte ihn, gemeinsam vorzugehen, was auch geschah. Sie mussten sich der Loyalität der Spanier in Bonao, wo sich viele Wege nach Santo Domingo kreuzten, versichern; dorthin schickte er den treuen Terreros. Die 17 Zeugen, die auf diese Frage antworteten, erklärten ausnahmslos, dass Kolumbus Widerstand leisten und dass er nach Santo Domingo gehen und Bobadilla auf ein Schiff setzen wollte,

**169** Lorenzo Delleani malte 1863 Kolumbus in Ketten während der Überfahrt nach Kastilien. Dort musste er sich wegen seiner Amtsführung als Gouverneur der Westindischen Inseln verantworten (Galleria Civica d'Arte Moderna, Genua).

um ihn zurück nach Kastilien zu schicken. Und einige fügten hinzu, dass er persönlich bei dem spanischen Königspaar vorsprechen wollte, um gegen die erlittene Beleidigung zu protestieren.

Wollte Kolumbus mit diesem Verhalten in der Kolonie einen Bürgerkrieg provozieren, wie ihm später mehr oder weniger verhüllt unterstellt wurde? Rodrigo Pérez, der Statthalter Kolumbus', erklärte, dass dieser, wenn er über die Westindischen Inseln sprach, sich häufig beklagte und sagte: „Uns müsste bezüglich der Inseln Rechenschaft abgelegt werden, uns allein, die wir diese Gebiete erobert haben", und am Ende habe er müde hinzugefügt „im Auftrag der Könige".

Der Genuese wusste sehr genau, dass er, selbst wenn er ein ganzes Bataillon um sich hätte scharen können, niemals die Macht aufrechterhalten hätte. Weder konnte er gut befehlen, noch wusste er die Menschen an sich zu binden. Das Einzige, was er zu seiner Verteidigung sagte, war, dass er nach Kastilien zurückzukehren wolle, um dem spanischen Königspaar die Vorfälle zu erläutern, und dann wieder nach Westen segeln, um im Atlantik die Passage zu suchen, die, wie er meinte, nicht mehr weit sein konnte.

Mit der zweiten Frage sollte in keiner Weise Kolumbus' Glaube in Zweifel gestellt werden. Darüber gab es nie Diskussionen. Der Admiral war ein tief religiöser Mensch; ein Seefahrer, der auf allen eroberten Gebieten ein Kreuz aufstellte, nachdem er mit seinen Kameraden das Ave-Maria gebetet hatte; ein Vizekönig, der das spanische Herrscherpaar immer wieder bat, gute Geistliche zu schicken, um die Indios zu bekehren und über die verdorbenen Seelen der Siedler zu wachen. Er sollte versucht haben, die Taufe der Einheimischen zu verhindern, noch dazu, wo das spanische Königspaar ihm die Missionierung ausdrücklich aufgetragen hatte? Mit Ausnahme von Terreros erklärten alle, dass Kolumbus selber darüber entschied, welche Indios getauft werden konnten. In seinem Brief an die Könige entschuldigt sich der Admiral: Sein Gewissen hindere ihn daran, der Taufe von Menschen zuzustimmen, denen nicht nur die Sakramente fremd seien, sondern auch das Vaterunser und das Ave-Maria. Kann dies wirklich der Grund gewesen sein? Die Zeugen beschuldigten den Admiral, er habe Taufen verhindert, um die Indios versklaven zu können.

Die Zeugenaussagen auf die dritte Frage zeigten den Admiral und seine Brüder in schlechtem Licht. Alle erklärten einhellig, der Admiral und seine Brüder verhängten schon für Kleinigkeiten überzogene Strafen. Sie wurden beschuldigt, ohne vorangegangene Prozesse Urteile gesprochen zu haben. Angeblich habe Kolumbus den eigenen Beamten erlaubt, aus Nahrungsmitteln Gewinn zu ziehen. Auf die eine oder andere Weise verurteilten alle Zeugen die Geldgier von Don Cristóbal: Wenn er die Löhne auszahlte, tat er dies mit Sklaven; er forderte von den Siedlern, Gold für ihn zu finden, was unter den Leuten einen gewissen Widerwillen erzeugte.

Kolumbus war ein schlechter Gouverneur, das geht aus zahllosen Dingen hervor. Die Zeugenaussagen verdeutlichen die ganze Brutalität dieser fernen Welt, in der sich niemand wohl fühlte. Auf Hispaniola herrschten Hunger und Krankheiten und, was hinzukam: Keiner hatte eigentlich einen Vorteil davon, dort zu sein. Die Siedler waren, dem Urteil des Vizekönigs zufolge, zum größten Teil Schwindler, Faulenzer und Gauner, umgekehrt sahen die Spanier in den Gebrüdern Kolumbus jähzornige Despoten.

Auch die fünf Franziskanermönche, die mit Bobadilla am 23. August nach Santo Domingo gekommen waren, gossen noch Öl ins Feuer. Einige von ihnen waren zum zweiten Mal in Westindien; andere, wie Pater Francisco Ruiz, Vertreter von Kardinal Cisneros, zum ersten Mal. Gemeinsam beschlossen sie, Cisneros eine Reihe von Briefen und Berichten zu senden, in denen sie ihre eigene Version über die Situation auf der Insel geben.

Wieder wurde der Admiral beschuldigt, die neuen Gebiete in die Hand seiner Landsleute zu geben, weshalb sie den Kardinal eindringlich auffordern, seine Rückkehr auf die Insel zu verhindern. Für sie ist es eindeutig, dass der Amiral sich gegen Bobadilla habe auflehnen wollen, und damit diese Niedertracht gelinge, habe er erfolglos versucht, Indios und Christen anzuheuern. Zu dem angeblichen Verbot des Gouverneurs Kolumbus, Indios zu taufen, äußern sie sich nicht, aber sie werden nicht müde, einander zu loben und auf die vielen Indios hinzuweisen, die sie in so kurzer Zeit getauft hätten: nicht weniger als 5000. Eine beachtliche und kaum glaubwürdige Zahl. Sie hätten so viel Arbeit, dass sie dringend um Zuweisung weiterer Missionare baten. Die Pater, plötzlich

Experten für Verwaltungsfragen, versäumen auch nicht, mehr Rechte einzufordern, damit ihre Arbeit effizienter durchgeführt werden könne. Aber für ihre Mission bräuchten sie Geld und schlügen deshalb vor, von den Christen die Zahlung des Zehnten und sonstige Abgaben zu fordern. Und natürlich sprechen sie sich für die Beibehaltung der Privilegien aus, die es ihnen ermöglichen, von den Christen Gold zu nehmen, denn obwohl es davon nur wenig gab, waren sie doch der Ansicht, dass auch ihnen etwas zukommen müsse.

Nachdem der Admiral seine Aussage abgeschlossen hatte, ordnete Bobadilla die Festnahme der drei Brüder an. Am wahrscheinlichsten ist es, dass er beschloss, sie auf das Schiff zu führen, mit dem sie einige Wochen später nach Kastilien zurückgebracht werden sollten. Der neue Gouverneur führte seine Befehle auf das Genaueste aus: Sollte er es für nötig befinden, dass jemand von den Inseln ausgewiesen werden müsse, sollte er die Person an den königlichen Hof schicken. Und das tat er. Die drei Brüder Kolumbus sollten die Überfahrt zusammen machen.

Sie wurden festgenommen, zweifellos, aber legte man sie wirklich in Ketten? Las Casas berichtet, dass niemand den Befehl des neuen Gouverneurs, den Admiral in Ketten zu legen, ausführen wollte, bis sich ein Koch, ein gewisser Espinosa, als Freiwilliger meldete. Der Dominikaner fügt noch hinzu, Kolumbus habe die Ketten später aufbewahrt, damit sie mit seiner sterblichen Hülle begraben würden, „zum Zeichen dafür, welcher Dank den Sterblichen in dieser Welt zuteil wird".

Las Casas gibt das Gespräch zwischen Kolumbus und seinem Aufseher detailliert wieder, als dieser in die Festung kam, um ihn zum Schiff zu bringen. „Vallejo, wohin bringst du mich?", fragte der Admiral niedergeschlagen. „Señor, Sie müssen sich auf das Schiff Ihrer Majestäten begeben", antwortete Alonso. „Ist das wirklich so, Vallejo?", fragte Kolumbus nach, und Vallejo antwortete: „Ich schwöre beim Leben meiner Könige, das dies die Wahrheit ist." Fernando Kolumbus seinerseits fügt noch ein Detail hinzu, nämlich dass sich die Feinde des Admirals im Hafen versammelten und auf Hörnern bliesen, damit die Gefangenen sie auf dem Schiff hören konnten, und dass im Ort eine Schmähschrift gegen den Admiral verlesen wurde. Was für eine furchtbare Abreise!

Anfang Oktober stachen sie auf der *Gorda* in See, die zur Flotte unter Alonso Vallejo gehörte. Auch Andrés Martín, der Eigentümer der *Gorda*, war dabei. Zwei gute Menschen, wie Las Casas sagt, die beide den Admiral und seine Brüder gut behandelten. Gleich nachdem sie abgelegt hatten, wollten sie ihnen die Ketten abnehmen. Kolumbus verweigerte dies, er wollte so vor die Könige treten. Vielleicht wurden Kolumbus und seine Brüder bei ihrer Ankunft in Cádiz am 20. November heimlich vom Schiff heruntergeholt, damit sie vor den Briefen Bobadillas am Hof eintrafen. Ob das wirklich so war, weiß man nicht.

# DIE LETZTEN JAHRE

*Viertes Kapitel*

**172–173** Die sterblichen Überreste von Christoph Kolumbus ruhen in diesem Grabmal der Kathedrale von Sevilla.

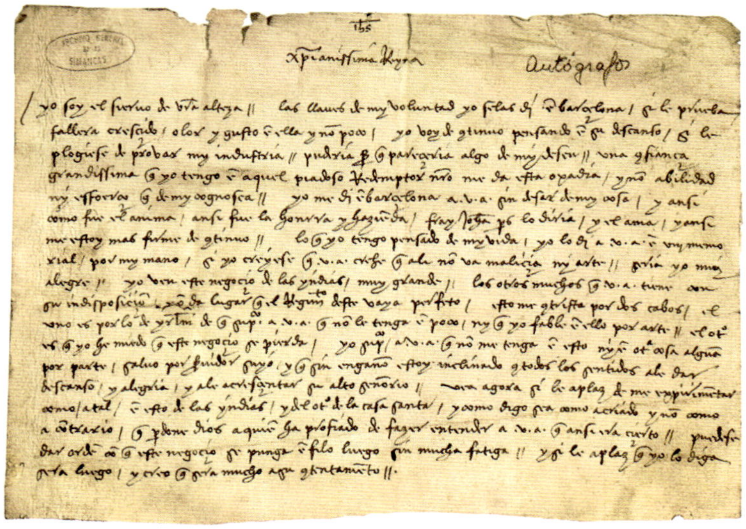

**174** Dieser handgeschriebene Brief von Kolumbus an Königin Isabella entstand gegen Ende des Jahres 1500, als er nach seiner Absetzung durch Bobadilla nach Kastilien zurückkam (Archivo General de Simancas).

**175** Die Miniaturmalerei zeigt Ferdinand und Isabella mit der Infantin Johanna, die ihnen als Königin nachfolgte (Musée Condé, Chantilly).

## RÜCKKEHR NACH SPANIEN

Am 20. November 1500 trafen die Kolumbus-Brüder in Cádiz ein. Es ist nicht bekannt, was während der Überfahrt geschah und wie es unmittelbar nach der Landung weiterging. In Spanien wusste man nicht, wen diese Schiffe brachten, denn seit Bobadillas Abfahrt einige Monate zuvor war kein Schiff von den Inseln angekommen. Es ist eher unwahrscheinlich, dass Kapitän Alonso Vallejo den Anordnungen des Gouverneurs folgte und die Gefangenen dem Gouverneur von Cádiz auslieferte; wahrscheinlich ist eher, dass der Kapitän und sein Steuermann sich entschlossen, sie freizulassen. Selbstverständlich lag Kolumbus viel daran, dem spanischen Königspaar, dem er Bobadillas Bericht persönlich überbringen sollte, gleichzeitig seine eigene Version darzulegen. Die Brüder blieben offenbar zusammen in einem Haus in Cádiz oder in Sevilla, um abzuwarten, wie sich die Dinge entwickelten.

Die wenigen Quellen sind hier widersprüchlich. Fernando schreibt, sein Vater habe gleich nach der Landung an das Königspaar geschrieben und seine Ankunft gemeldet. Las Casas sagt, Kolumbus sei davon ausgegangen, dass das Königspaar seine Festnahme befohlen habe, und wollte es daher lieber indirekt informieren. Deshalb ließ er die Briefe, die er unterwegs geschrieben hatte, über eine Vertrauensperson übermitteln, damit sie vor Bobadillas Briefen am Hof ankamen, denn er war sicher, dass Ferdinand und Isabella, wenn sie seine Version gelesen hätten, auf seiner Seite stehen müssten. Wie auch immer: Belegt ist die Tatsache, dass Kolumbus um den 17. Dezember vom spanischen Königspaar in Granada empfangen wurde. Ferdinand und Isabella, so sagt Las Casas, zeigten sich betrübt, weil Kolumbus gefangen genommen und schlecht behandelt worden war. Sie ordneten seine Freilassung an und gaben ihm 2000 Dukaten, damit er nach Granada reisen und sich würdig kleiden konnte. Seine Biografen beschreiben, dass das Königspaar ihn wohlwollend und mit freundlichen Worten empfing; es versicherte ihm, die Festnahme nicht veranlasst zu haben, und versprach, dass die Verantwortlichen zur Rechenschaft gezogen würden und für Kolumbus keine Nachteile entstehen sollten.

Um dem Ganzen etwas Farbe zu verleihen, fügt Las Casas seinem Bericht einen erfundenen Dialog hinzu und beschreibt eine bewegende, mehrfach von Malern dargestellte Szene, in der der Admiral vor Doña Isabella auf die Knie fällt und in Tränen ausbricht. Für uns interessant ist das Ergebnis der Unterredung, die Fernández de Oviedo zusammenfasste: „Seine Verdienste waren so bedeutend, dass die Majestäten, selbst wenn er in manchen Dingen gesündigt haben sollte, aus Dankbarkeit nicht zuließen, dass der Admiral schlecht behandelt werde; daher sprachen sie ihm alle Einnahmen und Vorrechte, die seit der Festnahme zurückgehalten und aufgehoben worden waren, wieder zu. Allerdings sollte er niemals wieder das Amt des Gouverneurs ausüben." Und so geschah es.

Zweifellos waren Bobadillas Maßnahmen überzogen. Kolumbus und seine Brüder hatten sich Straftaten, auch schwere, zuschulden kommen lassen und die Grenze ihrer Vollmachten überschritten, aber die vom neuen Gouverneur verhängten Sanktionen waren nicht angemessen. Kolumbus versäumte keine Gelegenheit, seine Version der Dinge all denen zu berichten, die sie hören wollten. Neben seinem Vizekönigtum hatte er auch seine Einkünfte und Besitzungen in der Neuen Welt verloren und bemühte sich in Granada darum, alles zurückzugewinnen. Er begann mit der Sammlung von Material gegen Bobadilla, was nicht schwierig gewesen sein kann, da sein Nachfolger ein schlechter Verwalter war. Und schließlich, als er ausreichende Argumente beisammen hatte, erreichte er, dass das Königspaar einen neuen Gouverneur nach Hispaniola entsandte, um die Lage unter Kontrolle zu bringen.

Los altos Reyes don fernado y doña
ysabel y la Real ifata
doña Juana

## WIEDERGUTMACHUNG

Am 3. September 1501, nur zehn Monate nach Kolumbus' Ankunft in Spanien, wurde Bobadilla abgesetzt. Das spanische Königspaar hatte Nicolás de Ovando, Komtur von Lares, als neuen Gouverneur der Inseln und des Festlands eingesetzt „mit Ausnahme der von Alonso de Hojeda und Vicente Yañez Pinzón aufgrund vorhergehender Abkommen regierten Inseln". Kolumbus hatte die Absetzung seines Gegners erreicht, aber auch endgültig seine Stellung als einziger Geschäftspartner des Königspaars auf den Inseln verloren. Mittlerweile waren zahlreiche Genehmigungen für Erkundungsfahrten vergeben worden, und die neuen Eroberer beanspruchten Rechte, auf die zuvor nur er exklusiven Anspruch gehabt hatte.

Ovando hatte präzise Anweisungen, die durch verschiedene Urkunden ergänzt wurden, damit die gravierenden Probleme, die Bobadilla auf den Inseln geschaffen hatte, bestmöglich gelöst werden konnten. Einige Schreiben scheint Kolumbus selber verfasst zu haben. So zum Beispiel eins vom 16. September, in dem Bobadilla die Beteiligung an den Erträgen der Goldfunde abgesprochen wird, da er, wie Kolumbus nicht müde wurde zu wiederholen, kein Recht darauf habe. Mit dem gleichen Schreiben erhielt Ovando den Auftrag, alles der königlichen Schatzkasse zustehende Gold einzutreiben, wie die Vereinbarung zwischen dem Königspaar und Kolumbus vorsah. Gleichzeitig soll er überprüfen, ob Bobadilla Gehälter an Personen auszahlte, denen nichts zustand, wie von Don Cristóbal mehrfach beklagt wurde.

Der Umgang mit Gütern und Besitzungen der Kolumbus-Brüder wurde durch ein Dokument vom 27. Dezember geregelt. Zunächst legte das Königspaar fest, dass ihnen das Recht auf den achten Teil wieder zuerkannt wurde, wie es in den *Capitulaciones* stand. Außerdem sollten sie sämtliche von Bobadilla beschlagnahmten persönlichen Gegenstände zurückerhalten oder, falls diese verkauft worden waren, eine angemessene Entschädigung dafür bekommen. Das Dokument ging außerdem detailliert darauf ein, wie Kolumbus die beiden Stuten mit den Fohlen sowie die anderen Pferde zurückerhalten sollte, die er auf Hispaniola besaß und die von Bobadilla beschlagnahmt worden waren, außerdem eine bestimmte Menge Goldklumpen. Der Admiral erhielt weiterhin die Genehmigung, 111 Doppelzentner Holz „von den tausend Doppelzentnern, die ihm jährlich zustanden", aus Hispaniola zu beziehen. Außerdem durfte er auf der Insel eine Vertrauensperson einsetzen, die sich um die Verwaltung seiner Einnahmen kümmerte: Die Wahl fiel auf Alonso Sánchez de Carvajal, der als Kolumbus' Stellvertreter beim Schmelzen und Prägen des Goldes anwesend sein und gemeinsam mit dem Statthalter des Königspaars bei Handelsfragen intervenieren sollte. Im Hinblick auf eventuelle unbeglichene Verbindlichkeiten des Admirals ordnete das Königspaar an, dass das Gold, die Juwelen und die beweglichen Güter, die der Admiral auf den Inseln hatte, die Auszahlung der Löhne decken sollten. Was übrig blieb, sollte in zehn Teile geteilt werden: neun für die spanische Krone und der zehnte für Kolumbus, wie in den *Capitulaciones* festgelegt. Genauso sollte mit seinem Vieh verfahren werden, nach dem Abzug von Kauf- und Transportkosten.

Damit war Kolumbus zumindest wirtschaftlich gesichert. Er war kein Mann von halben Sachen, und er gab erst Ruhe, als das spanische Königspaar einen zweiten Brief an Ovando schickte und ihm befahl, den Brüdern alles zurückzugeben, was auf einer von Kolumbus beigefügten, uns nicht erhaltenen Liste aufgeführt war. Die wirtschaftlichen Privilegien des Admirals erreichten damit wieder den in den *Capitulaciones* festgelegten Stand. Kolumbus hatte die Wiedergutmachung erreicht, die ihm das Königspaar versprochen hatte. Es war ihm klar, dass er nicht mehr Vizekönig der Inseln sein würde, aber es drängte ihn, weiterhin zur See zu fahren, und so erbat er die Genehmigung für eine neue Reise. Er wollte die Meerenge finden, die die beiden Meere verband und ihn nach Asien führen sollte. Eine neue Route sollte es werden, die „Hohe Fahrt". Am Ende stimmte das Königspaar zu, und so machte sich Kolumbus nochmals auf den Weg in die Neue Welt, dieses Mal nur mit dem Titel des Admirals des Ozeans.

Inzwischen war Ovando am 15. April 1502 in Santo Domingo angekommen und von den Bewohnern der Insel herzlich begrüßt worden. Sie freuten sich über die Ankunft dieser aus 32 Schiffen bestehenden Flotte und waren gespannt auf den neuen Gouverneur. Sobald Ovando an Land war und der übliche Empfang erfolgt war, befahl er Bobadilla, ihm zur Festung zu folgen, wo er vor den Augen aller seine Legitimation vorwies und den Eid ablegte. Ohne Zeit zu verlieren, begann der neue Gouverneur, Bobadilla über die notwendige Untersuchung in Kenntnis zu setzen. Die Geschichte wiederholte sich, wieder einmal.

Bartolomé de las Casas wohnte dem Ereignis bei, da er mit derselben Flotte angekommen war. Er berichtet, dass sich der abgesetzte Gouverneur allein und niedergeschlagen zum Haus des neuen Gouverneurs begab. Alle hatten ihn verlassen, genauso, wie es zuvor Don Cristóbal ergangen war.

Schon Mitte Juni war die Untersuchung abgeschlossen, und Bobadilla musste nach Kastilien zurück. Seine Flotte war bereit zur Ausfahrt, als Kolumbus am 29. Juni in Santo Domingo ankam. Ovando befolgte die Anordnungen des spanischen Königspaars und verweigerte Kolumbus die Einfahrt in den Hafen, um eine Begegnung von Bobadilla und dem Admiral zu vermeiden. Don Cristóbal musste sich nach Puerto Hermoso zurückziehen, etwa sechzehn Meilen von Santo Domingo entfernt; von dort aus schickte er ein Schreiben an Ovando und empfahl ihm, die Flotte nicht ausfahren zu lassen, da ein Sturm von unvorhersehbaren Ausmaßen aufzog. Ovando hörte nicht auf ihn und gab Befehl auszulaufen. An Bord des Flaggschiffs unter Antonio de Torres Nella befanden sich Bobadilla, Francisco Roldán und, als Gefangener, Guarionex. Außer den Unterlagen zur Untersuchung gegen Bobadilla befanden sich im Laderaum des Schiffs 200 000 Castellanos in Gold. Davon gehörten 100 000 dem Königspaar und ebenso viele den Passagieren.

Kaum 40 Stunden nach dem Start brach der von Kolumbus angekündigte Sturm los: 20 der 32 Schiffe gingen unter, niemand an Bord konnte sich retten. Das Flaggschiff gehörte zu den untergegangenen Schiffen. Und so kam Bobadilla bei dem Sturm ums Leben.

Kolumbus hatte von seinem sicheren Hafen aus auf Wetterbesserung gewartet; durch den Sturm waren nun seine Feinde besiegt, und die Stadt Santo Domingo, deren Häuser aus Stroh bestanden hatten, war dem Erdboden gleichgemacht. „Es war", sagte Las Casas, „als wäre das ganze Dämonenheer der Hölle entfesselt gewesen."

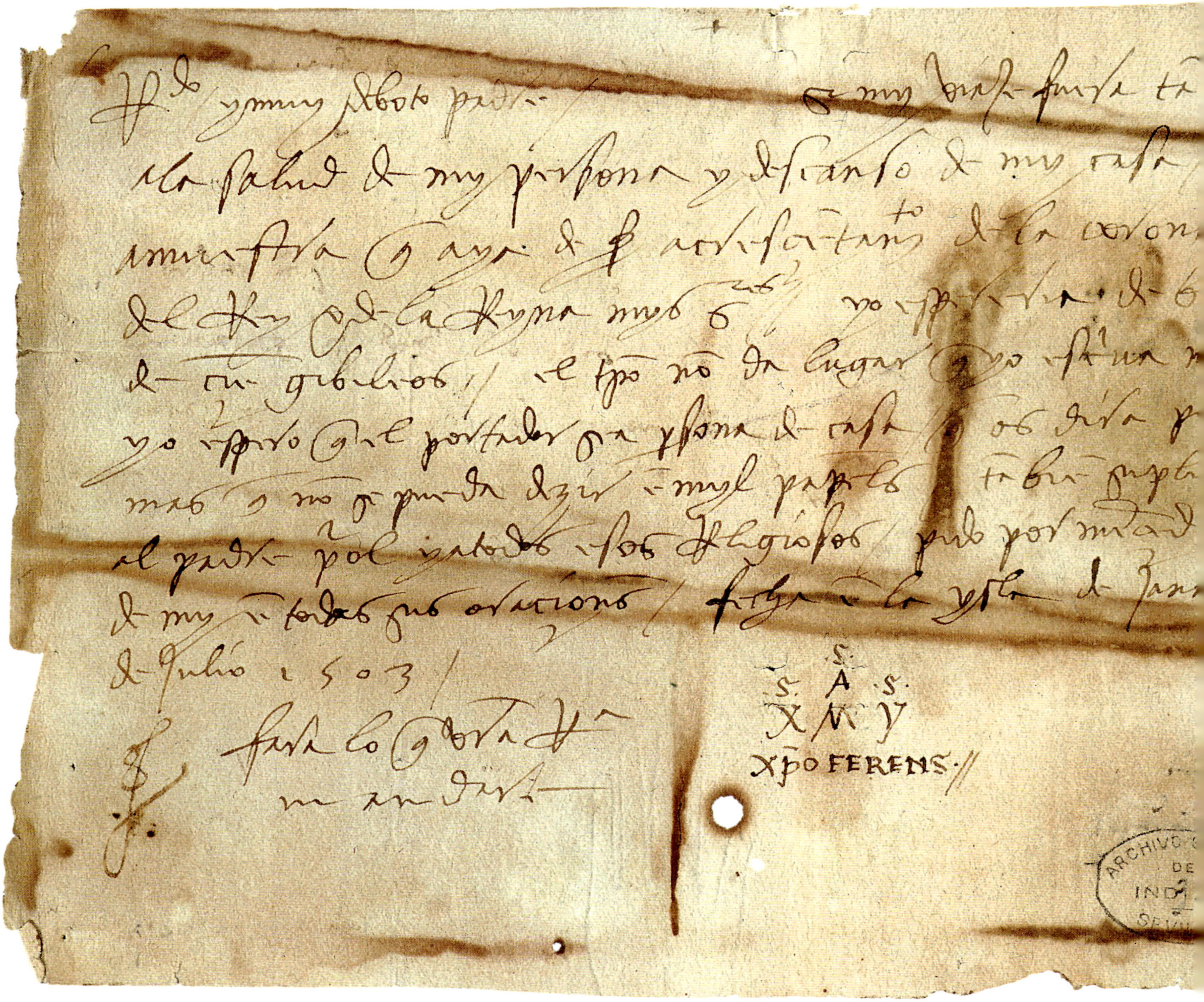




Die letzten zwei Jahre des Genuesen waren extrem trist und einsam. Von seiner vierten Reise kehrte Kolumbus als geschlagener Mann zurück. Nicht genug, dass er vor Jamaika vier Schiffe verloren hatte, was ihm unter Seeleuten und am Hof viel Spott eintrug: Es starb auch Königin Isabella wenige Tage, nachdem er krank und verschuldet nach Kastilien zurückgekehrt war. Sie war seine wichtigste Gönnerin gewesen.

Obwohl er mit allen Ehren entlassen worden war und ihm beträchtliche Summen aus der Neuen Welt zuflossen, war ihm sehr wohl bewusst, dass sein Stern am Hof erloschen war. Niemand rief ihn zu sich. Aber da er nun einmal ein zäher Kämpfer war, konnte und wollte er trotz aller Krankheit und Erschöpfung nicht zulassen, dass die Situation seiner Söhne, vor allem seines Erstgeborenen, Diego, nach seinem Ableben gefährdet sein könnte.

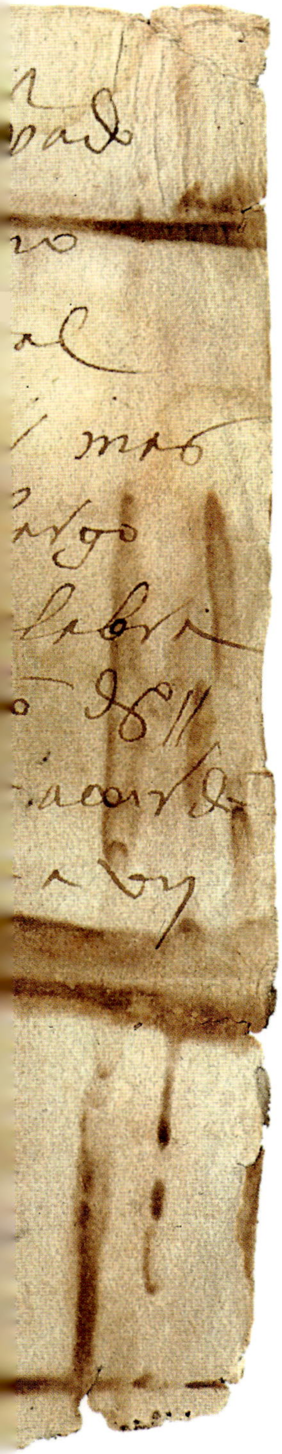

**178–179** Diesen Brief schrieb Kolumbus an seinen Freund Pater Gaspare Gorricio am 7. Juli 1503 während des Schiffsbruchs vor Jamaika (Archivo General de Indias, Sevilla).

Die Lösung war, so dachte er, sich mit König Ferdinand in Verbindung zu setzen; daher versuchte er mit allen Mitteln, eine Audienz zu erhalten. Er schrieb zahlreiche Briefe und bemühte sich um Empfehlungen. Er ging zum Erzbischof von Sevilla, dem Dominikaner Diego de Deza, und nutzte sämtliche Reisen seiner Freunde an den Hof, um diese nachdrücklich darum zu bitten, sich zu vergewissern, ob er beim König noch Ansehen genoss. Die Freunde antworteten ihm nicht, und Kolumbus fühlte sich im Stich gelassen. Auch seine Söhne schrieben nicht so oft, wie er gerne gehabt hätte.

Noch etwas anderes machte dem Genuesen große Sorgen. Die Männer, die ihn auf seiner letzten Reise begleitet hatten, waren noch nicht bezahlt worden und setzten ihn, zu Recht, unter Druck, damit er sich für ihre Entlohnung einsetzte. Nur der Einsatz des Königs versprach Hilfe. Der Verwaltungsapparat war immer langsam, und Kolumbus verbrachte einen großen Teil seiner Zeit damit, lange Eingaben an die Beamten der *Casa de Contratación* zu verfassen, eine 1503 gegründete königliche Behörde, die alle Angelegenheiten der Expeditionen in die Neue Welt koordinierte. Obwohl die Beziehungen des Genuesen zu den Beamten der Behörde nicht sehr gut waren, zögerte der „alte Admiral", wie man ihn mittlerweile nannte, nicht, bei ihnen vorstellig zu werden und um eine Anhörung seiner Leute zu bitten. Seine Beharrlichkeit trug schließlich Früchte, und die geschuldeten Löhne wurden, wenn auch mit Verspätung, ausgezahlt.

Ferdinand von Aragón, der nach dem Tod der Königin vorläufig auch Kastilien regierte, hatte zahlreiche Probleme zu lösen, und die persönliche Lage von Kolumbus, der ihn mit dem Gesuch um eine Audienz belästigte, beschäftigte ihn nicht im Geringsten. Außerdem hatten ihm seine Wahrsager, auf die er große Stücke hielt, unheilvolle Zeiten vorhergesagt. Er erwartete die Ankunft seiner Tochter Johanna (der Wahnsinnigen) mit ihrem Gatten Philipp (dem Schönen) von Habsburg. Sie sollten die Herrschaft über Kastilien übernehmen; das war für König Ferdinand nicht unproblematisch. Er hatte gemeinsam mit Königin Isabella durch viele Opfer die Einheit von Kastilien und Aragón erreicht und sah diese gefährdet durch das Auftreten eines Königs, der sich nicht als Spanier fühlte und von Ausländern umgeben war. Außerdem hatten ihm seine Botschafter in Flandern berichtet, seine Tochter sei dem Wahnsinn verfallen; das hatten er sowie die Königin schon seit einiger Zeit befürchtet.

Da Don Cristóbal von seinem damaligen Wohnsitz Sevilla aus keine Möglichkeit sah, eine Unterredung durchzusetzen, wollte er sich auf die lange Reise machen, um persönlich beim König vorzusprechen. Kolumbus ging davon aus, dass es, wie schon früher, leichter sei, einen Höfling zu finden, der sein Gesuch um eine Audienz unterstützte, wenn er persönlich am Hof war. Er war schwer krank; aus den gequälten Briefen, die er seinem Sohn Diego in jenen Jahren schrieb, gehen seine Leiden hervor. Mitte November 1504 fühlte er sich kräftig genug für die Reise durch Spanien. Der Hof residierte damals in Valladolid, und die Via de la Plata, die Silberstraße, war von Sevilla aus der kürzeste Weg. Im festen Entschluss, die Reise zu unternehmen, bat er den Kirchenrat, ihm zur Beförderung die Totenbahre zu leihen, mit der der Leichnam von Don Diego Hurtado de Mendoza zur Beisetzung in die Kathedrale getragen worden war. Das genehmigten die Kirchenräte am 28. November. Zwei Tage später jedoch nahm Kolumbus von der Reise Abstand. Es war sehr kalt und regnete so stark, dass der Guadalquivir über die Ufer getreten war, so schrieb er Diego. Die Ärzte empfahlen ihm absolute Ruhe, und daran hielt er sich nun.

## VERZWEIFELTE BRIEFE

Der Winter war hart, und Kolumbus blieb nur das Schreiben von Briefen, auf die er kaum Antwort erhielt. Am liebsten hätte er jeden Tag Briefe bekommen, so schrieb er traurig seinem Sohn.

In seiner Verzweiflung über die Untätigkeit überschwemmte er die königliche Kanzlei mit Anträgen und Berichten, in denen er forderte, dass ihm die in den *Capitulaciones* vereinbarten Anteile ausgezahlt würden. Das ganze Unternehmen dehnte sich immer weiter aus, und die Zahlungen, die er von seinen Verwaltern auf den Inseln erhielt, stellten ihn nicht zufrieden, ebenso wenig die damals festgelegten Provisionen auf die Erlöse. Die Schuld daran lag für Kolumbus bei Ovando.

Dem Admiral gingen die Inseln nicht aus dem Kopf, stets wollte er wissen, was dort vor sich ging. Deshalb ereiferte er sich, als er hörte, dass man bei Hof daran dachte, zwei Bischöfe auf Hispaniola einzusetzen. Zuerst versuchte er, über eine Audienz seines Sohnes Diego beim König zu erreichen, dass niemand ernannt werde, ohne dass man seine Meinung vorher gehört habe. Besser als alle anderen kenne er die Probleme und könne den König beraten. Da er keine Antwort erhielt, wandte er sich an Papst Julius II. in einem Schreiben, das nicht erhalten ist, außerdem erneut an die *Banco di San Giorgio* in Genua und an den Botschafter Nicolò Oderigo. In seinem Brief an den Genuesen legt Kolumbus all seine Probleme dar: Die ligurische Bank war seiner Bitte nicht nachgekommen, und so hatte er die geschuldeten Zinsen nicht erhalten, was für ihn einen schweren finanziellen Verlust bedeutete. Außerdem fragt er, ob die beiden vor der Abfahrt zu seiner vierten Reise im Jahr 1502 geschickten Pakete angekommen seien. Das erste, das Francisco de Riberol hätte überbringen sollen, enthielt Kopien einiger Briefe und des *Libro de los Privilegios*. Das zweite Paket, geschickt über Franco Catanio, war gleichen Inhalts; er hatte es sicherheitshalber geschickt für den Fall, dass das erste verloren ging. Schließlich fügte Kolumbus seinem Freund noch eine Ausgabe seines letzten Reisetagebuchs bei. Offenbar war dies das Manuskript des Buches, das im Jahr darauf in Venedig unter dem Namen *Lettera Rarissima* als Bericht über die vierte Reise veröffentlicht wurde.

Wenigstens eine der Kopien des *Libro de los Privilegios*, die Kolumbus an Oderigo schickte, ist bis heute erhalten und befindet sich in Genua.

Am 27. Dezember 1504, dem Tag, an dem Kolumbus den Brief an Oderigo aufgab, schrieb er auch einen Brief im gleichen Grundton an eine unbekannte Person namens Juan Luis de Mayo. Auch in diesem Fall schickte er eine Kopie der *Privilegios* und legte seine Probleme dar: Größer noch als die Sorge um seine Gesundheit sei seine Sorge, ob Don Diego auch gewiss seine Ämter erben würde, wie man ihm so oft versprochen hatte. Nur in einem einzigen Abschnitt unterscheidet sich dieser Brief von dem vorherigen: Kolumbus erzählt seinem Freund, er hoffe, bald Nachricht von der Genueser Bank zu erhalten. Er bekam nie eine Antwort.

Ein erwähnenswertes Detail bei beiden Briefen ist Kolumbus' Unterschrift. Bis 1500 unterschrieb der Genuese nur mit: Der Admiral. Ab 1502 verzichtete er auf den Titel und unterschrieb mit einem Anagramm, dessen Bedeutung nicht geklärt ist: Xpo Ferens. Nur in den wichtigeren Briefen fügte er anschließend noch hinzu: Admiral des Ozeans, Vizekönig und Gouverneur der Inseln und des Festlands, etc. In beiden erwähnten Briefen gab es diesen Zusatz, obwohl er zu diesem Zeitpunkt kein Vizekönig mehr war und auch kein Gouverneur. War es Eitelkeit?

**181** Im Laufe seines Lebens benutzte Kolumbus unterschiedliche Unterschriften. Bis 1498 unterschrieb er mit den Worten *Der Admiral* und danach mit diesem Anagramm, dessen Bedeutung bis heute unbekannt ist.

183 Christoph Kolumbus starb in Valladolid im Beisein seines Sohnes Fernando, seines Schwagers Francesco de' Bardi, seines Neffen Giovanni Antonio Colombo und verschiedener Bediensteter. Man weiß nicht, in welchem Haus er starb, nur dass die Kosten der Beerdigung etwa 50 000 Maravedís betrugen (Casa Museo de Colón, Valladolid).

## DIE LETZTE REISE

Zu Beginn des Jahres 1505, gegen Ende der kalten Jahreszeit, fühlte Kolumbus sich langsam besser. Bevor er sich auf die Reise machte, bereitete er wie immer sorgfältig sein Gepäck vor. Er musste alle wichtigen Papiere und Dokumente mit sich führen. Daher schrieb er Pater Gaspare Gorricio und bat ihn, Kopien einiger wichtiger Dokumente anzufertigen und sie dann in einer mit Wachs überzogenen Korkkiste zu verpacken, damit sie nicht durch einen Regenguss zu Schaden kommen konnten. Nun blieb nur noch eines zu erledigen: Er musste bei dem zuständigen Beamten die *licencia de la mula* einholen, die Genehmigung, auf einem Maultier reisen zu dürfen, das er dem Pferd vorzog. Dies war nicht so einfach, denn um die Pferdezucht zu schützen und zu fördern, durften ausschließlich Geistliche und Frauen auf Maultieren reiten. Als die Genehmigung endlich vorlag, machte sich der Admiral auf den Weg.

So begann eine lange, fast ein Jahr währende Reise, auf der Christoph Kolumbus von seinem Bruder Bartolomeo begleitet wurde. Zuerst gingen sie nach Segovia, wo sie endlich vom König empfangen wurden. Ferdinand wollte trotz ostentativen Wohlwollens nicht auf die Forderungen der Brüder eingehen und ließ sich Zeit mit einer Entscheidung. Kolumbus versuchte, noch einmal vorgelassen zu werden. Er erhielt keine Antwort darauf, und so reisten sie dem Hof hinterher. Im Dezember befand er sich schon in Salamanca. Dort traf er am Hof auf seinen treuen Gefährten Diego Méndez, und mit ihm übertrug er seinem Schwager Francesco de' Bardi erneut die Vollmacht, in seinem Namen seine Anteile an allem, was an Waren, Gold etc. aus der Neuen Welt kam, einzutreiben und als sein Verwalter in Spanien alle Zahlungen vorzunehmen. Von Salamanca aus reiste die kleine Gruppe wieder nach Segovia, wo Kolumbus, vermutlich aufgrund seines verschlechterten Gesundheitszustands, ein neues Testament verfasste, das heute nicht mehr existiert. Fast schien es, als werde er von einem Fluch verfolgt: Sobald sie in der vermeintlichen Residenz des Hofes eintrafen, war der König gerade abgereist. Und so ging die Reise weiter. Von Segovia nach Burgos und von Burgos nach Valladolid.

In Valladolid schließlich fand Kolumbus Ferdinand vor. Dort versicherten ihm die königlichen Beamten, vielleicht angesichts seines Zustands und seiner zähen Beharrlichkeit, dass er bald empfangen werden würde. Die Freude des Admirals währte allerdings nicht lange. Da die Ankunft von Infantin Johanna und Erzherzog Philipp angeblich unmittelbar bevorstand, hatte Ferdinand keine andere Wahl, als sich zu ihnen zu begeben. Die Audienzen wurden abgesagt. Don Cristóbal konnte sich die Gelegenheit nicht entgehen lassen, als einer der ersten das neue Königspaar Johanna und Philipp zu grüßen, und beeilte sich, ihnen durch seinen Bruder Bartolomeo einen Brief zu senden, in dem er sie bat, auf ihn als einen der treuesten Diener zu zählen, und ihnen versicherte, dass er trotz seiner Krankheit noch imstande sei, ihnen Dienste zu leisten.

Mehr blieb ihm nicht zu tun, er konnte nur die Rückkehr des Königs und eine Antwort von Johanna abwarten: Der Träumer vertraute immer noch auf sein Glück!

Aber wieder einmal wurden seine Träume nicht wahr. Eine Reihe von Komplikationen, über die nichts bekannt ist, verschlimmerte seine Gesundheit. Am 19. Mai, dem Vorabend von Christi Himmelfahrt, verschlechterte sich sein Zustand rapide. Da er den Tod nahe fühlte, ließ er den Anwalt Pedro de Hinojedo an sein Sterbebett rufen. Vor seinen Getreuen und einigen unbekannten Bewohnern von Valladolid, die als Zeugen fungierten, bestätigte er sein Testament vom 25. August 1505 sowie die 1502 urkundlich abgesicherte Erbeinsetzung seines Sohnes Diego. Von diesen Urkunden sind keine Originale erhalten, aber die wichtigsten Punkte sind bekannt. Neben den allgemeinen Bestimmungen setzte

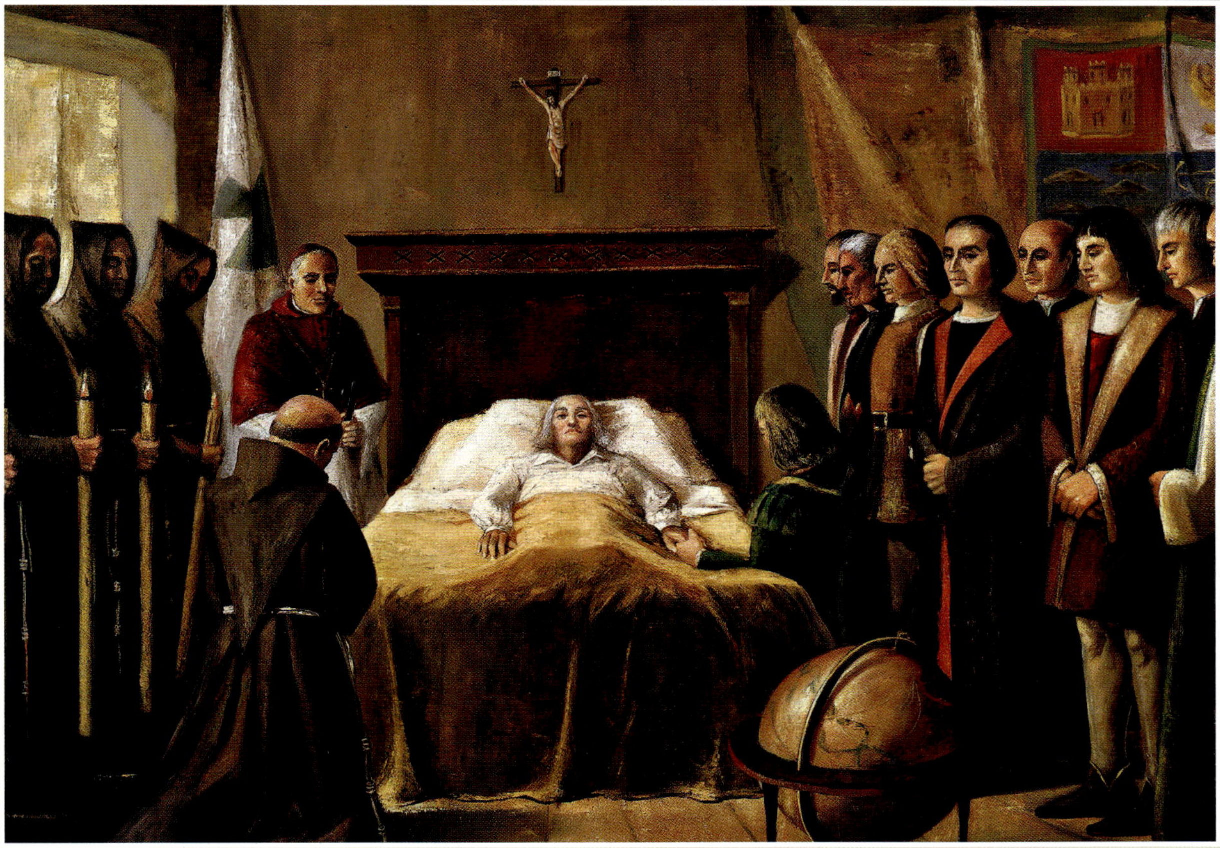

er auch die Erbfolge fest: Sollte Don Diego ohne Söhne sterben, werde ihm sein Bruder Don Fernando folgen, und wenn auch dieser ohne männliche Nachkommen bliebe, werde Kolumbus' Bruder Bartolomeo, diesem sein Bruder Diego und so weiter folgen; so sorgte er dafür, dass „keine Frau erben werde, es sei denn, es gäbe keinen Mann". Das System, das sich Kolumbus überlegt hatte, um die übrige Familie zu versorgen, war sehr kompliziert. Werfen wir einen Blick darauf. Die zu erwartenden Einkünfte, die jährlich an Diego gehen würden, sollten in zehn Teile geteilt werden. Ein Teil davon sollte an die bedürftigsten Verwandten gehen und für gute Zwecke ausgegeben werden. Die neun verbleibenden Teile waren in 35 Teile aufzuteilen, von denen 27 an Fernando gehen sollten, fünf an Bartolomeo und drei an Diego. Außerdem sollte Diego seinem Bruder Fernando 1,5 Millionen Maravedís geben und seinen Onkeln Bartolomeo und Diego 150 000 beziehungsweise 100 000 Maravedís. Wie man sieht, wurde eine genaue Hierarchie eingehalten. Schließlich bat Kolumbus seinen Sohn Diego, auch Beatriz Enríquez de Arana zu berücksichtigen, die Mutter seines zweiten Sohnes Fernando, und dafür zu sorgen, dass sie anständig leben konnte. Der Rest der Familie ist in diesem Testament nicht namentlich erwähnt, zweifellos gab es aber in vorangegangenen Testamenten Vermächtnisse, auch für Christophs portugiesische Schwägerin Violante Moniz, die sich um seine Kinder gekümmert hatte.

Zum Testament, das Kolumbus in Valladolid verfasste, gehört ein Anhang mit einer Liste alter Gläubiger des Genuesen in Lissabon. Kein Freund und kein Feind wird in diesem Dokument erwähnt. Es gibt keine Danksagung an seine Getreuen oder Vorwürfe an seine Gegner, wie es damals üblich war. Das Testament von Valladolid wirkt mehr wie eine Bestätigung seiner früheren letzten Verfügungen. Ihm wurden außer der notariellen Beglaubigung eine Reihe von wohltätigen Auflagen und eine Schlussbestimmung angefügt, die unter anderem auch die Rückzahlung früherer Schulden an einige Ausländer regelte.

Am 20. Mai bat Don Cristóbal Colón, in das Gewand des Heiligen Franziskus gekleidet zu werden, und starb danach im Beisein seines Sohns Fernando, seines Schwagers Francesco und einiger seiner treuen Diener. Er war 55 Jahre alt geworden.

Kolumbus starb in der festen Überzeugung, das Abkommen mit dem spanischen Königspaar erfüllt und den Weg nach Indien

**185 UND 186** Am 19. Mai 1506 bestätigte Kolumbus sein früheres Testament, wobei er die seine Familie betreffenden Abschnitte noch einmal aufführte (Archivo General de Indias, Sevilla).

gefunden zu haben. Er selbst hat es nie erfahren, aber auf seiner dritten Reise hatte er den Kontinent Südamerika entdeckt. Er hatte die Meerenge, die er auf seiner vierten Reise unter großen Mühen gesucht hatte, nicht gefunden und sich in einigen seiner Behauptungen geirrt. Es muss ihn sehr betrübt haben, an den Brief von Juan de la Cosa von 1500 zu denken, in dem Kuba als Insel beschrieben wurde, diese wunderschöne Insel, von der er Jahre zuvor überzeugt war, sie sei Festland.

Der Admiral starb in dem Wissen, dass es ihm als Erstem gelungen war, den Atlantik zu überqueren, diesen Ozean zu erobern. Wie enttäuschend muss es für ihn gewesen sein, als er Bobadilla seinen Platz überlassen musste, da doch er es gewesen war, der den Weg zu Ruhm und Reichtum für sein spanisches Königspaar geebnet hatte. Der Admiral hatte von Anfang an ein Gespür dafür, dass die Entdeckungen in der Neuen Welt Spanien hohen Gewinn bringen würden. Sicher versuchte er, einen Sklavenhandel aufzubauen, was durch das spanische Königspaar verhindert wurde, aber es stimmt auch, dass er ein gutes Gespür für andere Nutzungsmöglichkeiten hatte, als er zum Beispiel versicherte, dass der Zuckerrohranbau auf Kuba sich lohnen müsse.

Er starb reich, aber in der traurigen Gewissheit, dass seine Privilegien nicht für Diego, seinen Erben, bestätigt waren. Jahre später aber sollten Diego diese Ehren noch zuteil werden.

Kolumbus war unbeachtet von der übrigen Welt gestorben; in welchem Haus das geschah – vermutlich war es ein altes Haus im Zentrum von Valladolid –, lässt sich nicht sicher feststellen. Es heißt, das Haus stehe in Calle Ancha de la Magdalena 2 (heute Calle de Colón) in Valladolid. An seiner Wand wurde 1886 eine Tafel mit der einfach-würdigen Inschrift angebracht: „Hier starb Kolumbus."

Der Tod des Admirals war ein schwerer Schlag für die Familie, die sich in finanziellen Schwierigkeiten befand. Eigentlich fehlten ihr nicht die Mittel, sondern die Liquidität, denn alles Geld war in Sevilla investiert. Aber sie waren schon lange Zeit von zu Hause weg. Da ihnen in Valladolid niemand für die Beisetzung Geld leihen konnte, machte sich die Familie auf den Weg. Diego reiste unverzüglich nach Villafranca de Valcárcel, wo sich König Ferdinand aufhielt. Der aber war verärgert, weil Philipp der Schöne seine Pläne geändert hatte und nicht zum vereinbarten Treffen erschienen war, und zollte dem Sohn von Christoph Kolumbus keinerlei Aufmerksamkeit. Erst am 2. Juni ordnete er in einem königlichen Erlass an, Diego in allen Belangen bezüglich der Admiralswürde zu unterstützen. In der Zwischenzeit war Francesco de' Bardi in Valladolid in seiner Eigenschaft als Verwalter und Kaufmann damit beschäftigt, das notwendige Geld zur Beisetzung seines Schwagers aufzutreiben und die Rückkehr der Familie nach Sevilla zu finanzieren. Noch einmal war die Familie Colón gezwungen, sich an Gläubiger zu wenden, um die dringlichsten finanziellen Fragen zu lösen. Zum Glück befanden sich Tomás Calvo und Gaspar Centurión, Bankiers des spanischen Königspaars und alte Bekannte der Familie Kolumbus, in Valladolid. Nichts war einfacher, als bei ihnen vorzusprechen. Gesagt, getan. Am 27. Mai, genau eine Woche nach dem Tod des Patriarchen, erschienen Kolumbus' Testamentsvollstrecker Juan de Porras und Bardi, begleitet von den Genueser Bankiers, vor dem Notar. Porras und Bardi akzeptierten einen Wechsel in der Höhe von 50 000 Maravedís, die, wie auf der Rückseite des Dokuments geschrieben stand, fünf Monate später in Sevilla von Bardi selbst und von Giovanni Antonio Colombo zurückgezahlt werden sollten. Als am 9. Oktober 1506 die Frist abgelaufen war, sollte ihn Fancesco de' Bardi in Sevilla einlösen, aber er weigerte sich, da ihm, wie er sagte, die Mittel dazu fehlten. Centurión sah sich gezwungen, den Originalwechsel bei dem Notar Bernal González Vallecillo zu Protest gehen zu lassen; unter dessen Akten ist er wie durch ein Wunder bis heute erhalten.

Einer alten Tradition folgend, wurde der Admiral bei der Kirche San Francisco de Valladolid beigesetzt; die Totenfeier fand in der Kirche Santa Maria de la Antigua statt. In diesem Franziskanerkloster blieb der Leichnam von Christoph Kolumbus für drei Jahre, bis seine Nachfahren einen mehr oder weniger endgültigen Ort für die Beisetzung in Sevilla gefunden hatten.

traslado del testamento postrero del ✝ primero almirante de las Indias

En la noble villa de Valladolid a diez e nueve dias del mes de mayo
año del nascimiento de nuestro Salvador Ihesu Christo de mill e quinientos e
seis años por ante mi Pedro de Ynoxedo escrivano de camara de
sus altezas y escrivano de provincia en la su corte e chancilleria
e su escrivano e notario publico en todos los sus reynos e
señorios e de los testigos de yuso escriptos el señor don Christoval
Colon almirante e visorrey e governador general de las yslas e tierra
firme de las Indias descubiertas e por descubrir que dixo que era
estando enfermo de su cuerpo dixo que por quanto el tenia fecho su testamento
por ante escrivano publico que agora ratificaba e ratifico el dicho
testamento e lo aprobaba e aprobo por bueno y si necesario era lo
otorgava e otorgo de nuevo e agora añadiendo al dicho su testamento
el tenia escripto de su mano e letra un escripto que ante mi el dicho
escrivano mostro e presento que dixo que estaba escripto de su mano e
letra e firmado de su nombre que otorgava e otorgo todo lo
contenido en el dicho escripto por ante mi el dicho escrivano segund
e por la via e forma que en el dicho escripto se contenia e todas
las mandas en el contenidas para que se cumplan e valgan por su ul-
tima e postrimera voluntad e para cumplir el dicho su testamento
que el tenia e tiene fecho e otorgado e todo lo en el contenido
cada una cosa e parte dello nombrava e nombro por sus testa-
mentarios e cumplidores de su anima al señor don Diego Colon su hijo
e a don Bartholome Colon su hermano e a Juan de Porras thesorero de Vizcaya
para que ellos todos tres cumplan su testamento e todo lo en el contenido e en el dicho escripto e todas las mandas e legatos e obsequias
en el contenidas para lo qual dixo que dava e dio todo su
poder bastante e que lo otorgava e otorgo ante mi el dicho escrivano
todo lo contenido en el dicho escripto e a los presentes dixo que rogava e
rogo que dello fuesen testigos. testigos que fueron presentes llamados e rogados a todo lo que dicho es de suso el bachiller
Andres Mirueña e Gaspar de la Misericordia vezinos desta dicha villa de Valladolid e Bartholome de Fiesco e Alvaro Perez e Juan Despinosa
e Andrea e Fernando de Vargas e Francisco Manuel e Fernan
Martinez criados del dicho señor almirante e firmada de su nombre
de verbo ad verbum es este que se sigue

el tenor de la qual dicha escriptura ... de letra e firma del dicho almirante

mercador genoves treynta myll re-
ies de portugal de los quales vale un
ducado trezientos e ochenta reis
que son setenta e cinco ducados poco
mas o menos

r a los mysmos herederos y a los herederos de paulo de negro genoves cient ducados o su valor han de ser la mitad a
los dichos herederos y la otra a ellos [illegible]
tos

r a baptista despindola o a sus herederos si el es muerto veynte ducados
este baptista despindola es yerno del sobre-
dicho luys centurion era hijo de micer
nicolao despindola de locoli de ronco y por
señas el fue estante en lisboa el año
de mill e quatrocientos e ochenta e dos
la qual memoria [illegible]
[illegible]
[illegible]
[illegible]
[illegible] firme de mi nombre

pedro [illegible]
[illegible]

Es waren schwierige Jahre für die ganze Familie. Mit Sicherheit gab es allerlei Auseinandersetzungen, bis Diego die Privilegien wieder zuerkannt wurden; das war erst 1508 der Fall. Im gleichen Jahr heiratete er Doña Maria de Toledo, Kusine ersten Grades des Herzogs von Alba. Bis zu diesem Zeitpunkt konnte sich die Familie nicht um die sterblichen Überreste von Kolumbus kümmern, die friedlich im Kloster in Valladolid ruhten. Erst 1509 sahen sich die Verwandten gezwungen, wegen der bevorstehenden Abreise von Don Diego auf die Westindischen Inseln einige ungelöste Probleme anzugehen. Don Diego sollte als Gouverneur nach Hispaniola gehen, daher war es angebracht, dass in Kastilien alles geregelt war.

Im Frühling jenes Jahres setzten alle Familienmitglieder ihre Testamente auf und hinterlegten die entsprechenden Schriftstücke im Kartäuserkloster Santa Maria de las Cuevas in Sevilla unter der Obhut des ehrwürdigen Paters Gaspare Gorricio. Zweifellos war dies auch der Zeitpunkt, an dem beschlossen wurde, die Gebeine Christoph Kolumbus' in jenem Kloster beizusetzen. Es ist nicht bekannt, was in Valladolid geschehen war; man weiß nur, dass am 11. April 1509 Giovanni Antonio Colombo, zu der Zeit Diegos Hausverwalter, vor den Toren des Kartäuserklosters stand und eine kleine Kiste bei sich trug, von der er sagte, darin seien die sterblichen Überreste des Admirals Don Cristóbal Colón. Es ist unbekannt, wann die Leiche in Valladolid exhumiert wurde, ebenso, wer die Überreste nach Sevilla gebracht hatte. Im Protokoll des Kartäuserklosters finden sich nur ein kurzer Eintrag und die schriftliche Verpflichtung, den Leichnam nur auf ausdrückliche Anordnung von Don Diego herauszugeben. Spätere Quellen weisen darauf hin, dass er in der Sankt-Anna-Kapelle beerdigt wurde und dort mehrere Jahre blieb.

Kolumbus hatte keine Verfügungen hinsichtlich seiner Bestattung erlassen, aber es scheint nahe zu liegen, dass er gewünscht hätte, eines Tages auf Hispaniola, der Insel seiner Träume, begraben zu sein. Diese Vermutung sowie der Wunsch Diegos, der 1526 gestorben und ebenfalls im Kloster Las Cuevas begraben war, veranlassten vermutlich Maria de Toledo dazu, beide Leichname im Jahr 1544 nach Santo Domingo zu überführen. Dies ist eine allgemein akzeptierte Jahreszahl, die auf verschiedenen Texten beruht, aber urkundlich nicht belegt ist: Weder ist ein notarielles Schriftstück erhalten, noch erscheint die Überführung von Särgen auf der von Doña Maria vorgelegten Frachtliste für die Überfahrt.

Da es sehr unwahrscheinlich erscheint, dass Doña Maria zwei Särge mit sich führte, trat sie ihre Reise nach Santo Domingo vermutlich mit einer Kiste an, die die sterblichen Überreste der beiden enthielt. Nach ihrer Ankunft fanden in der großen Kapelle der Kathedrale die Exequien statt, für die die Witwe bereits am 2. Juni 1537 einen Antrag gestellt hatte. Die Gräber von Vater und Sohn verblieben dort, zusammen mit denen weiterer Familienmitglieder, die später hinzukamen, bis zum 21. November 1795; an diesem Tag wurden sie infolge des Friedensvertrags von Basel, durch den Spanien die Souveränität über die Ostküste von Hispaniola verlor, nach Havanna überführt. In der kubanischen Kathedrale ruhte Christoph Kolumbus bis 1898. Als Kuba unabhängig wurde, beschloss die spanische Regierung, die Überreste des Entdeckungsreisenden nach Spanien zurückzuholen, damit sie in der Kathedrale von Sevilla in einem eigens errichteten Grabmal ihre endgültige Ruhestätte fänden.

All diese Überführungen hatten Auseinandersetzungen zur Folge, die die Gemüter erhitzten. Die dominikanische Geschichtsschreibung behauptet, die Überreste des Admirals hätten Santo Domingo niemals verlassen, und ein anderer Leichnam sei nach Havanna gebracht worden. Die Kubaner bestehen darauf, dass der Leichnam Kolumbus' noch heute in ihrer Kathedrale ruhe, und die Spanier versichern, dass seine sterblichen Überreste in Sevilla liegen. Man hofft darauf, dass irgendwann ein neues Dokument Licht in diese Angelegenheit bringen möge, die zum Politikum wurde und zu sinnlosen Auseinandersetzungen führte. Vielleicht liegt die Lösung ja in einem Vorschlag, der auf einer Kolumbus-Tagung in Sevilla 1988 gemacht wurde: die Überreste aus allen drei Urnen zusammenzuführen und daraus drei gleiche Teile zu machen, die unter den streitenden Parteien verteilt werden.

Wie auch immer: Christoph Kolumbus hat in seinem Leben genug gelitten, sodass man ihm heute, mehr als 500 Jahre nach seinem Tod, seinen Frieden gönnen sollte.

# DIE GLOCKE DER „SANTA MARIA“

## *Fünftes Kapitel*

**191** Diese kleine, teilweise vom Salzwasser zerfressene Schiffsglocke wurde wahrscheinlich am 12. Oktober 1492 geläutet, als die Küste der Neuen Welt erstmals auftauchte.

193 Ein ROV (Remotely Operated Vehicle) erkundet die kalten Gewässer eines Sees. Diese Roboter werden von der Oberfläche aus gesteuert und ermöglichen Einblicke in Tiefen, die bis dahin unerreichbar waren.

## DIE FASZINATION DER TIEFE

Es gibt eine Welt, die uns sehr nah, gleichzeitig aber auch sehr fern ist, eine Welt, so geheimnisvoll und faszinierend, dass der Mensch seit jeher versucht hat, ihre Geheimnisse zu ergründen. Und doch, so unwahrscheinlich es scheinen mag, wissen wir weit mehr über das Universum der Sterne als über die dunklen Tiefen unserer Ozeane. Zahllose Schätze und Zeugnisse der Vergangenheit, wie die unzähligen Schiffswracks, liegen am Boden der Meere und Ozeane der ganzen Welt.

Wer hat nicht schon einmal davon geträumt, einen versunkenen Schatz zu entdecken, eine versunkene Galeone mit Schatztruhen, aus denen Goldmünzen und kostbarer Schmuck hervorquellen?

Ich selber stamme aus Castronno, einem kleinen Dorf im Nordwesten der Lombardei, weit entfernt von jenem Meer, dessen Faszination so stark war, dass ich buchstäblich vor dem Fernseher klebte, wenn die TV-Serie *Geheimnisse des Meeres* von Jacques Cousteau gezeigt wurde.

Die Filmmusik, die Bilder, damals noch in Schwarzweiß – alles daran war so aufregend und faszinierend, vor allem aber geheimnisvoll. Am Ende jeder Folge wurde mir bewusst, dass ihre Bilder eigentlich nur an der Oberfläche einer Welt gekratzt hatten, die grenzenlos zu sein schien und die so viel Aufregendes bereit hielt, dass man sich schon an den Vorstellungen berauschen konnte.

Die Leidenschaft, die die Bilder dieser Pioniere der Meerestiefen in mir weckten, war so groß, dass ich jedes Jahr sehnsüchtig auf den Sommer wartete. Dann konnte ich mir die Tauchermaske und die Flossen überziehen, um mich in den Lago di Monate zu stürzen, einen kleinen, aber schönen See mit klarem Wasser, der noch heute dank einer ökologisch nachhaltigen Politik Ziel zahlreicher Badegäste ist.

Um den Tauchern auf der *Calypso*, Cousteaus Forschungsschiff, nachzueifern, hatte ich mir eine Art Sauerstoffflasche gebastelt, indem ich zwei Glasflaschen miteinander verband, an denen ich mit Isolierband alte Wasserhähne anbrachte; dies war, wenn auch nur fiktiv, meine erste Taucherausrüstung.

Die Jahre vergingen, und dank einer militärischen Ausbildung, die zu den besten der Welt gehörte, wurde ich zum professionellen Taucher und Ingenieur für Strömungslehre.

Nachdem ich meinen Dienst quittiert hatte, widmete ich mich auf der Basis meiner erworbenen Fähigkeiten und Kenntnisse der Konstruktion von unterschiedlichen Unterwasserrobotern. Jeder ist ein ROV*, Remotely Operated Vehicle*, also ferngesteuertes Fahrzeug.

Mit diesen ROVs konnte ich nun endlich das tun, wovon ich seit meiner Kindheit geträumt hatte; endlich konnte ich einen Blick dorthin werfen, wohin noch nie zuvor jemand geschaut hatte.

Anfangs musste ich mich damit begnügen, den Grund des Lago Maggiore zu erkunden, und so kam es, dass ich mich auf die Suche nach dem Wrack der *Milano* machte, eines während des Zweiten Weltkriegs gesunkenen Dampfschiffs. Nachdem ich es ohne nennenswerte Probleme lokalisiert hatte, machte ich mich an eine neue, schwierigere Suche. Ich hatte von einem mysteriösen Schiffsuntergang Anfang des 20. Jahrhunderts gehört, nah an der Grenze zur Schweiz.

Dazu muss man wissen, dass der nördliche Teil des Lago Maggiore über einige Kilometer auf dem Gebiet der Schweiz liegt. Um den Schmuggel zu bekämpfen, hatte man dort zur Überwachung Torpedoboote eingesetzt, etwa 20 Meter lange, dampfbetriebene Schiffe.

Eines Nachts verschwand eines dieser Schiffe mit der gesamten Ausrüstung, ohne irgendeine Spur zu hinterlassen.

Dieses Torpedoboot mit dem Namen *Locusta* wurde mein neues Ziel, und mit der Hilfe eines örtlichen Unternehmens, das mir einen Ponton als Ausgangspunkt stellte, machte ich mich auf die Suche danach. Schon nach wenigen Tagen konnte ich das Wrack der *Locusta* in einer Tiefe von etwa 200 Metern lokalisieren.

In den folgenden Jahren, während ich meine ROVs immer weiter perfektionierte, setzte ich sie auch in zwei Suchaktionen ein, auf die ich gerne verzichtet hätte.

Einmal musste ich im Lago d'Iseo und dann noch einmal im Comer See versuchen, die Leichen von zwei Tauchern zu finden, die bei einem Unfall ertrunken und so weit in die Tiefe abgerutscht waren, dass sie durch Taucher nicht mehr geborgen werden konnten.

Natürlich beschäftigte ich mich auch mit Tauchgängen anderer Art, zum Beispiel im Bereich der Archäologie, und sogar mit ziemlich gefährlichen Aufträgen wie dem Bergen von Sprengkörpern.

Dank meiner militärischen Tauchausbildung hatte ich gelernt, jede Art von Geschossen oder Bomben zu lokalisieren und zu bergen, die während des Zweiten Weltkriegs im Wasser gelandet waren. Man muss diese Sprengkörper vor dem Bau einer Brücke oder dem Ausbaggern eines Kanals entfernen, um zu verhindern, dass einer bei den Bauarbeiten explodiert. Eines Tages assistierte ich einem meiner Taucher, Erik, der im Wasser nach einer wertvollen Uhr suchte, die eine Frau beim Festmachen ihres Bootes im Hafen von Laveno am Lago Maggiore verloren hatte ...

## DER ERSTE VERSUCH

Es war einer jener grauen und tristen Herbsttage. Die Lärchen im Hafen von Laveno hatten bereits ihre Blätter verloren, und die Luft war kalt. Fast beneidete ich Erik, der unter Wasser war und dort zwischen den Algen am Grund des Sees stöberte, und ich fragte mich, wie es bloß möglich war, dass dieser Frau ihre Rolex vom Handgelenk fiel ...

Ich war völlig in Gedanken versunken, als mein Mobiltelefon klingelte. Es war Ennio, ein Freund von mir und Tauchlehrer bei der FIAS, dem italienischen Taucherverband. Er fragte, ob ich schon die neue Ausgabe des Tauchermagazins *Mondo Sommerso* gelesen hätte. Ennio kannte meine Leidenschaft für die Suche nach verschollenen Wracks, und so ahnte ich, worum es sich handelte.

*Mondo Sommerso* veröffentlichte jeden Monat Artikel über mehr oder weniger interessante Schiffbrüche – aber dieses Mal ging es um etwas wirklich Sensationelles. Ich ging zu einem Kiosk und kaufte mir die Zeitschrift. Ich begriff gleich, worum es ging.

Ein gewisser Claudio B., der sich als Historiker und Experte für versunkene Schiffe vorstellte, berichtete über zwei spanische Galeonen, die 1555 während der Rückfahrt von Amerika vor der portugiesischen Küste Schiffbruch erlitten hatten, mit einer riesigen Ladung Gold und Silber an Bord. Trotz recht genauer Angaben über den Ort des Untergangs hatten die damaligen Bergungsexpeditionen nicht viel Glück, und nur von einem der beiden Wracks konnten sie einen kleinen Teil der Ladung bergen.

Beide Galeonen trugen den Namen *San Salvador*. Sie gehörten zu einer Flotte, die im Oktober 1555 von San Juan auf Puerto Rico unter dem Kommando von General Gonzalo de Carvajal ausgelaufen war. Die Schiffe hatten den Auftrag, auf Befehl von Kaiser Karl V. eine wertvolle Gold- und Silberladung nach Spanien zu bringen, die einige Monate zuvor an

**194** Die Küste der westlichen Algarve (Portugal) in der Nähe des kleinen Dorfs Carrapateira, wo 1555 die Galeone San Salvador II unterging.

Bord einer von Rodriguez de Farfán geführten Flotte nach Puerto Rico gekommen war. Aus den von Claudio B. untersuchten Archiv-Dokumenten ging hervor, dass nur das Flaggschiff der Flotte, die *Santa Catalina*, den Hafen von Lissabon erreichen konnte. Dank widriger Wetterumstände hingegen ging die *San Salvador I* in der Nähe des portugiesischen Dorfs Buarcos (heute ein Vorort von Figueira da Foz) unter, während die *San Salvador II* (auch „La Condesa" genannt) in der Nähe des Dorfs Carrapateira an der westlichen Algarve sank.

Nachdem ich die Zeitschrift durchgelesen hatte, ging ich zu Ennio, um über den Artikel zu reden. Das Ganze war ja interessant, schien mir aber doch eher ein Märchen als eine echte Forschungsarbeit zu sein. Damals hätte ich mir nie träumen lassen, dass diese beiden versunkenen Galeonen mein Leben verändern sollten.

Ennio war begeistert von dem Artikel und sprach sogar schon von einer Expedition nach Portugal, um die Wracks der beiden Schiffe zu suchen. Meine Zurückhaltung dämpfte seine Begeisterung ein wenig. Die Küsten Portugals waren mehr als 2000 Kilometer weit weg, das machte eine eventuelle Expedition teuer; hinzu kam, dass die Wracks, wenn die Galeonen wirklich vor der Küste gesunken waren, sich in einer Region befanden, die schwer zu erkunden ist: Die Wellen des Atlantiks schlagen nämlich unaufhörlich auf die Küste, und das macht Tauchgänge nahezu unmöglich.

Der Abend war angenehm, wir haben viel gelacht und erzählt, aber ich muss zugeben, dass mich nach und nach die Neugier packte, und als ich wieder zu Hause war, las ich den Artikel von Claudio B. noch einmal genauer: Die Nachforschungen waren sehr detailliert, und die Originaldokumente, die fotografiert und veröffentlicht wurden, waren mit Hilfe einer starken Linse recht gut zu lesen. Es gab keinen Zweifel daran, dass die enthaltenen Hinweise ziemlich präzise waren. War es möglich, dass noch niemand diese Wracks entdeckt hatte?

Die Versuchung war groß, und je mehr Zeit verging, umso stärker faszinierte mich der Gedanke, nach Portugal zu gehen. Wichtigste Voraussetzung für eine solche Expedition nach Portugal war aber das Finden absolut vertrauenswürdiger Reisegefährten. Es ging hier um eine echte Schatzsuche, und in so einem Fall weiß man nie, wie die Reaktion von Menschen auf eine solche Entdeckung aussehen kann. Eine Voraussetzung war also das Vertrauen; außerdem aber mussten die Teilnehmer der Expedition erfahrene Taucher und vor allem bereit sein, mit mir nach Portugal zu gehen.

Je mehr ich darüber nachdachte, desto unlösbarer schienen mir die logistischen Probleme; trotzdem beschloss ich, es zu wagen. Die erste Person, die mir einfiel, war Erik, der Taucher, mit dem ich schon länger zusammenarbeitete; er war ohne Zögern dabei. Ennio konnte leider nicht eingeplant werden, da die Expedition im Juli stattfinden sollte, wenn der Ozean eher ruhig ist und noch nicht ganz so viele Touristen unterwegs sind wie zu den Spitzenzeiten im August. Und gerade im Juli konnte Ennio nicht mit.

Ich brauchte noch einen dritten Teilnehmer, um auf dem Boot eine Hilfe zu haben, während die anderen beiden tauchten, und auch, um die Fahrzeiten auf der Reise aufzuteilen.

Die einzige Person, die mir einfiel, war Luciano, ein hervorragender Taucher mit großem Abenteuergeist, den ich ein paar Jahre zuvor während der Bergung eines verschollenen Tauchers im Comer See kennen gelernt hatte.

Auch Luciano konnte im Juli nicht weg, aber er brachte mich mit Silvio, einem Freund aus dem Tauchklub von Cantù, in Verbindung. Mit ihm traf ich mich wenige Tage später. Silvio, 35 Jahre alt und sehr sympathisch, willigte ein, nachdem er gründlich über mein Projekt nachgedacht hatte.

Die Mannschaft stand, nun blieb nur noch die Organisation des logistischen Teils. In den folgenden Monaten bereiteten wir alles vor. Das Auto, der kleine Anhänger – alles war voll beladen. Sogar ein kleines Schlauchboot mit Außenbordmotor war dabei.

Ich erinnere mich, dass ich dachte: „Wir müssen doch echt verrückt sein, uns in ein solches Abenteuer zu stürzen, wir haben nicht die geringste Ahnung, was uns bei unserer Ankunft erwartet." Ein bisschen fühlte ich mich wie Christoph Kolumbus, der sich, nachdem er unter großen Mühen seine kleine Flotte zusammengestellt

hatte, auf den Weg ins Ungewisse machte, ohne zu wissen, was er jenseits dieses gewaltigen Ozeans vorfinden würde.
Schließlich machten wir uns auf den Weg nach Portugal, auf die Suche nach einer der beiden verschollenen Galeonen, und zwar derjenigen, die vor der Küste von Carrapateira versunken war. Die Reise verlief recht ruhig; ab und zu hielten wir an, um die Reifen zu kontrollieren und den Ölstand des Motors. Jedes Mal, wenn wir über eine Grenze fuhren, mussten wir Geld tauschen, erst in französische Francs, dann in spanische Pesetas und schließlich in portugiesische Escudos. Einer der größten Vorteile war, dass es in jedem neuen Land billiger wurde.
Als wir die Grenze zu Portugal hinter uns gelassen hatten, fuhren wir durch große Orangenhaine. Der Duft der Orangenblüten durchzog die reine, unverschmutzte Luft, die wir so gar nicht gewöhnt waren. Alles roch und schmeckte anders, als sei in jenen Orten die Zeit im letzten Jahrhundert stehen geblieben.
Wir kamen nachts in die Nähe unseres Zielortes, aber die dunklen, kaum ausgeschilderten Straßen machten die Orientierung nicht gerade einfach, und so beschlossen wir, am Straßenrand auf einer Ausweichstelle anzuhalten und abzuwarten, bis es hell wurde. Dann wollten wir weitersehen.
Wir versuchten auszumachen, wo genau wir waren: Am Abend zuvor waren wir in die Straße nach Arrifana eingebogen, und aus der Karte ging hervor, dass man vor Arrifana durch Carrapateira kommen musste. Und eben dort war 1555 die Galeone versunken, die wir suchten. Zumindest ging dies aus dem Brief hervor, den Pedro de Galarza den spanischen Königen nach seiner erfolglosen Suche nach dem Schiff geschrieben hatte.
„Jahr des Herrn 1558, Eure Majestäten, [...] das Schiff ist vor der Küste von Carrapateira, vier Meilen von Lagos entfernt, untergegangen, wo es etwa 50 Ellen von einem Felsen entfernt in Richtung Lissabon vor Anker lag, und die von Euren Hoheiten gesandten Taucher schauten nur dort, wo die Anker waren."
Es bestand kein Zweifel, dass es sich um den gleichen Ort Carrapateira handelte, und der erwähnte Felsen könnte die Spitze eines felsigen Kaps sein, das in einer Seekarte, die ich bei mir führte, als *pedra da galé* eingetragen war, was im Portugiesischen so viel heißt wie „Stein der Galeone".
Am nächsten Morgen ging die Fahrt also weiter, und schon bald darauf tauchte vor uns ein verrostetes Schild auf mit der Aufschrift „Bem-vindo à Carrapateira!". Kurz danach konnte man weiß getünchte Häuser sehen, die so alt wirkten, als hätten sie schon dort gestanden, bevor unser Schiff sank. Kurz vor dem Dorf sah ich ein Hinweisschild mit der Aufschrift „Pontal": Genau diese Bezeichnung hatte ich gelesen für die Landspitze, vor der die *pedra da galé* liegen sollte. Aufgeregt bogen wir in die kleine Straße ein, die nach einigen hundert Metern vor einer beeindruckenden Klippe endete; von unten hörte man das Tosen des Ozeans.
Es war ein faszinierendes Schauspiel. Die Klippen waren mindestens 30 Meter hoch, der Ozean darunter schob sich mit geballter Kraft in gleichmäßigen Abständen immer wieder gegen den Felsen, fast als wollte er daran hochklettern, um dann in kleinen, schäumenden Wasserfällen wieder abzufließen. Etwas weiter vor der Küste reihten sich mehrere Felsspitzen aneinander, von denen die äußerste zweifellos die berühmte *pedra da galé* war.
Als ich sah, wie groß dieser Felsen war, hatte ich nur noch einen Gedanken: „Wie sollen wir bloß da hinkommen?" Rechts von der Landspitze war ein Strand, aber die heftigen Wellen des Ozeans hätten uns nicht erlaubt, unser kleines Schlauchboot zu Wasser zu lassen. Da standen wir nun vor einem Problem, an das ich überhaupt nicht gedacht hatte. Sollte es möglich sein, dass wir nach all den Vorbereitungen nicht einmal ins Wasser hineinkamen? Ich nahm das Fernglas und begann, mir die Küste genauer anzuschauen. Etwas weiter nördlich meinte ich, unterhalb eines kleinen Dorfs einen Hafen zu erkennen, der so winzig war, dass ich mir nicht einmal sicher war, ob es überhaupt einer war.
Es musste sich um Arrifana handeln; und tatsächlich, als ich die Seekarte genauer untersuchte, sah ich, dass Arrifana einen kleinen Fischereihafen hatte sowie, zu unserer Freude, sogar einen Campingplatz. Sicherlich würden wir von dort aus mit unserem kleinen

Schlauchboot eine ganze Weile unterwegs sein, um zur *pedra da galé* zu kommen, aber nun konnte uns nichts mehr schrecken.

Schon bald waren wir am Campingplatz, wo wir den Anhänger abkoppeln und das Auto entladen konnten. Nachdem wir etwas gegessen hatten, gingen wir zum Hafen, um uns umzusehen. Ich schaute zu dem Kap hinüber, wo die Galeone versunken sein musste, und versuchte mir vorzustellen, wie es war, als das Schiff unterging. Ich dachte an die verzweifelten Schreie der Seeleute, die vergeblich versuchten, die Katastrophe zu verhindern, an die Handelsleute mit ihren Familien, die nach einer Reise in die Neue Welt mit dem Ertrag ihrer Arbeit nach Spanien zurückkehrten und alles verloren, vermutlich auch ihr Leben. Ich stellte mir vor, wie verzweifelt sie darüber waren, dass nach so vielen Opfern und Gefahren nun so kurz vor dem Ziel alles verloren war. Cabo de São Vicente war ja nicht mehr weit, und den Schiffbrüchigen wird klar gewesen sein, dass die südliche Küste Portugals jenseits dieser Landspitze vor dem Wind und den atlantischen Strömungen weitgehend geschützt war. Nur noch wenige Meilen fehlten bis zum Erreichen der ruhigen Gewässer der Bucht von Sagres, aber ein erbarmungsloses Schicksal verwehrte dem Schiff und den Menschen darauf die Rettung. Ich fragte mich, wie viele Schiffe und wie viele mutige Seeleute schon in diesem so schönen, aber gefährlichen Küstenabschnitt ums Leben gekommen waren.

Während ich so meinen Gedanken nachhing, hatte ich gar nicht gemerkt, dass meine Abenteuergefährten mit einigen Fischern vom Hafen ins Gespräch gekommen waren. Was sie dort erfahren hatten, war für uns gar nicht gut.

Rund um die Landspitze von Carrapateira machte es keinen Sinn zu tauchen, denn im Jahr zuvor hatten portugiesische Taucher dort Kanonen entdeckt, und zwar genau an der Stelle, wo wir das Wrack der *San Salvador* vermuteten. Wir waren zu spät gekommen. Ich muss zugeben, dass ich in dem Moment zutiefst enttäuscht war, aber nach einigen Minuten der Stille wandte ich mich an meine Reisegefährten und schlug ihnen vor, trotzdem zu tauchen, um wenigstens die Kanonen der Galeone zu sehen. Wir bereiteten alles für den folgenden Tag vor.

Nach dem Frühstück in der Bar des Campingplatzes kehrten wir zum Hafen zurück, ließen das Schlauchboot zu Wasser und fuhren in Richtung Pontal. Der Ozean war heute ruhig, und die Wellen kamen uns vor wie die Seufzer eines schlafenden Riesen; unterwegs gerieten wir in einen Schwarm von Sardinen, die, aufgeschreckt durch den Lärm des Außenborders, aus dem Wasser sprangen.

Die Überfahrt dauerte fast eineinhalb Stunden, und als wir in die Nähe des Felsens kamen, wurde uns sofort klar, dass wir wegen der starken Wellen, die hier wirklich beeindruckend waren, nicht näher heranfahren konnten. Vermutlich wurden die Wellen durch unter Wasser liegende Felsen in Verbindung mit der starken Strömung noch verstärkt; mit unglaublichem Getöse schlugen sie unaufhörlich gegen den Fels.

Es schien klar zu sein, dass ein Tauchgang mit Sauerstoffflaschen sehr mühsam und vor allem riskant wäre. Nun verstand ich, warum die Taucher, die das Wrack entdeckt hatten, ohne Atemluftversorgung getaucht waren. Ohne die Last der Sauerstoffflaschen konnten sie weitaus leichter sowohl mit der Strömung als auch mit den Wellen klarkommen.

Unglücklicherweise waren wir nicht für Apnoe-Tauchen vorbereitet, das sich nicht nur in der Technik, sondern vor allem in der Ausrüstung unterscheidet. Es war also klar, dass wir hier nicht tauchen konnten. Also kehrten wir zu dem kleinen Hafen von Arrifana zurück, und auf dem Campingplatz bereiteten wir uns schweren Herzens auf die Rückfahrt nach Italien vor.

Wir kamen nach Italien zurück mit der festen Absicht, zusammen nach Portugal zurückzukehren, aber wie es manchmal so ist: Weder Erik noch Silvio, an die ich immer mit Zuneigung und Dank denken werde, wurden noch einmal meine Reisegefährten.

## DAS WRACK DER *SAN SALVADOR*

Auch die zweite im Tauchermagazin erwähnte Galeone, die vor Buarcos untergegangen war, hieß *San Salvador*. Aus den Angaben im Artikel ging hervor, dass das Schiff in den ersten Monaten des Jahres 1555 vor der portugiesischen Küste in der Nähe des Ortes Buarcos untergegangen war, heute ein Ortsteil der Stadt Figueira da Foz.

1993 beschloss ich, dorthin zu fahren und das Wrack zu suchen, aber da es keine präzisen Hinweise über den genauen Unglücksort gab, wurde die Suche erschwert. Die Dokumente von damals sprechen nicht von genauen Positionen, sondern nur von der *Praia Lorical*, aber dieser Name für einen Strand war wohl veraltet und nicht auf meiner Seekarte verzeichnet.

Als ich in Figueira da Foz war, fragte ich verschiedene Leute, aber niemand kannte einen Strand mit diesem Namen. Entmutigt verließ ich Portugal wieder; allerdings hatte ich die Überzeugung gewonnen, dass es in Figueira da Foz ein großes Interesse am Tauchsport gab, aber noch keine Strukturen für diesen Sport. Ich sah daher für mich die Möglichkeit, ein einträgliches Geschäft mit Tauchmaterial und -kursen aufzubauen. Also machte ich mich an die Arbeit: Ich kaufte mir die notwendige Ausrüstung und fuhr nach Portugal zurück, um dort ein Geschäft aufzubauen. Dabei wollte ich meine Leidenschaft für den Tauchsport pflegen und suchte auch eine Möglichkeit, meine Nachforschungen in Portugal zu finanzieren.

**198** Diese Münze wurde während der Regierungszeit von Karl V. geprägt. Ihr Wert betrug acht Reales, und sie ähnelt jenen, die Teil der Ladung der *San Salvador* waren und an dem Strand *Osso da Baleia* südlich von Figueira da Foz gefunden wurden (British Museum, London).

Auf meiner vorigen Reise hatte ich einen Apotheker aus Coimbra, Jorge, kennen gelernt, einen leidenschaftlichen Taucher, sowie seinen Bruder Duarte, der ein Geschäft für Tauch- und Sportausrüstung hatte und selbst Surfbretter herstellte. Diese beiden hatten mir ihre Unterstützung angeboten. Als ich in Figueira da Foz war, setzte ich mich mit beiden in Verbindung, und wir begannen damit, Werbung für die Tauchkurse zu machen. Ich erzählte ihnen auch von der *San Salvador*, zeigte ihnen die Karten, die Dokumente, Fotokopien und den Artikel aus *Mondo Sommerso*. Und gemeinsam setzten wir uns in den Kopf, das Wrack zu finden.
Duarte verwies mich auf die Bibliothek von Figueira da Foz, wo historische Dokumente und Register der Schiffsuntergänge aufbewahrt wurden. Besonders beschäftigte mich eine Stelle im Brief eines gewissen Pedro de Galarza. Darin geht es um den Untergang der *San Salvador* sowie über den Ort, an dem sich de Galarza als Gast des Klosters *Nossa Senhora de Seiça* aufhielt. Der Ort hieß *Casal de Marin* und lag ganz in der Nähe des Strands, vor dem die Galeone untergegangen war.
Aus dem Brief geht hervor, dass Pedro de Galarza vom spanischen König den Auftrag hatte, alles zu bergen, was nicht mit dem Schiff untergegangen sei, selbst wenn er dabei die Häuser der Fischer durchsuchen müsse. Es war damals gang und gäbe, dass die Anwohner der angrenzenden Gebiete nach einem Schiffbruch loszogen und einsammelten, was an den Strand gespült wurde.
Die Grundmauern des Klosters *Nossa Senhora de Seiça* stehen noch; irgendwann in der Vergangenheit wurde es aufgegeben. Heute ist es kaum mehr als eine Ruine, aber diese gab mir einen wertvollen geografischen Hinweis auf den Ort des Schiffsbruchs: Der Strand beim Kloster musste die *Praia Lorical* sein. Heute heißt der Strand *Osso da Baleia*, was übersetzt „Walknochen" bedeutet. Es ist ein unglaublich langer Sandstrand, der praktisch in Figueira da Foz beginnt und etwa 70 Kilometer weiter südlich in einem kleinen Dorf namens Pedrogão bei einem kleinen Felsvorsprung endet. Ich konnte also meine Suche auf einen etwa 20 Kilometer langen Strandabschnitt einengen und entschied mich, diesen zuerst mit einem Metallsuchgerät zu durchkämmen. Kompliziert wurde die Angelegenheit durch die Reste eines Frachtschiffs, das in diesem Gebiet gesunken war: Überall lagen am Strand Eisenteile, geschmolzenes Aluminium, kleine und große Schrauben.
Trotzdem wollte ich es versuchen. Eines Abends, ich war mit Duarte unterwegs, und es wurde gerade dunkel, gab der Metalldetektor ein Geräusch von sich, und ich begann mit den Händen zu graben, ohne dabei allzu viel zu erwarten. Auf einmal fühlte ich zwischen meinen Händen eine ziemlich große Münze. Ich reinigte sie gut, und dann sah ich, dass sie wirklich alt war, denn sie trug das Wappen des Königreichs Spanien. Es handelte sich um ein Acht-Reales-Stück (Real de a Ocho) und stammte aus der Zeit, in der die *San Salvador* unterging. Es war eine wunderschöne Silbermünze, durch die Zeit und das Salzwasser schwarz angelaufen, auf der einwandfrei die Prägung zu lesen war „Carolus et Johanna, reges".
Zur Zeit des Untergangs der San Salvador war Karl V. Kaiser, und die Münzen, die das Schiff an Bord hatte, müssen identisch mit der gewesen sein, die ich ehrfürchtig in meinen Händen hielt.
In den folgenden Tagen kehrte ich mehrmals an den Strand zurück, ohne etwas zu finden: Täglich verbrachte ich mindestens zwei oder drei Stunden damit, den Sand abzusuchen, immer wieder, aber der Erfolg blieb aus.
Eines Tages, ich war wieder mit meinem Metalldetektor unterwegs, traf ich auf einen Fischer, der mich fragte, ob ich nach Münzen suchte. Der Mann erklärte mir, dass er in demselben Gebiet vor Jahren etwa hundert sehr alte Münzen gefunden habe, aber da er sie für wertlos hielt, habe er damit die Umzäunung seines Hauses dekoriert. Ich begleitete ihn nach Hause und sah mir seine Umzäunung an. Er hatte über hundert der Münzen gelocht, die einst, mit unterschiedlichen Werten, die Ladung der San Salvador ausgemacht hatten.
Mittlerweile hatte ich eine ziemlich klare Vorstellung davon bekommen, wo genau das Schiff untergegangen sein musste. Trotzdem

war es nicht einfach, das Wrack zu finden, denn der Ozean machte es mit seinen starken, am Ufer brechenden Wellen unmöglich, vom Strand aus zu tauchen. Um in tieferes Wasser zu gelangen, musste man ein Schiff haben und im Hafen von Figueira da Foz starten, einige Kilometer entfernt. 1994 kaufte ich ein Schlauchboot und rüstete es mit einem Magnetometer aus, einem Instrument zur Messung magnetischer Schwankungen, die das Vorkommen eisenhaltiger oder magnetischer Metalle anzeigen. Im Wrack der *San Salvador* mussten sich etliche Nägel, Bolzen, Kanonen, Kanonenkugeln und Anker befinden, die einst an Bord waren. Tagelang befuhr ich mit dem Schlauchboot den Küstenabschnitt, ohne ein Signal zu erhalten.



Eines Tages, als der Ozean einmal ganz glatt war und die Flut fast den Höchststand erreicht hatte, fuhr ich sehr viel näher an die Küste heran als zuvor. Plötzlich schlug das Magnetometer stark aus: Ich war genau über die Kanonen der *San Salvador* hinweggefahren, und das Gerät sandte vier sehr starke Signale. Ich kehrte um und wiederholte die Strecke: Wieder die gleichen, starken Signale. Als ich auf den Meeresgrund schaute, konnte ich nichts als Sand erkennen. Also beschloss ich, genau senkrecht oberhalb

**200** Dieser Holzschnitt aus dem Jahr 1494 zeigt eine der Karavellen von Kolumbus, vielleicht sogar die *Santa Maria*.

dieser Signale das Boot vor Anker zu legen und zu tauchen. Das Einzige, was ich dann im Wasser sah, war etwas Dunkles, das aus dem Sand herausragte: Es war Holz – so altes Holz, dass es unter meiner Berührung zerbröselte, als wäre es Asche gewesen. Es war eine der Flanken der *San Salvador*. Die Schiffsplanken waren so groß, dass es keinen Zweifel gab: Ich befand mich genau über der *San Salvador*, einer Galeone von fast 800 Tonnen. Während ich mir das Holz genauer anschaute, sah ich einen runden Gegenstand mit einem Rand, der wie eine Art Kochtopf aussah mit einer seltsamen, hellgrauen Farbe. Ich kam näher und sah, dass es sich um den unteren Rand einer Glocke handelte. Nachdem ich sie mit einiger Mühe vom Sand befreit hatte, hielt ich eine kleine Schiffsglocke in den Händen. Sie war gut als solche erkennbar durch den abgeflachten Teil am oberen Ende, wo sich ein Loch zum Aufhängen befand. Schiffsglocken unterscheiden sich von den an Land gebrauchten Glocken vor allem durch die Art, in der sie benutzt werden: An Land schwingen Glocken auf einer Achse hin und her, sodass der Klöppel gegen den inneren Rand schlägt. Schiffsglocken hingegen sind fest montiert und starr. Um sie zum Klingen zu bringen, wird an einer Schnur gezogen, die den Klöppel in Bewegung setzt.

Ich holte die Glocke aus dem Wasser und brachte sie nach Figueira da Foz. Noch am selben Abend zeigte ich sie meinen Freunden, die sich allerdings gar nicht sehr dafür begeistern konnten. Es war eine alte Glocke mit einem Loch an der Seite und durch die lange Zeit im Salzwasser zerfressen. Ich wusch sie in Süßwasser und ließ sie für einige Tage in einem verschlossenen Behälter, um zu verhindern, dass die Kombination von Salzwasser und Sauerstoff sie unwiderruflich zerstörte. Mehr als an der Glocke waren meine portugiesischen Freunde an anderen Fundstücken interessiert, die sich noch auf der *San Salvador* befinden mussten. Ich war gegen die „Plünderung“ des Wracks und neigte eher dazu, den Fund den zuständigen Behörden mitzuteilen und mich mit dem Finderlohn zufriedenzugeben. Aber eines Tages kamen meine Freunde, mit einer Pistole bewaffnet, und forderten mich auf, den Fund nicht zu melden. Sie rieten mir, mich zurückzuziehen. Ich beschloss, Portugal zu verlassen; die Glocke nahm ich mit. Wieder in Italien, dachte ich immer wieder über die *San Salvador* und die Glocke nach: Was machte eine solche, in Größe und Form ganz gewöhnliche Schiffsglocke auf der *San Salvador*, einem bedeutenden, großen Schiff? Eine Glocke, die mit Sicherheit in Europa hergestellt war, konnte nach Amerika gelangen, aber nicht von Amerika zurückkommen. Warum war eine einfache Schiffsglocke Teil der Ladung auf einer Galeone voller Gold, Silber, Münzen und Edelsteine? Sie musste irgendwie wertvoll sein, dachte ich. Also machte ich mich daran, mehr über die *San Salvador* zu erfahren. In Lissabon, im Archiv *Torre do Tombo* fand ich ein Dokument – das später auf geheimnisvolle Weise verschwand –, in dem es hieß, auf der *San Salvador* hätten sich verschiedene Gegenstände von Kolumbus' Flaggschiff befunden (von seinen vielen Flaggschiffen war die *Santa Maria* sicherlich am berühmtesten).

Ich dachte daran, die Glocke von Spezialisten analysieren zu lassen. Dank der Unterstützung meines Freundes Albano konnte ich sie zunächst in Nizza einer Einrichtung vorlegen, die archäologische Fundstücke aus dem Meer restauriert. Die dort durchgeführten Analysen bestätigten, dass es sich um eine sehr alte Glocke handelte, die jahrhundertelang im Meer gelegen hatte. Danach brachte ich die Glocke zu einem Dozenten für historische Werkstoffe der Universität Bologna, der ebenfalls bestätigte, dass das Metall mehr als vier- oder fünfhundert Jahre im Meer gelegen haben müsse.

Diese Ergebnisse spornten mich dazu an, weitere Nachforschungen im Archiv zu betreiben. Ich fand weitere Dokumente – und auch diese verschwanden auf geheimnisvolle Weise –, die belegten, dass die Schiffsglocke der *Santa Maria* an Bord der *San Salvador* gewesen war. Auf einer Urkunde befand sich folgender Satz: „la Capitana Santa Maria por gracia del Almirante Colón“, daneben das Siegel mit der Unterschrift von Kolumbus. Ich machte

The forme of a fort wth was made by Mr
Ralfe Lane in a parte of St Johns Ilande
neere Capross where we toke in salt
the xxvjth of May. 1585.

**202** John White zeichnete im 16. Jahrhundert eine Festung an der Küste von Puerto Rico (Privatsammlung).

**203 OBEN** In der Festung von San Juan auf Puerto Rico wurde die Glocke der *Santa Maria* aufbewahrt, bevor sie auf die *San Salvador* kam und mit der übrigen Ladung der Galeone im Jahr 1555 unterging.

**203 UNTEN** Der französische Entdeckungsreisende Samuel de Champlain zeichnete 1599 die Karte der Insel Puerto Rico. Von hier aus stach die *San Salvador* in See (Royal Commonwealth Society, London).

**204** Die unscheinbare Schiffsglocke, die Roberto Mazzara 1994 aus dem Wrack der *San Salvador* bergen konnte.

**205** Dieses in Florenz erstandene Dokument enthält eine Liste der im Jahr 1556 als versunken gemeldeten Schiffe. Ein Abschnitt bezieht sich auf die Ladung der *San Salvador*. Kapitän des Schiffs, das seine Reise in Puerto Rico angetreten hatte und vor Buarcos unterging, war Guilherm de Lugo. Aus dem Dokument geht hervor, dass sich große Mengen Gold und Silber sowie die Glocke der Siedlung Navidad an Bord befanden.

**206 UND 207** Die chemischen und physikalischen Analysen, die nach der Bergung der Glocke vor der Küste des Strands *Osso da Baleia* in Portugal durchgeführt wurden, bestätigten das Alter des Materials; so konnte das Fundstück zeitlich Christoph Kolumbus zugeordnet werden.

Lıııj. x Otro registro dela nao nombrada mi señora dela ayuda de que vino por maestre rodrigo madera de santo domingo y aporto a denia

Lv. x Otro registro dela nao nombrada san salvador de que venia por maestre diego bernal de triana en compania del armada de que vino por capitan general farfan que con tenporal aporto a puerto rico y el dho maestre con el registro y oro y plata vino en una delas naos del armada de don gonçalo de caravajal que aporto a lisbona

Lvj. x Otro registro dela nao nombrada santa catalina de que vino por maestre Joannes de mota de puerto rico que fue la almyranta de don gonçalo de caravajal que aporto a lisbona

Lvij. x Otro registro dela nao nombrada san Joan de que vino por maestre Joan myñez de vevian de puerto de plata y aporto a villa nueva de portimão

Lviij. x Otro registro dela nao nombrada el espiritu santo de que venia por maestre lope garçia de ysasa de sonoura la qual diz que con tenporal aporto a las yslas delos açores donde diz que descargo el oro e plata que traia

Lix. x Otro registro dela nao nombrada san salvador de que venia por maestre guillen de lugo de puerto rico la qual diz que se perdio a burricos con mucho oro e plata y el signo de villa de la rrybera

Lx. x Otro registro dela nao nombrada nra señora dela luz de que vino por maestre bartolome bello de santo domingo el qual aporto a lisbona

Y con todos los registros de venian deste año de jUdlv años Lx registros

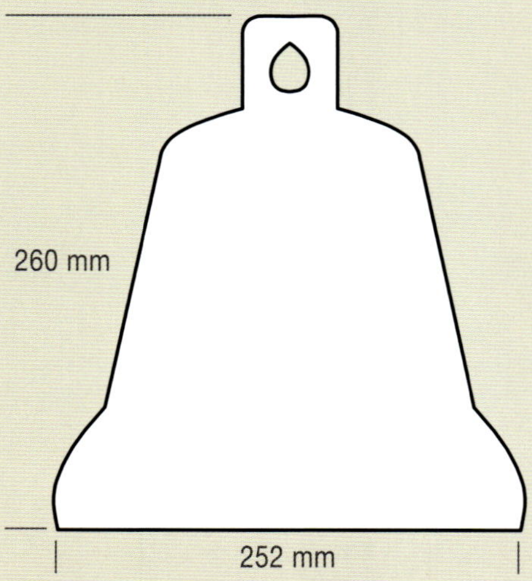


## ANALYSE DER GLOCKE

Chemische Zusammensetzung des ursprünglichen Materials

| | | %Cu (Kupfer) | %Sn (Zinn) | %Pb (Blei) |
|---|---|---|---|---|
| Gesamtzusammensetzung | Ø | 75,02 | 20,30 | 4,68 |
| | SD | 2,32 | 1,66 | 0,80 |
| Phase α | Ø | 86,17 | 13,83 | |
| | SD | 0,69 | 0,69 | |
| Phase α + δ | Ø | 67,83 | 32,17 | |
| | SD | 0,92 | 0,92 | |

Chemische Zusammensetzung der oxidierten Bestandteile (% vom Gewicht)

| | | %Cu | %Sn | %Pb | %Cl (Chlor) |
|---|---|---|---|---|---|
| Korrosionsphase α | Ø | 36,19 | 45,81 | 11,34 | 6,30 |
| | SD | 13,86 | 10,58 | 1,80 | 1,31 |
| Korrosionsphase α + δ | Ø | 19,34 | 66,08 | 12,32 | 2,27 |
| | SD | 7,74 | 6,15 | 1,69 | 0,61 |

MINISTERIO DE EDUCACIÓN Y CULTURA
Secretaría General Técnica

MINISTERIO DE EDUCACIÓN Y CULTURA
Secretaría General Técnica
CENTRO DE INFORMACIÓN Y ATENCIÓN AL CIUDADANO
5 JUN 2000
SALIDA
Nº 31359

Madrid, 2 de Junio de 2000

Sr. Mazzara Roberto
Urbanización Aldea de Alguetares;
C/. Pégaso, nº 6
ALGECIRAS (Cádiz)

Estimado Sr.:

En contestación a su escrito recibido a través de la Casa de S.M. el Rey, y de acuerdo con el informe emitido por la Subdirección General de Protección del Patrimonio Histórico, le comunico lo siguiente:

En relación con los restos de un Galeón supuestamente localizado en las costas de "Portogallo", deberá ponerse en contacto con la Subdirección General antes mencionada (ubicada en Pza. del Rey, nº 1 28071 MADRID, Tfno.: 91-701 70 35), a la que deberá facilitar una información clara sobre los siguientes términos: lugar del hundimiento; pruebas que atestigüen que se trata de un Galeón español; entrega de los materiales recuperados a quien Vd. reconoce como legítimo propietario; y, a partir de ahí, establecer las conversaciones que este Ministerio considere legalmente convenientes para el interés de España.

Atentamente,

Fdo.: Juan Ignacio Cabo Pan.
**Jefe del Centro de Información y Atención al Ciudadano.**

AL COMANDANTE MILITAR DE MARINA
DE LA PROVINCIA MARITIMA DE ALGECIRAS
SR. D. ARTURO CUÑA MIÑAN

De: Mazzara Roberto
Empresa: ABYSS
Nº TELEF Y FAX: 956-605146
Nº TELEF MOVIL: 619643694
C/PEGASO,6 ,URB. "ALDEA DE ALGETARES"
11.207-ALGECIRAS (CADIZ)

Estimado Sr.

Adjunto a esta carta la documentación que acredita mi descubrimiento del año 1.994, en la costa portuguesa, del hundimiento del galeón español San Salvador, documentación del sitio del hundimiento en el año 1.555, que demuestra además, que un objeto encontrado en el citado lugar del naufragio es la campana de la Santa Maria de Cristobal Colón.

Le tramito todo ello originalmente para que Vd. pueda informar a la Autoridad Competente.

Sin otro particular, quedo a su entera disposición y le envio un afectuoso saludo.

COMANDANCIA MILITAR DE MARINA
ALGECIRAS
REGISTRO GENERAL
ENTRADA: 376 / 00
SALIDA:
FECHA: 20.06.00

Mazzara Roberto

ein Foto des Dokuments und legte dieses einigen Experten vor, die erkennen konnten, dass es zwar selbst kein Originaldokument war, aber wahrscheinlich die Abschrift davon.

1998 kehrte ich mit Albano nach Portugal zurück, um die Regierung über den Fund der *San Salvador* und der Glocke zu informieren, die wahrscheinlich von Kolumbus' *Santa Maria* stammte. Man schenkte mir keine Beachtung. Daher wandten wir uns an Francisco A., den Leiter eines Instituts für Unterwasserarchäologie in Lissabon. Er war weit mehr an dem genauen Fundort der *San Salvador* interessiert als an der Geschichte der Glocke. Ich war bereit, ihm jede Information zu geben, wenn er mir im Gegenzug versicherte, dass ich von ihm und den portugiesischen Behörden Finderlohn erhalten würde. Die *San Salvador* war für Numismatiker, Historiker und Archäologen von enormer Bedeutung und konnte beachtliche Einnahmen bringen. Das Ergebnis des Gesprächs war negativ. In der Zwischenzeit hatte das Magazin *Mondo Sommerso* in Italien beschlossen, einen Artikel über die Glocke zu veröffentlichen, und ihr Bild kam auf das Titelblatt. Danach wandte ich mich an die RAI, Italiens öffentlich-rechtliche Rundfunkanstalt, mit der ein kurzer Dokumentarfilm gedreht wurde.

Dann tat sich erst einmal gar nichts mehr. Ich zog nach Spanien und ließ die Glocke in Italien, bei mir zu Hause, in einem selbst gebauten Spezialbehälter, der mit dem Edelgas Argon gefüllt war, denn Sauerstoff hätte ihren Verfall beschleunigt. Damals dachte ich daran, die Glocke als Schenkung dem spanischen Königshaus zu übergeben, damit sie in einem Museum ausgestellt werden konnte. Ich schrieb an das Königshaus und erhielt von dem Chef der Öffentlichkeitsarbeit im Kultusministerium die Antwort, ich solle mich an denjenigen wenden, den ich für den legitimen Eigentümer hielte. Dabei hatte ich mich ja an die spanische Krone gewandt, da ich sie genau dafür hielt ... Also schrieb ich einen Brief an den Leiter des Hafenamts von Algeciras, um eine offizielle, behördliche Fundanzeige zu machen. Auch dieses Mal erhielt ich keine positive Rückmeldung. Ein späteres Treffen mit einem Vertreter der spanischen Königshauses, dem Vizedirektor und der Konservatorin des Madrider Schiffbaumuseums sowie einem Rechtsreferenten der spanischen Marine führte zu nichts.

**208** Im Jahr 2000 wandte sich Roberto Mazzara an das spanische Königshaus sowie an die spanischen Behörden, um die Entdeckung der Glocke der *San Salvador* zu melden und eine eventuelle Schenkung des Fundstücks vorzubereiten.

In dem links abgebildeten Brief mit dem Datum 2. Juni 2000, den Mazzara vom spanischen Ministerium für Bildung und Kultur erhielt, ist zu lesen: „Bezüglich Ihres Dokuments, das ich durch Seine Majestät, den König, erhielt, und in Übereinstimmung mit dem Bericht der Abteilung für den Schutz des historischen Erbes Spaniens, teile ich Ihnen Folgendes mit: Im Hinblick auf die Überreste des angeblich vor der Küste ‚Portugals' lokalisierten Schiffs sind Sie aufgefordert, sich mit der Leitung der oben genannten Abteilung in Verbindung zu setzen, wo Sie präzise Informationen zu folgenden Punkten vorlegen müssen: Position des Untergangs; Beweise darüber, dass es sich um eine spanische Galeone handelt; Herausgabe des sichergestellten Materials an denjenigen, den Sie als legitimen Eigentümer anerkennen; und daher wird es notwendig sein, Gespräche durchzuführen, die vom Ministerium im Interesse Spaniens als rechtlich angemessen erachtet werden."

In dem Brief auf der rechten Seite vom 20. Juni 2000 schreibt Mazzara dem Marinekommandanten der Stadt Algeciras: „In der Anlage übersende ich die Unterlagen, die meine Entdeckung des Wracks der spanischen Galeone *San Salvador* im Jahr 1994 vor der portugiesischen Küste belegen, sowie Unterlagen bezüglich der genauen Position des Schiffbruchs im Jahr 1555, die außerdem belegen, dass es sich bei einem an der oben genannten Unglücksstelle geborgenen Gegenstand um die Glocke der Santa Maria von Christoph Kolumbus handelt. Alle Unterlagen füge ich im Original bei, damit sie den zuständigen Behörden vorgelegt werden können."

Nach diesen zahlreichen, unfruchtbaren Kontakten überzeugte ich mich davon, dass niemand an der Glocke interessiert war und ich sie daher als mein Eigentum betrachten und sie auch zum Verkauf anbieten konnte.

Dazu war es notwendig, die endgültigen Nachweise dafür zu erbringen, dass die Glocke wirklich zur *Santa Maria* gehörte. Mithilfe meiner Freundin Isabel brachte ich das nötige Geld zur Finanzierung der Nachforschungen auf. Ich einigte mich mit Claudio B. darüber, dass er weitere Dokumente und Urkunden suchte, wofür er im Gegenzug eine prozentuale Beteiligung am Erlös der Glocke erhalten sollte, außerdem traf ich eine Übereinkunft mit einem Auktionshaus in Barcelona, das mir einen Vorschuss bewilligte.

Die erste Etappe war Barcelona, wo eine Spezialfirma uns durch ein fotogrammetrisches Verfahren zwei dreidimensionale Kopien der Glocke herstellte; von dort begab ich mich nach Zaragoza, zum Instituto Tecnológico de Aragón, das eine Analyse der Zusammensetzung des Glockenmetalls durchführte. Danach fuhr ich nach Portugal, um an der Stelle des Strandes, wo ich die Glocke gefunden hatte, vor einem Polizisten als Zeugen eine Sandprobe zu nehmen. Ein Notar aus Figueira da Foz versiegelte die Proben, die in Zaragoza am Lehrstuhl für Mineralogie mit den an der Glocke vorhandenen, verkrusteten Sandspuren verglichen wurden. Das bestätigte den tatsächlichen Fundort der Glocke.

Etwa zum gleichen Zeitpunkt stieß Claudio B. in zwei Dokumenten auf wichtige Informationen zur Geschichte der Glocke: Ein Dokument besagte, dass in der Festung von San Juan auf Puerto Rico zu der Zeit, als auch der später auf die *San Salvador* verladene Schatz dort lag, auch eine Glocke abgegeben wurde, für deren Verpackung und Lagerung in der Festung 32 Pesos bezahlt wurden. Diese relativ hohe Summe entsprach dem Jahresgehalt eines Seemanns; also muss diese Glocke viel mehr wert gewesen sein als eine gewöhnliche Glocke. Aus dem zweiten Dokument ging hervor, dass Luis Colón, der älteste Enkel von Christoph Kolumbus, eine Vertrauensperson damit beauftragt hatte, ihm aus Amerika einige Gegenstände seines Großvaters zu schicken. Diese Person schickte von der Festung von San Juan auf Puerto Rico aus die Gegenstände, und zwar mit der *San Salvador*. Obwohl es keine Liste der für Luis Colón bestimmten Dinge gibt, springt das zeitliche Zusammentreffen der Bitte des Enkels und die Lagerung einer Glocke in der Festung San Juan deutlich ins Auge.

Das wichtigste Dokument aber tauchte in Florenz auf, wo es mir gelang, ein Originalmanuskript aus dem Jahr 1556 zu erstehen, das alle Schiffe auflistet, die in den vergangenen zwölf Monaten angekommen oder untergegangen waren. Auf dieser Liste steht auch die *San Salvador*. Wörtlich heißt es da: „otro registro de la nau nombrada San Salvador" (im Register des Schiffs mit der Bezeichnung San Salvador) „qe venia por mestre Guilherm de Lugo" (die unter Kapitän Guilherm de Lugo kam) „el qual diz que se perdiò a Buarcos" (der erklärte, das Schiff sei in Buarcos untergegangen) „con mucho oro, mucha plata, y el signo de la villa de la Navidad" (mit viel Gold, viel Silber und der Glocke der Siedlung Navidad). Der im alten Kastilisch benutzte Begriff „signo" bezeichnet eine kleine Glocke; Navidad ist der Name der Siedlung, die Kolumbus auf Hispaniola aus den Trümmern der *Santa Maria* bauen ließ, die in der Nacht auf Weihnachten 1492 auf eine Sandbank aufgelaufen war.

Es lagen mehr als genug Beweise vor, die belegten, dass die in meinem Besitz befindliche Glocke diejenige war, die am 12. Oktober 1492 die Entdeckung der Neuen Welt einläutete – der einzige noch erhaltene Gegenstand jener Expedition, die den amerikanischen Kontinent entdeckte. Nun blieb nur noch die Organisation der Auktion, die am 17. Februar 2002 im Hotel Ritz in Madrid stattfinden sollte.

Drei Tage vor der Versteigerung beschlagnahmten ein paar Polizisten in Zivil, angeblich Angehörige einer Spezialeinheit, die Glocke. Sie erklärten, der portugiesische Staat habe mich und meinen Freund Albano wegen Diebstahls angezeigt, und forderten uns auf, vor dem Gericht von Algeciras zu erscheinen.

Um eine Lösung zu finden, setzte ich mich mit einem Anwalt in Verbindung, der mich zu unterstützen bereit war, wenn ich ihm im Gegenzug zehn Prozent meines Gewinns überließe, falls es gelänge, die Glocke wiederzubekommen und zu verkaufen. Als wäre alles nicht schon schwierig genug gewesen, verpflichteten mich die Leiter des spanischen Auktionshauses vor einem Notar dazu, eine beachtliche Schuldverschreibung zu unterzeichnen, die auf der Basis von drei Prozent des angenommenen Wertes der Glocke berechnet war.

Mir war klar, dass viele Menschen trotz meiner Schwierigkeiten versuchten, aus meiner finanziellen Lage Profit zu ziehen. Trotzdem betrat ich hoffnungsvoll den Madrider Gerichtssaal.

Die Tatsache, dass ich schon 1998 die portugiesischen Behörden und später auch die spanischen informiert und dann dem spanischen König die Glocke sogar umsonst angeboten hatte, bewies eindeutig meine guten Absichten. Außerdem war seit der Anzeige gegen mich mehr als ein Jahr vergangen – die Frist, in der andere ihren Anspruch geltend machen konnten, entsprechend den Gesetzen der Europäischen Union zur Regelung der Eigentumsrechte.

Nach verschiedenen Zwischenfällen ging der Prozess zu Ende, und ich musste nur noch das Urteil abwarten. Dies ging zu meinen Gunsten aus und bestätigte die Verjährung des Eigentumsrechts der portugiesischen Republik. Jetzt musste ich also nur noch einmal den Verkauf der Glocke organisieren, aber das spanische Auktionshaus, dem ich vorgeschlagen hatte, eine Auktion in New York zu veranstalten, wollte sich meine finanziellen Schwierigkeiten zunutze machen und verlangte 80 Prozent des Gewinns.

An diesem Punkt setzte ich alles auf eine Karte und kehrte nach Italien zurück. In einem Artikel, der 2007 in der *Prealpina*, einer kleinen Tageszeitung der Provinz Varese, sowie in der überregionalen Tageszeitung *Libero* erschien, versprach ich eine Beteiligung von 50 Prozent des Werts der Glocke gegen die Deckung meiner Schulden und die Organisation einer Versteigerung in New York. Danach riefen Interessenten mich an, um das Projekt durchzusprechen, und endlich gelang es mir, die entsprechende Unterstützung zu finden. Natürlich ist dies nicht das Ende einer Geschichte, sondern nur das Ende des ersten Teils, denn wenn die Glocke einmal verkauft ist, wird sie sicherlich in einem Museum ausgestellt werden. Dann haben all meine Bemühungen, meine Nachforschungen ihr Ziel erreicht.

Dieser historische Gegenstand mit seinem enormen finanziellen und unschätzbaren symbolischen Wert wird dann endlich für die Öffentlichkeit zugänglich. Was ich aus dem Meer geborgen habe, war nicht irgendein Gegenstand von der *Santa Maria*. Ich habe die Glocke der *Santa Maria* gefunden, das Symbol, die Seele des Schiffs. Die Glocke, die zusammen mit dem ersehnten Ruf „Land in Sicht!" erklang, als Rodrigo de Triana am 12. Oktober 1492 am Horizont die Küstenlinie der Insel San Salvador erblickte.

Es war diese kleine, bescheidene Glocke, die in jenem Moment die Veränderung der Weltgeschichte einläutete.

hasta en fin de diziembre del dicho año — ciii ps y lo bl viii

Y a el dicho por descargo el dicho thesorero
va zarahinas dozientos e çinco pesos
e ... pesos por las costas de la plata que vi-
nieron a Castilla de la plata de sus magestades
de los novenos e ... pesos e tomines
que se gastaron por la plata y [illegible]
con lo demas de ... personas pa-
ra ... por el [illegible] libramiento con carta de pago [illegible]

Y a el dicho por descargo el dicho thesorero çinquenta e un pesos que dio e pagó a
Hernando de Gibraleón treynta e dos pesos
por la campana que está en la fortaleza
y a ... de campos ... por la guarniçión
de la ... para ... e çiertas ...
... y llaves que hizo para el artillería y ... diez pesos de
çierta madera que hizo para ...
la artillería que son los dichos çinquenta e un pesos dio libramiento con carta
de pago — l i ps

Otro tiene
cclviii ps iii

Y a el dicho por descargo el dicho thesorero
quinientos e catorze pesos seys tomines e ... granos y son que los dio e pagó
a los oficiales de sus magestades de
la fortaleza por el tiempo que sirvieron desde
çinquenta e ... [illegible]
... de setiembre y se cumplió
fin de diziembre del dicho año e [illegible]
fatorydo fueron ... veynte e
... pesos dos tomines — d xiiii ps bl vi

Y a el dicho por descargo el dicho thesorero
çinquenta pesos y son los que dio e
pagó a maestre Juan Lonbardo por los o-
... de aver por el tiempo que ... meses
... de setiembre de ...
... que se cumplió en fin de diziembre del dicho año
dio libramiento con carta de pago — l ps

dccciiii ps i t° c



222[illegible]

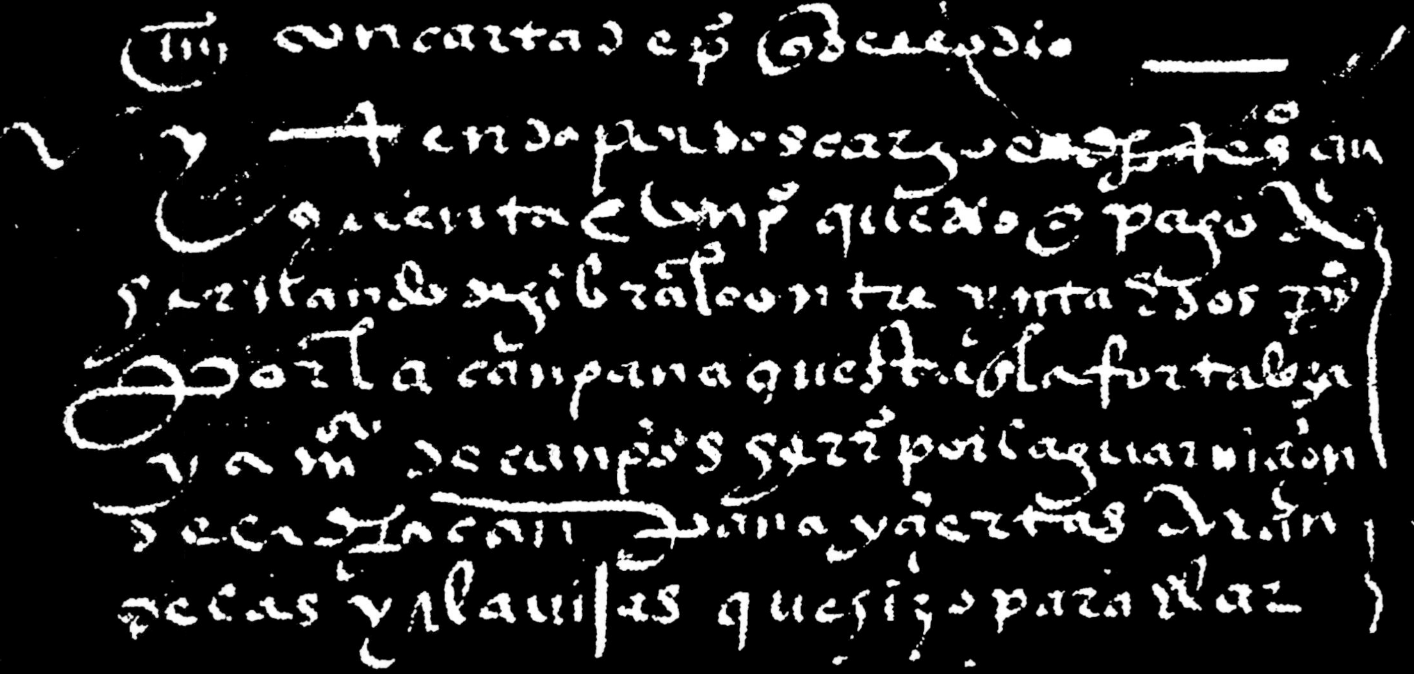

**212 UND 213** Dieser Auszug aus dem zwischen 1554 und 1573 erstellten Rechnungsbuch der Real Hacienda de Puerto Rico erwähnt eine Glocke, die in der Festung von San Juan auf Puerto Rico verwahrt wurde. Für die Aufbewahrung bezahlte der Schatzmeister 32 Pesos. Das war ein stolzer Preis für die damalige Zeit (Archivo General de Indias, Sevilla).

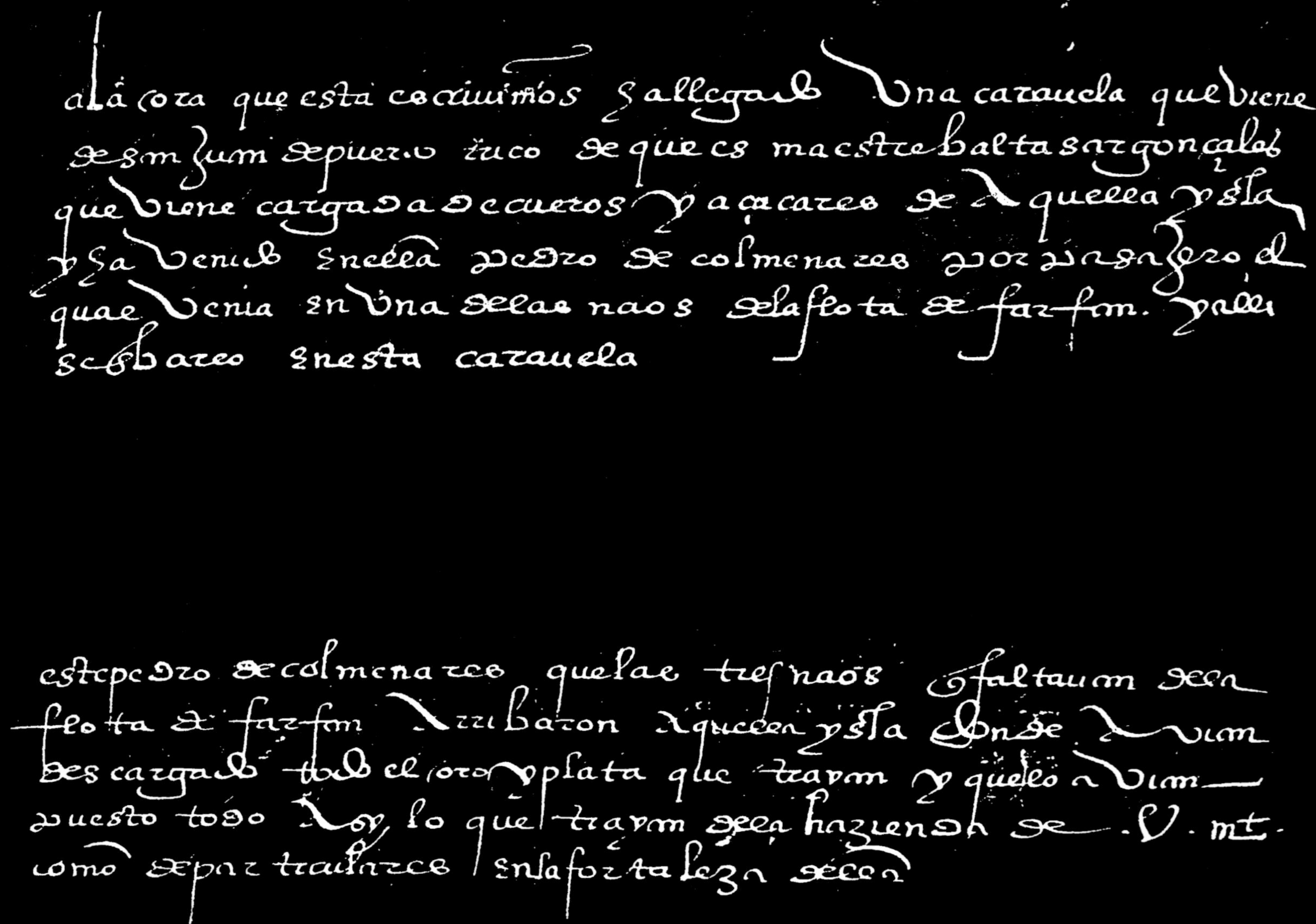

a la hora questa escriuimos a allegado vna carauela que viene
de san Juan de puerto rrico de que es maestre baltasar gonçalez
que viene cargada de cueros y açucares de aquella ysla
y en ella venido en ella pedro de colmenares por pasajero el
qual venia en vna de las naos de la flota de farfan. y vale
se embarco en esta carauela

este pedro de colmenares que las tres naos que faltauan de la
flota de farfan arribaron a aquella ysla donde an
descargado todo el oro y plata que trayan y que de aui
puesto todo por lo que trayan de la hazienda de V. mt.
como de partes en la fortaleza de la

214

**214 UND 215** Auf der ersten Seite dieses Briefs vom 4. April 1555 bestätigten Beamte der *Casa de Contratación* dem König von Spanien, dass drei zur Flotte von Cosme Rodriguez de Farfán gehörende Schiffe in Puerto Rico eingetroffen seien und dass ihre Ladung, bestehend aus Gold, Silber und Privatgütern, in der Festung San Juan aufbewahrt werde. Unter diesen Gegenständen befand sich vermutlich auch die Glocke der *Santa Maria*, die für einen kurzen Zeitraum in San Juan aufbewahrt wurde (Archivo General de Indias, Sevilla).

+



S · C · C · m^t ·

a la ora questa escriuimos ha llegado vna carauela que viene
de san Juan de puerto rrico de que es maestre baltasar gonçales
que viene cargada de cueros y açucares de aquella ysla
y ha venido en ella pedro de colmenares por pasajero el
qual venia en vna de las naos de la flota de farfan y alli
se a pasado en esta carauela y partieron juntas con
ella otras tres cargadas de açucares y cueros y vn
galeon del rrey de portugal que fue alli cargado de negros
a contratar e venderlos los quales vendio y cargo de
cueros y açucares y alli le tomaron fiança que vernia
al puerto de las muelas desta çiudad a hazer su descarga / dize
este pedro de colmenares que las tres naos que faltavan de la
flota de farfan arribaron a aquella ysla donde avian
descargado todo el oro y plata que trayan y que lo avian
puesto todo ansi lo que trayan de la hazienda de v. m^t.
como de particulares en la fortaleza della e asimismo avian
metido el artilleria de las dichas naos para que estubiese
a mejor rrecaudo y los maestres que lo trayan a cargo se
metieron para que estubiese con mas seguridad y guarda
y avnque la justiçia de alli les quiso tomar el oro y plata
los maestres no lo quisieron dar y sobre ello les hizieron
çierto rrequerimiento y asi no se lo tomaron y quedaron con
ello en la fortaleza / con esta enbiamos vn pliego de cartas
que este navio truxo para v. m^t. y asimismo el aviso q.
hemos tomado al dicho pedro de colmenares el qual dize q.
viene con despachos para v. m^t. del nuevo rreyno de

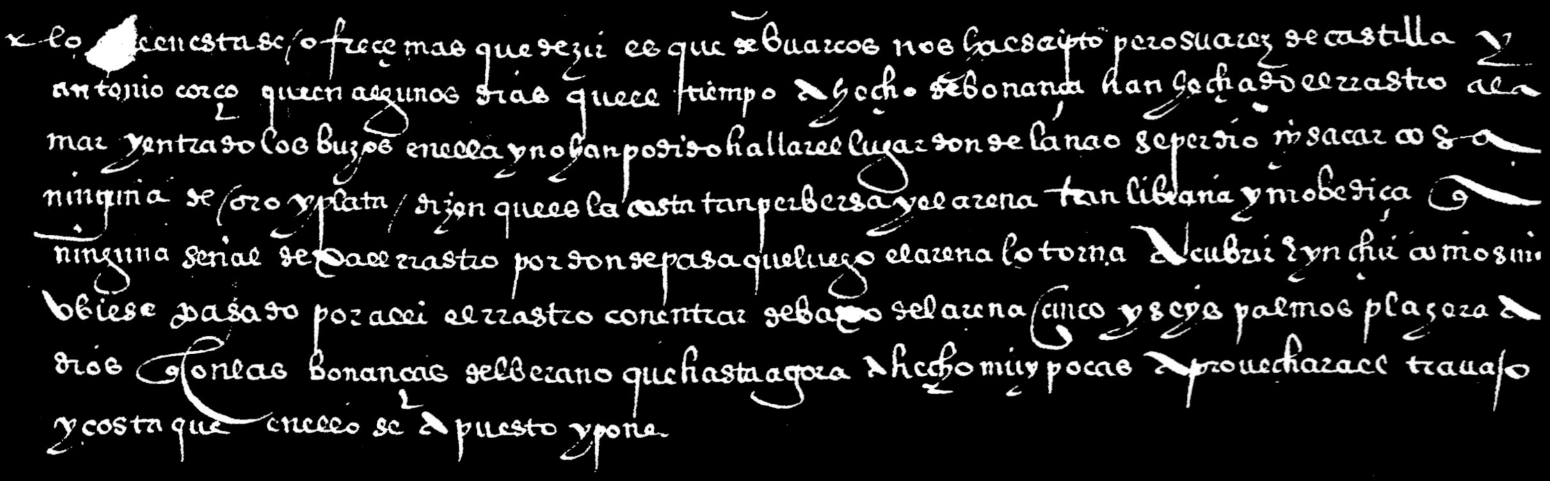

x lo [illegible] en esta se ofrece mas que dezir es que de Buarcos nos han escripto pero suarez de castilla y
antonio corço que en algunos dias que el tiempo a hecho de bonança han hechado el rrastro a la
mar y entrado los buzos en ella y no han podido hallar el lugar donde la nao se perdio ni sacar cosa
ninguna de oro y plata / dizen que es la costa tan perbersa y el arena tan liviana y mobediça que
ninguna señal se haze rrastro por donde se pasa que luego el arena lo torna a cubrir y nunca os mos ni
ubiese pasado por alli el rrastro con entrar debaxo del arena cinco y seys palmos plazera a
dios que con las bonanças del berano que hasta agora a hecho muy pocas se aprouechara el trauajo
y costa que en ello se a puesto y pone



**216 und 217** In diesem Brief vom 1. Juli 1556 berichten Beamte der *Casa de Contratación* dem König von Spanien, ihre Suche nach dem Wrack der vor Buarcos versunkenen *San Salvador* sei ergebnislos verlaufen, trotz günstiger Wind- und Wasserverhältnisse. Es war daher nicht möglich, das an Bord befindliche Gold und Silber sowie andere Wertgegenstände zu bergen (Archivio Generale di Simancas, Simancas).

**218–219** Diese Zeichnung aus einem Manuskript vom Ende des 15. Jahrhunderts zeigt verschiedene Schiffe der portugiesischen Flotte. Ähnlich muss auch die *San Salvador* ausgesehen haben, auf der sich die Glocke der *Santa Maria* befand (Museu Nacional de Arte Antiga, Lissabon).

C. j. H.
29-86

S. C. R^l. M^t.



por otras hemos dado q^ta a V. M^t. de lo q aqui se ofrecia de que debiesemos dalla y hemos respondido a todas las cartas q V. M^t. nos ha mandado escrevir estamos esperando lo q V. M^t. en ello nos embiara a mandar q hagamos. /

lo que en esta se ofrece mas que dezir es que de buarcos nos ha escripto pero suarez de castilla y antonio corço que en algunos dias que el tiempo a hecho de bonança han echado el rastro a la mar y entrado los buzos en ella y no han podido hallar el lugar donde la nao se perdio ni sacar cosa ninguna de oro y plata / dizen que es la costa tan perbersa y el arena tan liviana y movediça q ninguna señal de haze rastro por donde pasa que luego el arena lo torna a cubrir y [illegible] mismo obiese pasado por alli el rastro con entrar debaxo del arena cinco y seys palmos plazera a dios q con las bonanças del verano que hasta agora a hecho muy pocas aprovechara el travajo y costa que en ello se a puesto y pone / a la garrapatera hemos embiado a alonso de baeça con un rastro que hizimos hazer para alli y todos los aparejos necesarios / y algunos buzos no sabemos que estan allegados. /

(margin: no se halla [illegible])

de zahara tenemos abiso del comendador juan rrallon y de las otras personas que alli tenemos como echaron el rastro y con el sacaron quarenta y quatro marcos de oro y sesenta y tres mrs de plata los quales nos ymbiaron aqui abra siete o ocho dias y lo bendimos todo y balio un quento y ciento y treynta y tres mill mrs y despues hemos tenido abiso dellos que avian sacado otros treynta y tres mrs de oro con el rastro lo que mas se hiziere a los y en buarcos y garrapatera como en zahara daremos aviso a V. M^t. /

(margin: lo sacado en zahara)

las partidas que cada dia ba declarando el lic^do salazar de lo que se a sacado desta nao y de lo que V. M^t. se a mandado servir del oro y plata que truxo o lo pagara [illegible] son muchas y asimismo las que por cedula de V. M^t. nos manda bolber que aunque obiesemos cobrado lo que debe el thesorero de la casa de la moneda no abria [illegible] de se cumplir y pagar y asi estamos en mucho travajo y confusion por no poder cumplir todo lo q V. M^t. nos tiene mandado que paguemos y cumplamos ansy de las partidas que tomamos prestadas de mercaderes como para pagar las averias de todo lo q V. M^t. se a mandado servir de lo que se tomo de pasajeros y particulares como de las averias de lo de la florida y asimismo de las partidas q V. M^t. manda que se buelban a sus dueños que no llegaren a veint ducados en lo de la florida / y asi se quexan todos de nosotros pareciendoles que no se les paga ni buelbe sus partidas por no querer de las nosotros pagar aunque en estas partidas de la florida no se ha dexado de pagar a todos los que por ellas an benido y se les va pagando como V. M^t. nos lo tiene mandado / asy mismo ay mucha falta de dineros para proveer el

tinha ho qual depoys de acabar na India ho tempo da governança tornando pera portugal ho mataram os cafres na agoada de saldanha, e nesta pelleja morreram passante de 50 homens nobres, e que entravam 12 capitaes, e os desta frota eram os seg.

S. jorje
Dom fr.º dessa
Janhomem
gonçallo de payua
Antão Vaz
Lopo vsano q.
gonçallo vaz de goes
taforea
felli pe roiz
bermu diaz
hu fidalgo casstellano
lucas da fonseq.ª
Ind. nou em moçambiq.
caravellão
Lopo sanches
com temporaes q teue escabrio a Não para
a goa, e pella não poder vencer derão
co ella em cc.º lc.º legoas ... do

# REGISTER

# BILDNACHWEIS

**S. 1** Roberto Mazzara
**S. 2 links** Erich Lessing/Contrasto
**S. 4** Angelo Colombo/Archivio White Star
**S. 5** Akg Images/DPA
**S. 6** The Metropolitan Museum of Art/ Art Resource/Scala, Firenze
**S. 7** Roberto Mazzara
**S. 11, 13** Erich Lessing/Contrasto
**S. 14** Corbis
**S. 16–17** Alfredo Dagli Orti/The Art Archive
**S. 18 links** Erich Lessing/Contrasto
**S. 18 rechts,** 19 AISA
**S. 20, 22, 23** Erich Lessing/Contrasto
**S. 24** Photoservice Electa/Akg Images
**S. 27** Roger Viollet/Archivi Alinari
**S. 29** Akg Images/DPA
**S. 30** Bettmann/Corbis
**S. 32** Gianni Dagli Orti/The Art Archive
**S. 34, 35** Oronoz/photo12.com
**S. 37, 38, 42** AISA
**S. 44** Oronoz/Photo12.com
**S. 46** links Archivio Scala
**S. 46** rechts AISA
**S. 47** Oronoz/photo12.com
**S. 48** The Bridgeman Art Library/Archivio Alinari
**S. 50–51** AISA
**S. 54–55** AISA/World Illustrated/Photoshot
**S. 58–59** AISA
**S. 60–61** The Bridgeman Art Library/Archivi Alinari
**S. 62–63** Bibliothèque nationale de France
**S. 64, 65** Gianni Dagli Orti/The Art Archive
**S. 67** Alfredo Dagli Orti/The Art Archive
**S. 68–69** Bibliothèque nationale de France
**S. 70** Bodleian Library Oxford/The Art Archive
**S. 72, 73** Bibliothèque nationale de France
**S. 75** The British Library
**S. 76–77** Archivio Scala
**S. 78–79** Photoservice Electa/Akg Images
**S. 81** Akg Images/DPA
**S. 82** The Bridgeman Art Library/Archivi Alinari
**S. 83** Photoservice Electa/Akg Images
**S. 84–85, 86–87** Archivio Scala
**S. 87 rechts** Oronoz/photo12.com
**S. 88–89, 90 links, 90–91** Archivio Scala
**S. 92–93** The British Library
**S. 94** AISA
**S. 95** Akg Images/DPA
**S. 96, 97** Gianni Dagli Orti/The Art Archive
**S. 99** Stapleton Collection/Corbis
**S. 100** Gianni Dagli Orti/The Art Archive
**S. 101** AISA
**S. 102** Bettmann/Corbis
**S. 102–103** AISA
**S. 104–105** Ullstein Bild/Archivi Alinari
**S. 105, 106** Akg Images/DPA
**S. 107** AISA
**S. 108–109** Photoservice Electa/Akg Images
**S. 110 oben und rechts** AISA
**S. 110 unten** Gianni Dagli Orti/The Art Archive
**S. 111** Oronoz/photo12.com
**S. 112–113** Ullstein Bild/Archivi Alinari
**S. 114–115** AISA
**S. 117** Oronoz/photo12.com
**S. 118** BPK/Archivio Scala
**S. 119 oben** Gianni Dagli Orti/The Art Archive
**S. 119 unten,** 120-121 AISA
**S. 122–123** Leemage/Photoservice Electa
**S. 124,125** Gianni Dagli Orti/The Art Archive
**S. 126 links, 126–127, 128, 129** Galata Museo del Mare, Genova
**S. 130, 131** Akg Images/DPA
**S. 132–133** Angelo Colombo/Archivio White Star
**S. 134** Gianni Dagli Orti/The Art Archive
**S. 135** AISA
**S. 136–137** BPK/Archivio Scala
**S. 138–139** Archivio Scala
**S. 140–141** BPK/Archivio Scala
**S. 142–143** Bodleian Library Oxford/The Art Archive
**S. 144–145** Christie's Images Limited
**S. 149** AISA
**S. 150** G.Costa/Agenzia Stradella
**S. 151** Photoservice Electa/Akg Images
**S. 153** AISA
**S. 154** Gianni Dagli Orti/The Art Archive
**S. 155, 157, 160** BPK/Archivio Scala
**S. 162** Museum für Völkerkunde, Wien
**S. 163** AISA
**S. 164,** 165 Gianni Dagli Orti/The Art Archive
**S. 166** AISA
**S. 169** BPK/Archivio Scala
**S. 172–173, 174** AISA
**S. 175, 178–179** Gianni Dagli Orti/The Art Archive
**S. 181** Akg Images/DPA
**S. 183** Gianni Dagli Orti/The Art Archive
**S. 185, 186** Gobierno de España. Ministerio de Cultura. Archivio General de Indias. PATRONATO, 295, N. 61. Codicilio de Cristóbal Colón de 1506
**S. 191** Roberto Mazzara
**S. 193** Emory Kristof/National Geographic/ Getty Images
**S. 194** Cro Magnon/Alamy
**S. 198** The Trustees of the British Museum
**S. 200** BPK/Archivio Scala
**S. 202** The Bridgeman Art Library/Archivi Alinari
**S. 203 oben** Corbis
**S. 203 unten** The Bridgeman Art Library/ Archivi Alinari
**S. 204, 205** Roberto Mazzara
**S. 206** Angelo Colombo/Archivio White Star
**S. 207, 208** Roberto Mazzara
**S. 212, 213** Gobierno de España. Ministerio de Cultura. Archivio General de Indias. CONTADURÍA, 1074, fol. 36v. Cuentas de la Caja Real de Puerto
**S. 214, 215** Gobierno de España. Ministerio de Cultura. Archivio General de Indias. INDIFERENTE, 2000, Carta de los oficiales de la Casa de la Contratación al rey, 4 de abril de 1555
**S. 216, 217** España. Ministerio de Cultura. Archivo General de Simancas. CJH-LEG, 29, 86
**S. 218–219** Photo12.com

# LITERATUR

## Quellen und Dokumente


Bernáldez A., *Memoria de los Reyes Católicos*, Hrsg. M. Gómez Moreno und J. de Mata Carriazo, Madrid, 1962.

Casas, Bartolomé de las, *Historia General de las Indias*, Hrsg. J. Pérez de Tudela, Madrid, 1957.

*Colección Documental del Descubrimiento.* (1470–1506), Hrsg. J. Pérez de Tudela, C. Seco Serrano, R. Ezquerra Abadía, E. López Oto, 3 Bde, Madrid, 1993.

Colombo, F., *Le historie della vita e dei fatti di Cristoforo Colombo per D. Fernando Colombo, suo figlio*, Hrsg. R. Caddeo, 2 Bde, Editoriale Italiano, Mailand, 1957–58.

*Cristóbal Colón. Textos y documentos completos. Nuevas cartas*, Hrsg. C. Varela und J. Gil, Madrid, 1992.

Fernández de Oviedo, G., *Historia General y Natural de las Indias*, Hrsg. J. Pérez de Tudela, 3. Band, Madrid, 1959.

Gil, J. und Varela, C., *Cartas de particulares a Colón y relaciones coetáneas*, Madrid, 1984.

López de Gómara, F., *Historia General de las Indias*, Madrid, Ausgabe von 1946.

Mártir de Anglería, P., *Décadas del Nuevo Mundo*, Madrid, 1989.

*Nuova Raccolta Colombiana*, Istituto Poligrafico dello Stato, Rom.

Thacher, J. B., *Christopher Columbus: His Life, his Work, his Remains, as Revealed by Original Printed and Manuscript Records, together with an Essay on Peter Martyr of Anghiera and Bartolomé de les Casas, the First Historians of America*, 3 Bde, Kraus Reprint, New York, 1967.


## Bibliografie


Airaldi, G., *L'Avventura di Colombo. Storia Immagini Mito*, Fondazione Carige, Genua, 2006.

Caraci, I. L., *Colombo vero e falso*, Sageo Editrice, Genua, 1989.

Conti, S., *Bibliografía Colombina*. 1793–1990. 2. Aufl., Genua, 1990.

Fernandez Armesto, F., *Columbus*, Oxford University Press, 1991.

Gil, J. und Varela, C., *Temas Colombinos*, Sevilla, 1986.

Manzano und Manzano, J., *Cristóbal Colón. 7 años decisivos* (1485-1492), 2. Aufl., Cultura Hispánica, Madrid, 1989.

*Colón y su secreto. El predescubrimiento*, 2. Aufl., Cultura Hispánica, Madrid, 1989.

*Los Pinzón y el Descubrimiento*, Quinto Centenario, Madrid, 1990.

Morison, S.E., *Admiral of the Ocean Sea*, Boston, 1983.

Rhan Philips, Carla und Philips, William D., *The Worlds of Christopher Columbus*, Cambridge University Press, 1992.

Taviani, P. E., *I viaggi di Colombo*, De Agostini, Novara, 1991.

Varela, C., und Aguirre, I., *La caída de Cristóbal Colón. El juicio de Bobadilla*, Marcial Pons, Madrid, 2006.

Varela, C., *Colombo e i fiorentini*, Vallechi, Florenz, 1991.



WHITE STAR VERLAG

**WS White Star Verlag®**
**ist eine eingetragene Marke von Edizioni White Star s.r.l.**





**Via Candido Sassone, 24**
**13100 Vercelli, Italien**
**www.whitestar.it**

**Übersetzung: Claudia Theis-Passaro**
**Producing: redaktionsbüro drajabs/Ulrike Sindlinger für berliner buchmacher**





**ISBN 978-3-86726-086-2**
**1 2 3 4 5 6 14 13 12 11 10**

**Gedruckt in Hong Kong, China**